Jürgen Brater

Die wundersame Reise des Käfersammlers

Jürgen Brater

Die wundersame Reise des Käfersammlers

oder wie Darwin das Ende der Schöpfung entdeckte

Roman

Langen*Müller*

Besuchen Sie uns im Internet unter
www.langen-mueller-verlag.de

Umschlaggestaltung: Wolfgang Heinzel
Umschlagbild: akg-images, Berlin
Herstellung und Satz: VerlagsService Dr. Helmut Neuberger
& Karl Schaumann GmbH, Heimstetten
Gesetzt aus der 10,8/13,4 Garamond BQ Regular
Druck und Bindung: GGP Media GmbH, Pößneck
Printed in Germany
ISBN 978-3-7844-3152-9

Inhalt

Erster Teil: Die Reise

Plymouth
9

Edinburgh
24

Cambridge
37

Nordatlantik
54

Westlich Afrika
71

Brasilien
92

Feuerland
126

Galapagos
152

Pazifischer und Indischer Ozean
171

Zweiter Teil: Die Idee

Shrewsbury
191

London
202

Downe
229

Swanley
249

Downe
270

Oxford
293

Erster Teil

Die Reise

Plymouth

An einem Dezembernachmittag des Jahres 1831 stand ein Landpfarrer in spe in Davenport, dem Hafen von Plymouth, und zitterte. Um sich so gut wie möglich vor dem Regen zu schützen, den ein eisiger Südwestwind erbarmungslos vor sich hertrieb, stellte er den Kragen seines Mantels hoch und zog den von einem breitkrempigen Hut bedeckten Kopf zwischen die Schultern. Doch das verschaffte ihm keine Linderung. Nach wie vor schlotterte er am ganzen Körper. Widerstrebend gestand er sich ein, dass er sich keineswegs der beißenden Kälte wegen so unwohl fühlte, dass daran vielmehr eine Krankheit schuld war, die ihn schon seit Tagen quälte. Obschon er sich nach Kräften bemühte, die stechenden Schmerzen in der Brust zu ignorieren, wurde ihm bewusst, dass sein Herz nicht nur ungewöhnlich heftig, sondern vor allem ganz und gar unregelmäßig schlug. Immer wieder setzte es für ein, zwei Takte aus, um dann mit umso heftigerem Poltern wieder loszuhämmern. Und wenn er ehrlich war, wusste er genau, warum er so entsetzlich fror: des Schweißes wegen, der ihm mit Macht aus allen Poren brach und auf seiner Haut verdunstete.

Zu gerne hätte er sich einen Moment gesetzt oder, noch besser, hingelegt. Aber das wäre, selbst wenn er dazu Gelegenheit gehabt hätte, ganz und gar unmöglich gewesen. Da hätte er sich ja gleich von einem Arzt – in seinem Fall vom eigenen Vater – untersuchen lassen können. Der hätte ihn zweifellos sofort ins Bett geschickt. Dann wäre es mit der bevorstehenden Seereise zu Ende gewesen, noch ehe sie begonnen hatte. Und wenn ihm auch bei dem Gedanken angst und bange wurde, Freunde, Familie und ganz besonders seine geliebte Fanny für mehrere Jahre verlassen und, allein auf sich gestellt, mit unabsehbaren Widrigkeiten fertig werden zu müssen, so war er doch entschlossen, die einmal geplante Reise anzutreten und bis zum Ende durchzustehen.

Der junge, hoch aufgeschossene Mann – er hieß Charles Darwin – hob ein wenig den Kopf und blickte sich unter der Hutkrempe hervor aufmerksam um. Sogleich traf ihn eine heftige Regenbö im Gesicht und zwang ihn, die dunkelbraunen Augen zu Schlitzen zusammenzukneifen. Der dichte Backenbart, der das ovale Gesicht einrahmte und so gar nicht zu der eher spärlichen Kopfbehaarung passen wollte, war längst durchnässt, und vom runden Kinn lief ebenso wie von der etwas zu langen Nase ein stetiges Rinnsal auf das Kopfsteinpflaster der Pier.

In den letzten Minuten war der Regen noch stärker geworden. Dicke Tropfen zerplatzten auf dem grauen Wasser des Hafenbeckens wie Seifenblasen, Spiegelbilder von Schiffen und Lagerhäusern zerliefen in den Pfützen, in der Ferne verschwamm das Meer mit dem Horizont. Einige unerschrockene Möwen kreisten auf der Jagd nach Fischen tief über den kabbeligen Wellen. Irgendwo bellte, heiser und stockend, ein Hund.

Darwins linke Hand schloss sich fester um die Bibel in seiner Manteltasche. Doch seltsamerweise brachte ihm das keine Erleichterung. Er drehte sich so, dass ihn Wind und Regen im Rücken trafen, und zog Henslows Brief hervor. Den Brief, den er schon so oft gelesen hatte, dass er den Inhalt auswendig kannte. Wenn ihm etwas Mut und Zuversicht einflößen konnte, dann dieses Schreiben. John Henslow, der berühmte Botaniker und – wie Darwin sich nicht ohne Stolz eingestand – sein väterlicher Freund, wäre gewiss maßlos enttäuscht, wenn er jetzt, gleichsam in letzter Minute, einen Rückzieher machte. Er hatte geschrieben, er suche im Auftrag der britischen Regierung einen Naturforscher, der einen gewissen Kapitän Robert FitzRoy auf einer etwa zweijährigen Reise rund um die Erde begleiten solle. An Bord der *Beagle*, eines eigens zu diesem Zweck aus- und umgerüsteten Schiffes. FitzRoys Aufgabe bestehe darin, die Küsten von Südamerika, namentlich von Patagonien und Feuerland, zu vermessen, sie neu zu kartieren und in verschiedenen Teilen der Welt chronologische Aufzeichnungen zur Bestimmung der Längengrade zu machen. Das alles, um für die englischen Schiffe auf den Weltmeeren die besten Routen und strategisch günstigsten Landungsplätze zu finden.

Wieder lief Darwin, als er Henslows krakelige Schrift las, ein Schauer über den Rücken. »Ich habe sofort an Sie gedacht«, schrieb der Professor, »denn zweifellos sind Sie die am besten qualifizierte Person für diese Aufgabe. Ich sage dies nicht etwa in der Überzeugung, dass ich Sie als fertigen Wissenschaftler betrachte, sondern vielmehr als einen, der wie kein anderer befähigt ist, unermüdlich zu sammeln, zu beobachten und alles akribisch zu notieren, was einer Aufzeichnung auf dem Gebiete der Naturgeschichte wert ist.«

Nein, das Vertrauen, das Henslow in ihn setzte, durfte und wollte er nicht enttäuschen. Er würde diese Gelegenheit ergreifen und den einmal gefassten Plan zu einem guten Ende führen, trotz Herzschmerzen und Heimweh, trotz der Sorgen, die er sich wegen der Enge an Bord machte, und trotz seiner erbärmlichen Angst vor der Seekrankheit. Ein einziges Mal hatte er bislang eine Schiffsreise unternommen: nur eine kurze Überquerung des Kanals, um Paris kennenzulernen. Sowohl auf der Hin- als auch auf der Rückfahrt hatte er gedacht, er stürbe.

Und nun lag sie vor ihm: die *Beagle*, auf unabsehbare Zeit sein Zuhause. Das Schiff erschien ihm groß und klein zugleich. Größer als Darwin je eines gesehen hatte, aber viel zu klein, um sich vorzustellen, darauf zwei, vielleicht sogar drei Jahre lang zusammen mit siebzig Menschen zu wohnen. Henslow hatte ihm geschrieben, es handele sich um eine Zweimastbrigg, und jetzt dämmerte ihm, was darunter zu verstehen war. Die Masten waren so hoch, dass ihre Spitzen sich wie Harpunen in die tief hängenden Wolken bohrten, und das Bugspriet sah aus wie der Kopfschmuck eines gewaltigen Einhorns. Zu beiden Seiten des Rumpfes waren mehrere kleine Boote vertäut. Bei dem Gedanken, sich im Fall eines Schiffbruchs in einer dieser Nussschalen aufs Meer wagen zu müssen, spürte Darwin, wie das Zittern, das seinen Körper in frostigen Wellen durchlief, gleich um etliches stärker wurde. Und die bronzenen Kanonen, die er auf dem Oberdeck jenseits der Reling erkannte, trugen auch nicht gerade dazu bei, dass er sich weniger mulmig fühlte.

Mittschiffs waren ein paar vermummte Gestalten damit beschäftigt, Unmengen von Fässern, die sich auf der Pier stapelten, mithilfe einer Winde an Bord zu hieven. Darwin nahm an, dass sie Proviant enthielten: gepökeltes Fleisch vermutlich, eingelegtes Gemüse, Brot und hoffentlich auch getrocknete Apfelschnitze sowie Zitrusfrüchte, um dem gefürchteten Skorbut zu entgehen.

Einer der an den Seilen arbeitenden Männer, ein vierschrötiger Kerl, dessen fleckiges, von einem schwarzen Vollbart umrahmtes Gesicht Darwin sogleich an Pocken denken ließ, wurde auf ihn aufmerksam. »He, du da!«, grölte er über die Reling hinunter. »Was glotzt du so dämlich?« Und als Darwin gegen seinen Willen wie ein beim Abschreiben ertappter Schuljunge den Blick senkte, setzte er mürrisch hinzu: »Wer bist du überhaupt?«

»Darwin«, rief Darwin zurück, woraufhin der Ton des Mannes sofort um einige Grade höflicher wurde: »Ah, Mr. Darwin. Kommen Sie an Bord, Sir. Der Käpt'n erwartet Sie schon.«

Mit wackeligen Knien stieg Darwin die Gangway hinauf und stand kurz darauf auf dem Oberdeck der *Beagle*. Allerdings war vom Deck nicht viel zu sehen, und nur mit Mühe gelang es ihm, sich zwischen Massen von Ausrüstungsgegenständen hindurchzuzwängen, die sich überall zu riesigen Stapeln türmten. Endlich stand er dem pockennarbigen Seemann gegenüber.

»Ich bin Lodgewick, Sir«, brummte der und neigte grüßend den bärtigen Kopf.

Wer er sei, wisse er ja schon, erwiderte Darwin, und ob er vielleicht die Güte habe, für kurze Zeit seine gewiss anstrengende Tätigkeit zu unterbrechen, um ihn zu Kapitän FitzRoy zu führen.

Bei der Erwähnung des Namens zuckte Lodgewick heftig zusammen. Doch dann gab er sich einen Ruck, brummte irgendetwas, das wie »Muss wohl« klang, und bedeutete Darwin mit einer knappen Kopfbewegung, ihm zu folgen. Sie kletterten einen steilen Niedergang hinab. Um nicht abzurutschen, klammerte Darwin sich krampfhaft am Geländer fest, konnte jedoch nicht verhindern, dass er sich nacheinander beide Knie anschlug. Der scharfe Schmerz ließ ihn zusammenzucken. Nur indem er sich auf die Zunge biss, gelang es ihm, einen Schrei zu unterdrücken.

Kurz darauf standen sie vor einer schmalen Tür. Nachdem Lodgewick zaghaft angeklopft hatte, erklang von innen ein scharfes »Herein«, das sich weit weniger wie eine Einladung als vielmehr wie ein Befehl anhörte. Obwohl der Seemann damit die offizielle Erlaubnis hatte, die Tür aufzustoßen, schien ihn das erhebliche Überwindung zu kosten. Mit einer respektvollen Verbeugung ließ er Darwin den Vortritt, nuschelte »Mr. Darwin, Sir« und war im selben Augenblick schon wieder verschwunden.

In der Kabine war es so düster, dass Darwin eine Weile brauchte, um sich zurechtzufinden. Das durch eine rechteckige Dachluke hereinfallende Tageslicht beleuchtete nur einen Teil des winzigen Raums, und die zwei von der Decke baumelnden Ölfunzeln verbreiteten erheblich mehr Ruß und Gestank als Helligkeit. Es roch nach abgestandenem Kohl, und Darwin meinte, darüber ein schwaches Aroma von Rum wahrzunehmen. Von allen Seiten drang der Klang von Wasser in seine Ohren: von oben das unablässige Prasseln des Regens, von unten das schmatzende Glucksen der Wellen im Hafenbecken. Während er hoffte, das Geräusch von oben möge bald ein Ende haben, wurde ihm klar, dass er sich an das andere notgedrungen würde gewöhnen müssen.

FitzRoy empfing ihn an einen Tisch gelehnt, der mehr als ein Drittel der Kabine einnahm und dessen Platte von einem

Dokument, offensichtlich einer Seekarte, vollständig bedeckt wurde. Die niedrige Decke zwang ihn, sich mit eingezogenem Kopf nach vorne zu beugen. In dieser höchst unbequem wirkenden Haltung streckte er Darwin seine Hand entgegen, und dieser sah sich nach einem ebenso geräuschvollen wie schmerzhaften Anprall seines Hinterkopfes gegen einen Holzbalken genötigt, eine ähnlich verkrampfte Stellung einzunehmen.

FitzRoy war ein großer, hagerer Mann mit schmalem, aristokratisch anmutendem Gesicht, einer hohen Stirn und abstehenden Ohren, über deren Vorderrand sich ein lockiger Backenbart kräuselte. Er mochte Ende zwanzig sein und schien mit seiner schmucken Offiziersuniform derart verwachsen, dass Darwin sich unwillkürlich fragte, ob er das Kleidungsstück wohl auch im Schlaf anließ.

»Sie sind also Mr. Darwin«, sagte FitzRoy überflüssigerweise und trat einen Schritt näher an seinen Gast heran. Leise vor sich hin summend unterzog er dessen Gesicht einer eingehenden Musterung, ohne ihm jedoch in die Augen zu blicken. »Verzeihen Sie meine Ehrlichkeit«, sagte er dann, »aber Ihre Nase gefällt mir nicht.«

»Meine Nase?«, fragte Darwin irritiert und griff sich unwillkürlich an sein Riechorgan. »Was ist mit ihr?«

»Knubbelig«, sagte FitzRoy und kratzte sich ausgiebig am Kinn. »Sie ist zu knollig.« Er erkannte die Ratlosigkeit in Darwins Gesicht und fügte erklärend hinzu, als überzeugter Physiognomiker könne er nicht umhin, aus der Form der Nase den Schluss zu ziehen, dass es seinem Gegenüber ganz entschieden an Energie und Entschlusskraft mangele.

Darwin ließ seine Nase los und sagte: »Aha.«

Energie und Entschlusskraft, dozierte FitzRoy weiter, seien aber just jene Eigenschaften, auf die es ihm bei seinem künftigen Reisebegleiter – außer so selbstverständlichen Tugenden wie angenehmem Betragen und fundiertem Fachwissen natürlich – vor allem anderen ankomme. Was er benötige, sei erst in zweiter Linie ein Forscher und in erster ein Gentleman.

Darwin müsse daher, so leid es ihm tue, verstehen, dass er ihn des eindeutigen Attributs wegen nicht als Expeditionsmitglied akzeptieren könne.

Darwin wandte sich um und fragte FitzRoy, ob er die Güte habe, auch einmal einen Blick auf seinen Hinterkopf zu werfen.

»Wozu soll das gut sein?«

»Nun, in Cambridge, wo ich, wie Sie vielleicht wissen, das Vergnügen hatte, das Studium der Theologie zu absolvieren, haben mehrere anerkannte Phrenologen bekundet, mein Ehrfurchtshöcker« – er deutete mit dem Finger auf eine leichte Vorwölbung an seinem Hinterhauptsknochen – »prädestiniere mich geradezu für den Beruf des Geistlichen und lasse jedenfalls ein hohes Maß an Leidensfähigkeit, aber auch an Durchhaltevermögen erkennen.«

»Der Ehrfurchtshöcker, so, so«, murmelte FitzRoy, sichtlich bemüht, seine Unkenntnis auf dem Gebiet der Schädellehre zu verbergen. »Wenn das so ist ...«

Ja, das sei so, sagte Darwin und fragte, ob der Herr Kapitän ihm nunmehr gestatte, seine Ausrüstungsgegenstände – »Sie sind von beträchtlichem Wert, gleichsam unersetzlich« – an Bord bringen zu lassen.

Ein weiteres Mal unterzog FitzRoy die Nase seines Gastes einer eingehenden Inspektion, betrachtete sie angelegentlich von der anderen Seite und erklärte schließlich, wobei er sich ausdauernd am Kinn kratzte, so besehen mache sie, das müsse er ehrlicherweise zugeben, doch einen ganz anderen Eindruck.

Darwin wertete dies als Einverständnis und bat, ihn zum Zweck der Überwachung besagter Anbordnahme zu entschuldigen. Er verließ die Kapitänskajüte, ohne sich noch einmal umzublicken, und versagte sich damit schweren Herzens das Vergnügen, FitzRoy beim Betasten seines eigenen Hinterkopfes zu ertappen.

Er kletterte wieder den Niedergang hoch, wobei er sich diesmal nur noch das rechte Knie und das auch vergleichsweise leicht anschlug, schlängelte sich erneut durch das Gewirr an

Deck und stieg schließlich die Gangway hinunter. In einer Nebenstraße wartete die Kalesche mit seinen persönlichen Habseligkeiten. Darwin winkte dem Kutscher, der sich vor dem endlosen Regen vorschriftswidrig in das Innere des Gefährts verkrochen hatte. Gleich darauf setzten sich die beiden vor Kälte zitternden Pferde in Bewegung.

Bei der *Beagle* angekommen, half ihm Lodgewick – jetzt untertänig und beflissen wie ein Butler –, seine Ausrüstung an Bord zu tragen. Diese bestand aus einem leistungsfähigen Teleskop, einem geologischen Kompass, einem Mikroskop neuester Bauart, einem Paar leichter Wanderstiefel, einem hervorragenden Gewehr und einer Kassette mit zwei großkalibrigen Pistolen. Hinzu kamen diverse Messer, ein Vergrößerungsglas, Glas- und Metallbehälter unterschiedlicher Größe, reichlich Weingeist zum Konservieren tierischer und pflanzlicher Präparate sowie, in kleine Fläschchen und Döschen abgefüllt, noch etliche andere Chemikalien. An Büchern hatte er außer der geliebten Bibel Humboldts *Reisen in die Aequinoctialgegenden des Neuen Continents* – ein Abschiedsgeschenk von Henslow –, Miltons *Verlorenes Paradies* sowie den ersten Band von Lyells Werk *Prinzipien der Geologie* bei sich. All das deponierte er mit Genehmigung des Kapitäns vorerst einmal unter dessen Kartentisch.

»Ich mache Sie jetzt mit Ihrem Kabinengenossen bekannt«, sagte FitzRoy. Er ging Darwin voran einen engen Gang entlang und öffnete an dessen Ende, ohne anzuklopfen, eine Tür, die Darwin erst, als er unmittelbar davor stand, als solche erkannte.

Unwillkürlich erwartete er, dass sie laut knarren würde, doch sie schwang nahezu geräuschlos auf. Ein Geruch nach feuchter Kleidung schlug ihm entgegen. Als er eintrat, sah er, dass der Raum nicht nur noch viel beengter, sondern auch erheblich düsterer war als die Kapitänskajüte. Es dauerte einige Zeit, bis seine Augen sich an die Dunkelheit gewöhnt hatten und er gewahr wurde, dass die ganze Einrichtung aus nicht mehr als einem kleinen rechteckigen Tisch mit zwei grob gezimmerten Stühlen sowie einer Art Wandschrank bestand, der aus aufeinander getürmten Kisten zusammengesetzt zu sein schien. Auf einem der Stühle saß ein untersetzter Mann mit breiter Brust und einem dicken Zopf unbestimmter Farbe. Beim Anblick seines Kapitäns stand er schwerfällig auf und hob, ohne ein Wort zu sprechen, die rechte Hand salutierend an die Schläfe.

»Das ist Mr. Darwin«, sagte FitzRoy und verscheuchte mit einer Handbewegung eine der Fliegen, die überall in dichten Wolken umherschwirrten. Da in der Kabine für drei Männer kein Platz war, blieb er im Türrahmen stehen. Und zu Darwin gewandt: »John Stokes, unser Vermessungsoffizier.«

Mit einer Stimme, die aus einem tiefen Schacht zu kommen schien, versicherte Stokes, es sei ihm eine Freude, Darwins Bekanntschaft zu machen. Und Darwin beeilte sich, seinerseits seinem Vergnügen Ausdruck zu verleihen. Fasziniert beobachtete er, wie der Mann, mit dem er künftig das Schlafgemach teilen sollte, ohne mit dem Reden innezuhalten, eine Portion Kautabak in eine Wangentasche schob. Kaum hatte er das letzte Wort gesprochen, beförderte er sie von dort mit einer schnappenden Mundbewegung wieder zwischen die Zähne, um weiter vergnügt darauf herumzumahlen.

Der Kapitän ließ die beiden Männer allein und zog die Tür hinter sich ins Schloss. Hier also, dachte Darwin, sollte er die nächsten zwei bis drei Jahre seine Nächte verbringen. Doch so eifrig er auch Ausschau hielt, er konnte keine Schlafgelegenheit entdecken. Stokes, dessen Gesicht ihn an eine schläfrige Bulldogge erinnerte, folgte seinem Blick. Schweigend umfasste er den obersten Kasten des Wandschranks, hob ihn in die Höhe, als sei es ein Pappkarton, und setzte ihn geräuschvoll auf den Boden. Dass er Darwin dabei mit seinem mächtigen Hinterteil erbarmungslos gegen die Tür quetschte, schien er gar nicht zu bemerken. Hinter dem Kasten kamen zwei solide Haken zum Vorschein, und mit einer stummen Kopfbewegung wies Stokes auf zwei weitere an der gegenüberliegenden Kabinenwand.

Als er sah, dass Darwin nicht begriff, brummte er: »Hängematten.«

»Verstehe«, sagte Darwin verständnislos.

»Werden abends zwischen den Haken aufgespannt. Die hintere für Sie, die vordere für mich. Nach dem Aufstehen rollen wir sie zusammen. Wären sonst im Weg.«

Scheinbar ebenso mühelos, wie er den Kasten heruntergenommen hatte, setzte er ihn an seinen Platz zurück, ließ sich wieder auf seinen Stuhl fallen und fuhr fort, kryptische Symbole in ein aufgeschlagenes Buch zu zeichnen.

»Und meine Ausrüstung?«, fragte Darwin.

Stokes wies mit der Fußspitze auf den untersten Kasten. »Hier hinein.« Er spuckte den durchgekauten Tabak in eine offenbar eigens zu diesem Zweck bereitstehende verbeulte Blechschüssel und setzte hinzu: »Unter dem Vorderkastell ist auch noch ein bisschen Platz.«

Im Dämmerlicht der Kabine war der Käfer, der eilig über den Boden krabbelte, nur schwer zu erkennen. Dennoch entdeckten Darwin und Stokes ihn fast im selben Moment. Der Vermessungsoffizier hob den Fuß, um das Insekt zu zermalmen, doch Darwin hielt ihn zurück.

»Nicht!«, rief er, bückte sich und ergriff das Tier mit einer geschickten Handbewegung. Nachdem er sich vorsichtig, um nicht mit dem Kopf anzustoßen, wieder erhoben hatte, hielt er Stokes das verzweifelt mit den Beinen rudernde, braunschwarz gestreifte Insekt direkt vors Gesicht. Dabei betrachtete er es mit einem Ausdruck zärtlichen Entzückens, wie eine Frau einen funkelnden Brillantring. »*Blaptica dubia*«, verkündete er beseelt. »Argentinische Schabe. Ein ausgesprochen schönes Exemplar.«

Stokes zog die Stirn kraus. »Und?«

»Ich werde sie präparieren«, sagte Darwin und fügte, nachdem die Falten auf Stokes' Stirn noch tiefer geworden waren, hinzu, er betrachte das Auftauchen eines derart prächtigen Kerbtieres der Gattung *Blaptica* so kurz nach seiner Einschiffung und noch dazu bei der momentan herrschenden Kälte als ausgesprochen gutes Omen. Er gedenke daher, die Schabe in konserviertem Zustand künftig stets bei sich zu führen, als Talisman gewissermaßen.

Stokes wandte ein, die Mistviecher gebe es auf dem Schiff zu Hunderten. Zurzeit vielleicht nicht ganz so viele, aber wenn es erst einmal wärmer geworden sei, unbedingt. Ihr Erscheinen sei mithin alles andere als ein Glücksfall. Vielmehr gelte es, sie, wo immer man ihrer ansichtig werde, unverzüglich totzuschlagen.

»Zu Hunderten«, murmelte Darwin mit entrücktem Gesichtsausdruck. »Das erlaubt mir möglicherweise, sie in größerer Anzahl zu präparieren und nach Varietäten zu sortieren.«

Stokes sah ihn an, als habe er soeben erklärt, er wolle Hunderte von Meerwasserproben miteinander vergleichen. Doch Darwin beachtete ihn nicht. Noch immer besah er die Schabe wie ein mühsam ans Tageslicht befördertes Goldstück. Er ließ das Tier seinen Arm hinaufklettern und unterzog die Unterseite einer genauen Inspektion. Nach einigen Minuten intensiver Begutachtung verkündete er, mit großer Wahrscheinlichkeit handele es sich um ein weibliches Exemplar, die seien etwas dicker und kurzflügeliger. Wenn Stokes' Prophezeiungen sich erfüllten, könne er ja wohl darauf hoffen, früher oder später auch noch eines Männchens habhaft zu werden. Glücklich lächelnd ließ er das Insekt in seine Jackentasche gleiten.

Am Abend bereitete Darwin sich darauf vor, die erste Nacht seines Lebens an Bord eines Segelschiffes und damit zugleich auch die erste in einer Hängematte zu verbringen. Gemeinsam mit Stokes wuchtete er den oberen Schrankteil zu Boden und befestigte die beiden Schlafnetze an den dafür vorgesehenen Haken. Doch während sein Zimmergenosse nach einer einzigen fließenden Bewegung verstaut war, hatte Darwin erhebliche Mühe, in sein Netz hineinzukommen.

Er gehe davon aus, sagte er zu Stokes, man müsse dieselbe Technik wie zur Ersteigung eines Pferdes anwenden. Und er sei, mit Verlaub, kein übler Reiter.

Doch als er seine Beine in die frei schwebende Matte wie in einen Sattel schwingen wollte, stieß er sie nur von sich fort und beraubte sich so jeder Gelegenheit, seinen Körper hineinzubugsieren. Erst als Stokes ihm grinsend eine Hand reichte und mit der anderen die widerspenstige Hängematte festhielt, gelang es Darwin, sich darin auszustrecken.

»Danke«, sagte er knapp.

»Keine Ursache«, erwiderte Stokes. Ihm selbst sei es bei den ersten Versuchen kein bisschen besser gegangen. »Man braucht ein wenig Übung, dann geht es ganz leicht.«

»Zweifellos«, sagte Darwin und fügte hinzu, das treffe ja auf zahlreiche andere Verrichtungen des täglichen Lebens in gleicher Weise zu. Man müsse nur an das Schießen eines Fasans denken. »Sieht man einem Könner zu, bei dem die Auffassung des Ziels, das Anbacken der Flinte, das Mitschwingen und die Schussabgabe in einer einzigen fließenden Bewegung vonstatten gehen und der das Huhn natürlich mit der ersten Schrotladung trifft, scheint die Sache kinderleicht zu sein. Doch wenn man es dann selbst versucht, merkt man, wie ungeheuer kompliziert das Ganze ist.«

»Habe nur zweimal geschossen«, erwiderte Stokes. »Auf Piraten. Mit einer Pistole. Und beide Male, bin echt stolz darauf, habe ich getroffen.«

Noch schwieriger als Fasanen seien Moorhühner zu treffen, sagte Darwin. Sie flögen ungemein schnell und oft im Zickzack. Da müsse man schon ein geübter Schütze sein.

Stokes nickte und zupfte sich ein Haar aus dem rechten Ohr. »Piraten machen es einem nicht leicht. Fast immer greifen sie nachts an. Und wenn sie nicht sowieso schon von Haus aus schwarz sind, dann schmieren sie sich Ruß ins Gesicht. Da schießt man eigentlich blind, nur auf ein Geräusch hin. Umso stolzer bin ich, dass ich mit zwei Schuss zwei von ihnen niedergestreckt habe.«

»Aber an Piraten ist man näher dran. Fasanen und Moorhühner fliegen oft ziemlich hoch. Und viel kleiner sind sie natürlich auch.«

Das stimme zweifellos, gab Stokes zu, aber dafür schieße man sie nicht bei völliger Dunkelheit. Er rupfte ein weiteres Haar aus seinem Ohr, diesmal dem linken, und brummte müde: »Wie dem auch sei, ich denke, es ist Zeit, dass wir schlafen. Die Nacht ist kurz.«

Darwin gab ihm recht und schloss die Augen. Wie er befürchtet hatte, konnte er in der ungewohnten Stellung mit durchhängendem Rücken und hin- und herpendelndem Kopf keine Ruhe finden. Und als er endlich so müde war, dass er selbst im Sitzen eingedöst wäre, war wegen Stokes' sägenden und zudem auch noch höchst ungleichmäßigen Schnarchens an erholsamen Schlaf nicht zu denken. Erst als die Morgendämmerung bereits einen matten Schimmer in die Kabine warf, verfiel er in oberflächlichen Schlummer.

Doch schon wenige Minuten später hörte er den schrillen Weckpfiff eines Offiziers und gleich darauf Stokes' unterdrücktes Fluchen. Da er nicht sicher war, ob er vielleicht nur geträumt hatte, öffnete er vorsichtshalber die Augen, beugte sich über den Rand der Hängematte und erblickte seinen Kabinengenossen gleichmäßig röchelnd in tiefen Schlaf versunken. Seufzend ließ er sich zurücksinken und drehte sich auf die Seite. In diesem Moment hörte er den schrillen Weckpfiff eines Offiziers. Stokes stieß ein erschrockenes Keuchen und gleich darauf, wie jeden Morgen, einen unterdrückten Fluch aus. Ächzend wälzte er sich aus seiner Hängematte.

Darwin, der gern noch ein wenig liegen geblieben wäre, war wohl oder übel gezwungen, es ihm gleichzutun. Schließlich benötigte sein Zimmergenosse zumindest so viel Platz, dass er sich umdrehen und in einer auf dem Tisch bereitgestellten Schüssel notdürftig das Gesicht waschen konnte. Sein Körper fühlte sich an, als hätte er eine mehrstündige Fahrt in einer Kutsche über einen löcherigen Feldweg hinter sich, und in seinem Kopf schienen Hunderte von argentinischen Schaben herumzukrabbeln, mit deren Auftauchen Stokes zufolge ja jederzeit zu rechnen war. Er selbst hegte da erhebliche Zweifel. Denn das leise Trippeln, das er in der Nacht mehrfach außen vor der Tür und zwei-, dreimal sogar in der Kajüte selbst gehört hatte, konnte nur von umherhuschenden Ratten stammen. Und Ratten fraßen argentinische Schaben, das stand fest, egal ob männlich oder weiblich und ungeachtet ihrer individuellen Pracht.

Zwei Tage später ordnete FitzRoy, in dessen Kabine Darwin – einmal allein mit dem Kapitän und das andere Mal im Beisein des Ersten Offiziers, Alexander Usborne – zu Mittag gespeist hatte, all die komplizierten Verrichtungen an, die zum Auslaufen eines Segelschiffs erforderlich sind. Mit großem Respekt vor der Leistung des Kapitäns beobachtete Darwin, wie dieser eine rasche Folge für ihn unverständlicher Befehle hervorstieß, die von den Männern jedes Mal nicht nur überaus schnell, sondern, wie es den Anschein hatte, auch mit bemerkenswerter Präzision ausgeführt wurden. Taue wurden in alle möglichen Richtungen geschwenkt, angezogen und gelockert. Und ein paar Matrosen turnten in einer Höhe auf den schwankenden Rahen herum, dass Darwin schon vom Nach-oben-Blicken schwindelig wurde. Endlich wurden die Leinen losgeworfen, die Segel füllten sich knatternd, und das Schiff setzte sich, zuerst kaum merklich, dann allmählich schneller werdend, in Bewegung.

Noch im Hafen – das Deck der Brigg hatte sich zur Seite geneigt und begann, sich rhythmisch zu heben und zu senken – merkte Darwin, dass ihm übel wurde. Sein Magen schien sich unaufhaltsam emporzuwölben, seine Augen hatten Mühe, einen Punkt an Land oder gar an Bord zu fixieren, und seine Beine fühlten sich an, als wären sie mit einem Mal ihrer stützenden Knochen beraubt. Besorgt erkundigte sich FitzRoy, der seinen Gast ungeachtet des allgemeinen Tohuwabohus offenbar keine Sekunde aus den Augen gelassen hatte, ob er dazu neige, seekrank zu werden.

»Ich fürchte, ich muss damit rechnen«, erwiderte Darwin, wankte an die Reling und erbrach seinen Mageninhalt in hohem Schwall ins Wasser.

Dass sich sämtliche Möwen des Hafens gierig darauf stürzten, entging ihm in seiner Not ebenso wie die Tatsache, dass etliche der schwer arbeitenden Matrosen sich diskret abwandten, um ihr Grinsen zu verbergen.

Das sei ganz normal, versuchte FitzRoy ihn zu trösten. Das vergehe zweifellos nach einigen Tagen. Je eher er es hinter sich gebracht habe, desto früher könne er die Schönheiten der Reise auf einem prächtigen Segelschiff wie diesem genießen.

Darwin glaubte ihm kein Wort. Stattdessen krallte er sich bei dem Wort »genießen« derart fest an die Reling, dass seine Knöchel weiß hervortraten. Abwechselnd stöhnend und keuchend, würgte er aus seinem leeren Magen eine beachtliche Menge bitter-scharfen Schleims hervor und ließ ihn in die ruhige See tropfen.

»Galle«, kommentierte FitzRoy trocken und erteilte Stokes den Befehl, Darwin in seine Kajüte zu bringen, damit er sich hinlegen könne. Stokes wandte ein, die Hängematten seien längst verstaut. Doch als er den Blick seines Kapitäns auffing, beeilte er sich hinzuzufügen, das erneute Aufspannen bereite ihm selbstverständlich keinerlei Mühe. Er fasste Darwin um den Oberkörper und zerrte ihn mit nachschleifenden Füßen wie einen Stockbetrunkenen von Deck.

Edinburgh

Als Darwin im trüben Dämmerlicht seiner Kajüte erwachte, brauchte er eine ganze Weile, bis er wusste, wo er war. Für einen kurzen Moment wähnte er sich im Haus seiner Familie in Shrewsbury und war sich sogar sicher, seinen Bruder Erasmus im Nebenzimmer schnarchen zu hören. Doch dann bemerkte er entsetzt, dass der gesamte Schlafraum nicht nur unablässig von einer Seite zur anderen kippte, sondern sich zwischendurch auch immer wieder steil aufrichtete, um nach einer kurzen, bewegungslosen Pause scheinbar ins Bodenlose zu stürzen. Um ihn herum war ein fortwährendes Ächzen, Jaulen, Wimmern und Knacken. Man hätte meinen können, man befinde sich inmitten eines Waldes, bei heftigem Sturm, der Bäume aneinander scheuern ließ und den einen oder anderen mit lautem Krachen in Stücke brach.

Für ein paar Sekunden kehrte die Erinnerung wieder. Seiner Sache sicher war er sich aber erst, als er gewahr wurde, dass er nicht in einem gewöhnlichen Bett, sondern in einer unbequemen Hängematte lag. Darin pendelte er gleichförmig hin und her und kam, wenn er nach rechts schwang, der holzgetäfelten Wand des Raumes so nahe, dass er von Zeit zu Zeit mit einem dröhnenden Rums dagegenschlug.

Er versuchte, die Augen ein wenig weiter zu öffnen, doch der jäh einschießende Schwindel zwang ihn, sie rasch wieder zuzukneifen. Immerhin hatte der kurze Blick genügt, um undeutlich einen blechernen Eimer zu erkennen, den eine gnädige Seele neben seinem Lager bereitgestellt hatte. Er strengte sich an, den richtigen Zeitpunkt abzupassen, und nach einigen vergeblichen Versuchen gelang es ihm, trotz des Aufruhrs in seinem Inneren halbwegs gezielt hineinzuspucken. Das erschöpfte ihn so sehr, dass er sich ermattet zurücksinken ließ und schon wieder eingeschlafen war, bevor der säuerliche Gestank, der im Nu den Raum ausfüllte, ihn daran hindern konnte.

Als er das nächste Mal erwachte – es mochten Stunden vergangen sein, vielleicht auch Tage –, fühlte er sich ein wenig wohler. Seine Eingeweide schienen wieder in etwa dort zu liegen, wo sie hingehörten. Und als er zur rußigen Decke hinaufsah, war da kein lästiges Drehgefühl mehr, das ihn zwang, die Augen zu schließen. Es gelang ihm sogar, mit dem Blick eine Zeit lang eine im Zickzack über die Bretterwand krabbelnde Fliege zu verfolgen, ohne dass ihm übel wurde. Er sah zum Eimer unter sich hinab und erkannte, dass er geleert worden war. Auch den Boden hatte jemand gesäubert, ohne dass er davon etwas mitbekommen hatte. Er fröstelte, tastete nach seiner Wolldecke und zog sie sich unters Kinn.

Plötzlich wurde ihm bewusst, dass er schrecklichen Durst hatte. Sein Mund fühlte sich an wie ausgedörrt, die pelzige Zunge klebte am Gaumen. Doch eine Kanne mit Wasser oder gar Tee war nirgends zu sehen. Er wartete, bis er mit seiner Hängematte der rechten Wand so nahe kam, dass er sie berühren konnte, und schlug einige Male kraftlos dagegen. Doch sofort begriff er, dass das lächerliche Klopfen, das er damit auslöste, im allgemeinen Ächzen des Schiffes vollkommen unterging.

Zum Glück erschien wenig später Stokes' massiger Kopf im Türspalt. Einen Augenblick lang wurde Darwin sich schamhaft bewusst, dass er den Zimmergenossen mindestens eine Nacht, aber vielleicht auch länger, seiner Schlaf- und Arbeitsstätte beraubt hatte. Doch das vergaß er sofort wieder, als Stokes sich breit grinsend erkundigte, wie es dem Herrn gehe, ob er etwas benötige und wie es vor allem mit Essen und Trinken stehe.

»Wasser«, krächzte Darwin und fügte, von der eigenen Stimme zutiefst erschrocken, im Flüsterton hinzu: »Und wenn's geht, ein paar Rosinen.«

Stokes nickte wortlos, schob mit der Zunge einen Batzen Kautabak von einer Wangentasche in die andere und war im selben Moment schon wieder verschwunden. Gleich darauf kehrte er mit einem metallenen Krug zurück. Er fasste Darwin, der immerhin sechs Fuß maß und keineswegs zierlich gebaut war, um die Schultern und richtete ihn in seiner Matte auf, als sei er eine Strohpuppe. Dann hielt er ihm das Gefäß an die Lippen. Sorgfältig achtete er darauf, dass sein Patient der Gier nach Flüssigkeit nicht hemmungslos nachgab, sondern den warmen Tee schön langsam, Schluck für Schluck, zu sich nahm. Dann griff er in die Tasche seiner Hose, zog einen fleckigen Stoffbeutel hervor und öffnete ihn vorsichtig. Während er daraus ein paar dunkle Früchte in seine schwielige Hand fallen ließ, erkundigte er sich, warum es denn gerade Rosinen sein müssten.

»Mein Vater«, antwortete Darwin matt. »Er ist Arzt. Wenn uns Kindern schlecht war, gab er uns immer Rosinen zu essen. Und manchmal ein bisschen trockenen Zwieback. Mehr nicht. Das sei am verträglichsten. Und wirklich: meistens haben wir's bei uns behalten.«

Stokes lächelte und wischte Darwins Gesicht, während dieser kaute und schluckte, mit einem feuchten Lappen ab. Dann ließ er ihn noch einmal kurz am Tee nippen. »Das reicht fürs Erste.«

Darwin nickte schwach. Zu gerne hätte er den Krug in einem Zug geleert, hätte das süße Getränk, ohne abzusetzen, in sich hineingeschüttet. Aber er wusste, dass Stokes recht hatte. Für einen kurzen Moment ging ihm durch den Kopf, dass er auf der vor ihm liegenden Reise mit Sicherheit noch öfter gezwungen sein würde, sich zu beherrschen und seine körperlichen Bedürfnisse wichtigeren Dingen unterzuordnen. Er war sich nicht sicher, ob das ein tröstlicher Gedanke war. Ermattet ließ er sich zurücksinken, schloss die Augen und dachte an seinen Vater.

Im Grunde hatte er ihn sein Leben lang enttäuscht. Das lag vielleicht schlicht daran, dass er anders war als seine fünf Geschwister. Ja, sogar vollkommen anders als sein einziger, fünf Jahre älterer Bruder Erasmus, den er stets nur »Ras«

nannte. Während der gehorsam über seinen Schulbüchern saß, lateinische Vokabeln büffelte und Geschichtszahlen auswendig lernte, streifte er selbst von morgens bis abends durch die heimischen Wälder und Wiesen, unablässig auf der Suche nach Steinen, Vogelfedern, Muscheln, Blüten und allem möglichen Getier, ganz besonders Käfern. Käfer faszinierten ihn, seit er denken konnte. Er lauerte ihnen auf dem Waldboden auf, wühlte im Moos, stocherte in Baumhöhlen, unter Steinen und morschen Stümpfen, riss ihretwegen Mengen mehr oder minder loser Rinde von den Bäumen, krabbelte auf Knien durch Getreidefelder und steckte seine Nase in jede Felsspalte, die er erreichen konnte. Zudem stellte er in der morschen Gartenhütte einige offene Glasschalen mit allerlei Substanzen auf, von denen er gehört hatte, ihr Geruch locke die Krabbler an.

Einmal schob er vorsichtig die rissige Borke einer Weide beiseite, als er darunter auch gleich ein schillerndes Insekt entdeckte. Ein schneller, aber behutsamer Griff, und schon war der Käfer sein Eigen. Später würde er ihn vorsichtig abtöten, seine Gattung und Art bestimmen und ihn in einem der zahlreichen Holzkästchen unterbringen, in denen er seine Sammlung, säuberlich sortiert und katalogisiert, aufbewahrte. Die flachen Kästen baute für ihn in großer Zahl und ohne Wissen seines Vaters der Gärtner zusammen, dem er dafür hin und wieder einen Shilling zusteckte. Als er gerade seine rechte Hand um den Käfer geschlossen hatte, sah er aus den Augenwinkeln ein zweites, deutlich größeres und mit längeren Fühlern ausgestattetes Krabbeltier. Rasch hatte er dieses mit der freien Linken gepackt und war soeben im Begriff, seine Beute in das dafür bestimmte Leinensäckchen gleiten zu lassen, als unter der losen Rinde ein dritter Käfer hervorkroch, noch prächtiger als die ersten zwei und vor allem von einer Art, von der er bisher nur ein einziges, unscheinbares Exemplar besaß.

Was nun? Beide Hände waren belegt, und der Prachtkrabbler war drauf und dran, sich aus dem Staub zu machen. Ohne lange zu überlegen, steckte er das Tier aus der linken Hand in den Mund und schickte sich gerade an, seine Finger um das flüchtende dritte Insekt zu schließen, als ihn ein stechender Schmerz zusammenzucken ließ. Das Mistvieh auf seiner Zunge hatte etwas Gallbitteres und Scharfes ausgestoßen, das sich rasend schnell über Zahnfleisch und Gaumen ausbreitete und ihm unweigerlich die Schleimhaut verätzen würde, wenn er es nicht schnell wieder herausbekäme. Von Ekel geschüttelt, spie er den Käfer in hohem Bogen aus und versuchte durch mehrmaliges, kräftiges Spucken, den widerwärtigen Geschmack loszuwerden. Dabei öffnete er ungewollt auch die rechte Hand, was das darin gefangene Insekt umgehend ausnutzte, um sich eilig davonzumachen. Natürlich hatte sich inzwischen auch der schillernde Prachtkäfer verkrochen. So stand er nun da, spuckend und würgend, Tränen in den Augen und gänzlich ohne Beute.

Ein andermal verfolgte er einen grün-braun gefleckten Käfer über eine mit Gras und Kräutern bewachsene Hochfläche, auf der dichte Büsche immer wieder dafür sorgten, dass das Tier für kurze Zeit aus seinem Blickfeld verschwand. Mehrfach setzte er zum Sprung an, um es endlich zu packen doch jedes Mal entzog es sich mit einem abrupten Haken seinem Zugriff. Das ging so eine ganze Weile, bis sie an eine Kante kamen, an der die Hochfläche jäh in einen steilen Hang abfiel, der unten in einem sumpfigen Bach endete. Einen Moment lang schien der Käfer nicht zu wissen, ob er den riskanten Abstieg wagen sollte, und blieb unschlüssig stehen. Das war Charles' letzte Chance. Mit einem weiten Satz schnellte er nach vorne und hätte das noch immer bewegungslos ausharrende Insekt sicher auch ergriffen, wäre nicht die ganze überhängende Kante unter seinem Gewicht abgebrochen und mit ihm zusammen in das matschige Gewässer gerutscht. Erst als er, prustend und von oben bis unten mit Schlamm bedeckt, wieder auftauchte, wurde ihm bewusst, dass er eigentlich auf dem Weg zur Kirche gewesen war und deshalb seinen besten Anzug trug.

Doch von derlei Missgeschicken ließ er sich nie lange beeindrucken und ging meist schon am Tag darauf wieder auf Käferjagd. Oft kam der Gärtner mit dem Zusammenbau immer neuer Kästen gar nicht mehr nach, sodass Charles gezwungen war, die akkurat präparierten, aufgespießten und etikettierten Insekten an einem anderen Ort als der eigens zu diesem Zweck mit Regalen versehenen Dachkammer aufzubewahren. Zum Entsetzen des Hausmädchens belegte er mit ihnen nicht nur sämtliche freien Flächen des eigenen Zimmers, sondern auch noch Tisch und Stühle im Raum seiner Schwester Susan. Zum Dank für ihr Schweigen verhalf er ihr zu einem heimlichen Rendezvous mit einem älteren Jungen, den sie schon seit längerer Zeit glühend anhimmelte.

In Zeiten außergewöhnlichen Käferjagdglücks schien es ihm bisweilen angebracht, den Gärtner mit einer fürstlichen Entlohnung zu noch mehr Basteleifer anzuspornen. Und weil es ihm dazu am nötigen Bargeld fehlte – sein wohlhabender Vater war alles andere als freigebig –, war er gezwungen, auf Naturalien zurückzugreifen. Da er einsah, dass von den trickreich in speziell konstruierten Fallen gefangenen Ratten selbst die kapitalsten Exemplare nur bedingt als Geschenk geeignet waren, blieb ihm nichts anderes übrig, als seinem heimlichen Helfer von den Rebhühnern, Fasanen, Enten und Tauben abzugeben, die er mit der Flinte erlegte. Zum Glück litt er daran nie Mangel, denn mit dem Schrotgewehr durch Wald und Flur zu pirschen, war nach dem Käfersammeln seine zweite große Leidenschaft, der er einen erheblichen Teil seiner Zeit widmete.

Während Ras sich in der Schule mit euklidischer Geometrie und den Werken griechischer Philosophen herumschlug, flocht sein jüngerer Bruder am Rand eines Stoppelfeldes das herumliegende Stroh zwischen die Zweige benachbarter Büsche. Mit diesem perfiden Trick gelang es ihm, einen perfekt getarnten, von oben nicht einsehbaren Jagdschirm zu errichten. Dahinter kauerte er Stunde um Stunde, beobachtete aufmerksam das vor ihm liegende Feld und erlegte durch sinnreich angebrachte Schießscharten hindurch an guten Tagen bis zu dreißig Vögel. Diese steckte er mit verschwörerischer Miene nicht nur dem Gärtner, sondern auch dem Hauslehrer zu, der im Gegenzug bereit war, die Vorwürfe des Vaters in Bezug auf die bescheidenen schulischen Leistungen seines jüngeren Sohnes mannhaft über sich ergehen zu lassen.

Als alle derartigen Vorhaltungen jedoch ohne Ergebnis blieben, schickte der Vater den Lehrer nach Hause und seinen widerspenstigen Sohn zur Schule; auf das bei Eltern ebenso beliebte wie bei ihrem männlichen Nachwuchs gefürchtete Internat des Dr. Samuel Butler im heimischen Shrewsbury. Dort prügelte der Direktor höchstpersönlich seinen Zöglingen mit dem Rohrstock sämtliche Gedanken an außerunterrichtliche Vergnügungen aus dem Leib. Ein paar freie Stunden gab es lediglich zwischen Schulschluss und Abendessen, und das auch nur, wenn die Lehrer keinerlei Defizite beim Repetieren griechischer Vokabeln, mathematischer Formeln und vor allem beim Aufsagen ellenlanger altertümlicher Gedichte bemängelt hatten. Da der junge Darwin in keiner einzigen dieser Disziplinen zu glänzen vermochte, blieb ihm meist nur der Sonntag, um seinen zwei großen Leidenschaften nachzugehen.

Der Vater – seit dem frühen Tod der Mutter war er Witwer – sah eine Weile tatenlos zu. Doch als die Zeugnisse keinerlei Zweifel mehr daran ließen, dass Charles im Gegensatz zu Erasmus ein lausiger Schüler war, verbot er seinem Jüngsten kurzerhand die sonntäglichen Ausflüge. »Du hast nichts anderes im Kopf als Käfer sammeln, jagen und Ratten fangen«, schrie er, zornrot im Gesicht, »und machst dir und der ganzen Familie nichts als Schande!« Mit diesen Worten knallte er ein Lateinbuch, das noch aus seiner eigenen Schulzeit stammte und in dem er immer wieder einmal blätterte, vor Charles auf die Schreibtischplatte und brüllte, sein missratener Sohn werde dieses Zimmer erst wieder verlassen, wenn er den kompletten Text der zehnten Lektion ohne den geringsten Fehler aus dem Gedächtnis heraus aufgesagt habe.

Drei Tage später bezog Charles von Dr. Butler eine Tracht Prügel. Mit der väterlichen Anordnung, die Lektion auswendig zu lernen, hatte er Glück gehabt, denn derselbe Text war ihm von seinem eigenen Lehrbuch her vertraut. Erst vor Kurzem hatte er in der Schule drei Stunden nachsitzen müssen, um ihn sich einzuprägen. So hatte er die Zeit, die er im Anschluss an die väterliche Strafpredigt wohl oder übel in seinem Zimmer absitzen musste, dazu genutzt, sich ein paar Streiche einfallen zu lassen, die er in der nächsten Woche ausprobieren wollte. Das hatte ihn abgelenkt und dazu beigetragen, seinen Zorn auf Vater und Schule zu zügeln.

Am folgenden Tag hatte er einem Mitschüler gegenüber damit geprahlt, er könne weiße Stiefmütterchen mühelos in rote, gelbe oder blaue verwandeln, indem er die Erde einfach mit entsprechend gefärbtem Wasser gieße. Der Erstklässler war mächtig beeindruckt gewesen. Im Bestreben, seiner größeren Schwester zu imponieren, hatte er nichts Besseres zu tun gehabt, als einen großen Eimer mit roter Farbe, die der Vater zur Verschönerung einiger Möbel angemischt hatte, über das Blumenbeet im Vorgarten zu schütten. Dafür hatte er seinerseits ordentlich Schläge bezogen und Darwin in seiner Wut beim Direktor verpetzt.

Während Charles nun mit zusammengebissenen Zähnen Schlag um Schlag auf sein Hinterteil niedergehen fühlte, nahm er sich vor, irgendwann nicht nur einen schwachköpfigen Mitschüler, sondern die gesamte wissenschaftliche Welt oder, falls ihm das nicht gelänge, zumindest seinen Vater mit einer revolutionären Entdeckung zu beeindrucken. Dem sollte es noch leid tun, dass er ihn in das vermaledeite Internat geschickt hatte! Und bei jedem Hieb, den Dr. Butler ihm mit hörbarem Vergnügen verabreichte – der Direktor pflegte bei Züchtigungen genussvoll mit den Lippen zu schmatzen –, wünschte er sich inständig, der widerliche Schuft möge alt genug werden, um eines Tages einer empörten Öffentlichkeit erklären zu müssen, warum er den bedeutendsten Naturforscher Englands so gemein behandelt hatte.

Von diesem Tag an las Darwin in jeder freien Minute alles, was ihm an naturkundlichen Werken in die Hände geriet. Über Bäume, Blumen, Pilze, Vögel, Fische und Insekten las er mit derselben begeisterten Ausdauer wie über die Geheimnisse der Himmelskörper, über geologische Schichten, Fossilien und winzige Bestandteile tierischer und pflanzlicher Organismen, die man nur unter dem Mikroskop erkennen konnte. Und zu seinem eigenen Erstaunen gelang es ihm fast mühelos, sich Unmengen von Zahlen, Fakten und Zusammenhängen einzuprägen. Ja, selbst die kompliziertesten lateinischen Art- und Gattungsbezeichnungen merkte er sich viel leichter, als ihm das jemals mit den Vokabeln aus den Schriften Cäsars, Ciceros oder Ovids vergönnt gewesen war.

Die wenigen Stunden, die ihm neben Schule und Lesen blieben, verbrachte er nur noch zu einem geringen Teil mit Käfersammeln und Jagen, weit öfter hielt er sich nun im Geräteschuppen des väterlichen Anwesens auf. Dort hatte Ras ein kleines, aber perfekt ausgestattetes chemisches Labor eingerichtet, in dem die beiden unermüdlich mit weißen, gelben und schwarzen Pulvern, diversen Metallen und grell gefärbten Flüssigkeiten experimentierten. Besonders beliebt waren Versuche mit ausgeprägter Geräusch- und Geruchsentwicklung, die dazu führten, dass es im Garten der Darwins fortan ebenso laut knallte, wie es erbärmlich stank. Der Vater ließ seine Söhne gewähren. Er stopfte sich Stoffläppchen in die Ohren, hielt sich die Nase zu und hoffte insgeheim, die beiden würden früher oder später eine bahnbrechende chemische Entdeckung machen, die sich kommerziell nutzen ließe. Und dazu waren Geknalle und Gestinke seinen bescheidenen Kenntnissen zufolge nun einmal unabdingbar vonnöten.

Obwohl er den Großteil seiner Zeit nach wie vor mit Außerschulischem verbrachte, überraschte Charles seine Familie mit einem recht passablen Abschluss. Zwar konnten drei Viertel seiner Mitschüler bessere Noten vorweisen, dafür hatte das andere Viertel schlechtere. Der Vater schien halbwegs zufrieden und ordnete an, sein jüngerer Sohn solle dem älteren an die berühmte Universität im schottischen Edinburgh folgen und sich dort umgehend für das Medizinstudium einschreiben.

»Aber Vater ...«, wagte Charles einzuwenden.

Der Blick seines Vaters ließ ihn verstummen. »Familientradition. Dein Großvater war Arzt, ich bin es auch, Erasmus wird Arzt, da wirst du keine Ausnahme machen.«

Charles nickte ergeben und nahm seinem Vater mit einer angedeuteten Verbeugung das Abschlusszeugnis aus den Händen. Naturforscher wäre ihm lieber, fügte er leise hinzu.

»Naturforscher!« Der Vater schnaubte verächtlich. »Alles andere als ein ehrenwerter Beruf. Und brotlos obendrein. Nein, du wirst Arzt! Später wirst du mir dankbar sein.«

Das bezweifelte Charles, schwieg aber. Dann eben Medizin. Allemal besser, als länger auf die Schule zu gehen. Immerhin entzog er sich auf diese Weise dem autoritären Gehabe des Vaters und den brutalen Schlägen des Dr. Butler. Sicher gab es auch in Schottland fesselnde Insekten und anderes Getier. Seine Flinte würde er jedenfalls mitnehmen.

So bezog er im Oktober 1825 in der Edinburgher Lothian Street, im selben Haus, in dem auch Ras wohnte, eine kleine Kammer und befasste sich fortan widerwillig mit Anatomie, Physiologie und Arzneimittellehre, alles Dinge, die ihn nicht im Geringsten interessierten. Das hatte durchaus seine Vorteile, denn Vorlesungen, deren Besuch sich nicht lohnte – und das waren seiner Ansicht nach ausnahmslos alle –, bescherten ihm immerhin die Zeit, um in flachen Meeresbuchten Seetieren aller möglichen Spezies nachzustellen. In den Stunden, in denen seine Mitstudenten die öden Ausführungen altersgrauer Professoren über sich ergehen ließen, musste in einer vom jungen Darwin eigenhändig gebastelten Reuse so mancher Krebs, Fisch oder Seeigel und im Hagel seiner Schrote so mancher Vogel sein Leben lassen.

Den Rest der Zeit verbrachte er damit, in der Universitätsbibliothek Standardwerke der Naturkunde zu studieren. Ganz besonders hatte es ihm Alexander von Humboldts *Reise in die Aequinoctialgegenden des Neuen Continents* angetan, in dem der berühmte Forscher von seiner ausgedehnten Südamerikaexpedition berichtete. Daneben half er, wann immer es ihm möglich war, im angegliederten Naturhistorischen Museum dem Präparator bei der Arbeit. Der erklärte ihm geduldig, wie man Fische, Amphibien, Reptilien und Vögel sezierte, zeigte ihm, wie man ihre Eingeweide entfernte und die sterblichen Hüllen haltbar machte, wie man Felle von Säugetieren zu behandeln hatte, damit sie nicht von Motten zerfressen wurden, und wie man ausgestopfte Tiere möglichst lebensnah präsentierte. Nur wenn eine anstehende Prüfung es unumgänglich machte, steckte Darwin seine Nase auch einmal in ein Buch der medizinischen Fakultät.

Und so hätte er das Studium mit nachsichtiger Hilfe seines Bruders Ras, der an der Heilkunde indes auch keinen Gefallen fand, vielleicht sogar erfolgreich abgeschlossen, wären da nicht die grässlichen Operationen gewesen. Besonders eine sollte ihm, dem der Anblick menschlichen Blutes seit jeher Übelkeit verursacht hatte, zeitlebens nachdrücklich in Erinnerung bleiben: Einem Mädchen von vielleicht acht Jahren sollte aus dem Bauchraum ein dort vermuteter Tumor entfernt werden. Niemand hatte eine Ahnung, worum es sich bei der Geschwulst handelte und wo sie ungefähr liegen könnte, aber das würde man sehen. Ohne den Eingriff würde das Kind mit ziemlicher Sicherheit sterben, da hatte man nichts zu verlieren.

Gegen zehn Uhr morgens schleppten zwei Operationsdiener das schreiende und um sich schlagende Mädchen zu dem hölzernen Tisch in der Mitte des Hörsaals. Auf den ansteigenden Sitzreihen verfolgten Hunderte von Studenten gespannt, wie sie den Körper mit schweren Lederriemen festschnallten. Obwohl der Geruch nach Schweiß, Blut und Fäkalien von der vorausgehenden Operation nur noch als schwacher Hauch in der Luft hing, rümpften nicht wenige Zuschauer die Nase.

Dann betrat Professor Monroe, klein, rundlich und mit schlohweißem Haar, gefolgt von zwei devot zu Boden blickenden Assistenten, den Raum. Sofort wurde es still. Umständlich und ohne im Geringsten auf das Wimmern des Mädchens zu achten, entledigte er sich seines eleganten Gehrocks. Dann ließ er sich von einem Ankleider eine offensichtlich uralte Schürze reichen, auf der ein paar eingetrocknete Blutspritzer von früheren Eingriffen kündeten. Mit leiser Stimme und ausschweifenden, vor Fachwörtern strotzenden Sätzen erklärte er dem Auditorium den Sachverhalt, wobei er tunlichst jedwede konkrete Aussage vermied. Selbst die Studenten der höheren Semester, die so taten, als hätten sie einen Teil seiner Ausführungen verstanden, waren danach kein bisschen klüger. Die Stirn in würdige Denkerfalten gelegt und pausenlos mit dem Kopf nickend, versuchten sie, ihren jüngeren Kommilitonen gegenüber ihre Unwissenheit zu verbergen.

Als er ausgeredet hatte, ergriff der Professor mit einer pathetischen Bewegung das von einem seiner Assistenten angereichte blitzende Skalpell, führte es langsam über den Bauch des Kindes und stieß es nach einer kurzen Kunstpause in das rosige, schweißglänzende Fleisch. Trotz der breiten, um Arme, Beine und Brust gespannten Riemen bäumte sich der Körper auf, und das Mädchen stieß einen gellenden Schrei aus, der Darwin durch und durch ging. Blut spritzte, und einer der Operationshelfer musste den Haken, mit dem er die Wunde offen hielt, kurz loslassen, um sich mit einem schmutzigen Lappen die Brille abzuwischen. Während Monroe die einzelnen, die Eingeweide bedeckenden Schichten eine nach der anderen durchtrennte, wobei ihm zum allgemeinen Erstaunen Schweiß von der Stirn in den geöffneten Leib tropfte, steigerte sich das Schreien des Opfers zu sirenenartigem Geheul. Dann brach es plötzlich ab. Offensichtlich hatte das Mädchen das Bewusstsein verloren. Oder das Leben.

Die plötzliche Stille war grauenvoll. Niemand wusste, ob das Kind noch atmete, und auch der Chirurg schien einen Augenblick verwirrt zu sein. Dann schüttelte er sich mit einer Kopfbewegung die weiße Mähne aus der Stirn, verscheuchte mit einer weiteren eine der zahlreich herumschwirrenden Fliegen und griff beherzt in die offene Bauchhöhle. In diesem Moment schwanden Darwin die Sinne. Dass sein Kopf auf die hölzerne Tischplatte schlug, bemerkte er ebenso wenig wie das Blut, das ihm aus der Nase quoll. Zwei kräftige Studenten packten ihn unter den Armen, zerrten ihn aus der Bankreihe und schleppten ihn in den Vorraum des Hörsaals, wo sie ihn kurzerhand fallen ließen.

Als er wieder zu sich kam, bemerkte er, gleichermaßen erstaunt wie erleichtert, dass er nicht der Einzige war, der auf dem Boden lag. Zwei junge Mädchen, beide offenbar eigens zu diesem Zweck abgestellt, bespritzten ihn und die anderen Studenten, denen es schlecht geworden war, abwechselnd mit kaltem Wasser, reinigten den Boden von Erbrochenem und wischten Blut aus den bleichen Gesichtern.

Das war das letzte Mal, dass Darwin einer Operation beiwohnte. Gleich am nächsten Morgen räumte er sein Zimmer, verabschiedete sich knapp von Ras und bestieg die erste Kutsche in Richtung Shrewsbury.

So endete seine medizinische Karriere.

CAMBRIDGE

Der Vater machte seiner Empörung schnaubend Luft. Man breche nicht gleich bei der kleinsten Schwierigkeit ab, schimpfte er, und ein Darwin schon gar nicht. Überhaupt habe in der Familie, so lange er zurückdenken könne, noch nie irgendjemand etwas, was er sich vorgenommen habe, so schnell wieder aufgegeben.

»Ich habe mir nichts vorgenommen«, wandte Charles ein. Seine Stimme stockte, unter dem strengen Blick des Vaters brach ihm der Schweiß aus allen Poren.

»Unsinn! Du hast das Medizinstudium angefangen, und was man anfängt, bringt man auch zu Ende!«

»Aber ich wollte nicht.«

Der Vater wischte den Einwand mit einer Handbewegung beiseite. Es komme nicht auf das Wollen an, sagte er, sondern auf das Tun. Immer nur zu tun, was man wolle, sei in höchstem Maße verachtenswert, inbrünstig zu wollen, was man tue, dagegen das Geheimnis des Erfolgs. »Deine Mutter wäre sehr enttäuscht.«

Charles zuckte zusammen. Seine Mutter ins Spiel zu bringen, erschien ihm hinterhältig. Sie war gestorben, als er acht Jahre alt war, und hatte ihm kaum Erinnerungen, dafür aber ein überaus schlechtes Gewissen hinterlassen. Tatsächlich hatte er sie fast vergessen. Lediglich von ihrem quadratischen Arbeitstisch, ihrem schwarzen Samtkleid und ihrem Sterbelager hatte er noch eine schwache Vorstellung. Nach ihrem Tod hatten die älteren Schwestern Marianne und Carolin ihre Stelle eingenommen. Sie hatten für den Vater gesorgt, Haus und Garten in Ordnung gehalten und die jüngeren Geschwister, so gut sie konnten, erzogen. Und nie wieder ein einziges Wort über die Mutter verlauten lassen. Sie existierte nicht mehr, weder real noch im Gedenken.

Später hätte Charles nicht mehr sagen können, woher er den Mut genommen hatte, doch ehe er es verhindern konnte, waren die Worte schon heraus: »Sie hätte es nicht gewollt.«

»Was denn?«

»Dass ich Arzt werde.«

Auf der Stirn des Vaters erschien eine steile Falte. Er setzte zu einer Erwiderung an, klappte den Mund jedoch wieder zu. »Wie willst du wissen …?«, flüsterte er tonlos.

Charles, von seiner eigenen Kühnheit beflügelt, beschloss, die Angelegenheit mannhaft durchzustehen. »Mütter verstehen ihre Söhne.«

Diese Bemerkung machte seinem Vater eine Weile zu schaffen. Er kniff die Lippen zusammen und starrte schweigend ins Leere. Dann änderte er abrupt den Tonfall und erkundigte sich teilnahmsvoll: »Was war denn so schlimm?«

»Die Operationen. Einfach grauenhaft!«

Der Vater nickte verständnisvoll. »Ich konnte mich auch nie daran gewöhnen und kann es bis heute nicht.«

»Aber du bist doch …«

»Arzt, ich weiß. Aber kein Chirurg. Skalpell und Blut waren mir stets zuwider. Nur im äußersten Notfall habe ich versucht, meine Patienten mit Brennen, Stechen oder Schneiden zu heilen. Worte waren mir stets wichtiger. Zuhören und zureden, weißt du.« Er sah seinen Sohn eine Weile ernst an. »Das könntest du auch. Du bist zwar manchmal reichlich eigenbrötlerisch, aber wenn man dich braucht, kann man sich auf dich verlassen. Das ist es, was die Patienten wollen: Verlässlichkeit und gute Worte. Einen, der ihnen zuhört und sie ernst nimmt. Der sie nicht mit ungebetenen Ratschlägen oder wirkungslosen Arzneien traktiert. Viele meiner Patienten sind Frauen, die von ihren Männern übel behandelt werden. Auf das Schlimmste gedemütigt werden sie von diesen Teufeln, oft sogar geprügelt. Denen geht es nicht darum, dass ich ihre Wunden verbinde oder Egel auf ihre Blutergüsse setze. Die wollen, dass ich sie in ihrer Not verstehe.« Er blickte eine Weile nachdenklich aus dem Fenster und rieb sich dabei ausgiebig die mächtige Nase, ein untrügliches Zeichen, dass er nachdachte. »Und was jetzt?«

Charles hielt den Zeitpunkt für günstig, daran zu erinnern, dass er schon immer habe Naturforscher werden wollen.

»Naturforscher«, wiederholte der Vater. Ach ja, er entsinne sich. Dann sagte er bestimmt: »Du wirst Pfarrer werden.«

Charles holte Luft. Doch bevor er ein Wort hervorbrachte, setzte der Vater hinzu, einen Geistlichen habe es in der Familie noch nie gegeben. Einen Diener Gottes zum Sohn zu haben, heiße, dem Herrn selbst nah zu sein. Das könne gewiss nicht schaden. Je mehr er darüber nachdenke, desto besser gefalle ihm die Idee. Er werde älter, und da sei es nicht verkehrt, zwei Söhne um sich zu wissen, von denen der eine Spezialist für das Physische, der andere für das Psychische sei. Außerdem sei Landpfarrer ein von allen geachteter Beruf und lasse zudem – er kniff lächelnd ein Auge zu – demjenigen, der ihn ausübe, eine Menge Zeit für Aktivitäten anderer Art. Charles wisse schon, was er meine.

Charles wusste es nicht, beschloss jedoch, vorsichtshalber nicht nachzufragen. Er nickte wortlos. Nie hatte er mit dem Gedanken gespielt, Theologie zu studieren, aber jetzt, wo er darüber nachdachte, schien ihm die Aussicht gar nicht so übel. Waren nicht die berühmtesten Naturforscher seiner Zeit fast alle auch Pfarrer? Stammten nicht einige der bedeutendsten zoologischen, botanischen und geologischen Schriften von Pastoren, die auf dem Land eine Gemeinde betreuten? Die an Sonntagen hastig zusammengeschriebene Predigten verlasen und ihre Zeit ansonsten überwiegend damit verbrachten, in der freien Natur den Geheimnissen des Lebendigen nachzuspüren?

So fand er sich drei Wochen später in Cambridge wieder, als Student des renommierten Christ's College. Das erfüllte ihn zwar nicht gerade mit Begeisterung, stieß ihn aber auch nicht ab. Auf Drängen des Vaters hatte er die drei Wochen genutzt, um seine Latein- und Griechischkenntnisse aufzufrischen. Verblüfft hatte er registriert, dass er aus dem Internat des Dr. Butler doch ein wenig mehr mitgenommen hatte als nur Erinnerungen an einschläfernde Unterrichtsstunden und aufmunternde Hiebe.

Die Jahre in Cambridge sollte Darwin später als die vergnüglichsten in seinem ganzen Leben bezeichnen. Das Studium langweilte ihn zwar, forderte ihn aber nur mäßig; in der Stadt gab es eine Unmenge gemütlicher Kneipen, in den umliegenden Feldern und Wäldern eine Unmenge prächtiger Käfer. Daneben waren da noch zwei Professoren, von deren Vorlesungen er sich keine einzige entgehen ließ und mit denen er sich regelrecht anfreundete. Beide hatten wie er Theologie studiert und waren daher formal anglikanische Priester. Doch berühmt geworden waren sie durch ihre herausragenden Leistungen auf verschiedenen Gebieten der Naturkunde. Der eine war der Geologe Adam Sedgwick, der andere der Botaniker John Henslow. Gemeinsam hatten sie die Philosophische Gesellschaft von Cambridge gegründet, in der Professoren und ältere Studenten leidenschaftlich über die Art naturkundlicher Themen diskutierten, die öffentlich zu erwähnen nicht opportun erschien.

Sedgwick war von kräftiger Statur, mit breiter Brust und dikkem Hals, zu dem sein länglich knochiges Gesicht nicht so recht passen wollte. Er war Priester in einer Gemeinde in Yorkshire und ein tiefgläubiger Mann. Bei einer seiner geologischen Exkursionen war ihm ein Gesteinssplitter ins rechte Auge gedrungen, und seither konnte er das, was er genauer in Augenschein nahm, nur noch erkennen, wenn er es mit schräg gelegtem Kopf anblickte. Menschen, die zum ersten Mal mit ihm redeten, zeigten sich von dieser Angewohnheit im Allgemeinen höchst irritiert, dachten sie doch, er höre nicht zu und halte stattdessen nach etwas in ihrem Rücken Ausschau. Doch diejenigen, die ihn kannten, hatten sich an seine Marotte gewöhnt. Er war überzeugter Junggeselle und, selbst wenn er im Freien mit dem Hammer Steine klopfte, stets auf das Eleganteste gekleidet. Wenn er das Haus verließ, dann grundsätzlich nur in einem maßgeschneiderten, langen Samtjackett, fleckenlos weißen Handschuhen und – sein besonderes Markenzeichen – einem gleichfarbigen Zylinder.

Mehrere Male durfte Darwin ihn begleiten und lernte dabei, mit gezielten Hammerschlägen Proben aus unterschiedlichstem Gestein herauszuschlagen, geologische Schichten zu identifizieren und Altersbestimmungen vorzunehmen. Das Ende derartiger Arbeitstage verbrachten die beiden gewöhnlich in einem Dorfkrug, sofern dieser über ein paar Zimmer mit Betten verfügte. Dort musste Darwin zu seinem Verdruss grundsätzlich mit dem ersten Schluck Bier warten, bis Sedgwick seinen Tagesbericht gelesen und die Benennung aller Gesteinsproben kontrolliert und für richtig befunden hatte.

Auf einem dieser mehrtägigen Ausflüge, bei denen sie sich zwischendurch immer wieder für einige Stunden trennten, winkte ein glatzköpfiger Bauer, der gerade dabei war, seinem Ochsen zu trinken zu geben, Darwin verstohlen zu sich heran. Mit wichtiger Miene führte er ihn zu einer nahen Kiesgrube. Er habe darin etwas entdeckt, was er dem Herrn Hilfsgeologen unbedingt zeigen müsse.

Tatsächlich lag inmitten des Gerölls, unter einer überhängenden Gesteinsplatte halb verborgen, ein großes spiralförmiges Gebilde, das Darwin – er kaute noch heftig an dem »Hilfsgeologen« – auf den ersten Blick als tropische Muschel der Gattung *Voluta* und daher als nicht in diese Gegend gehörend klassifizierte. Er selbst sei in seiner freien Zeit oft mit dem Hämmerchen unterwegs, flüsterte der Bauer und hielt sich geheimnistuerisch den Zeigefinger an die Lippen. Bei einer solchen Aktion sei er vor einigen Tagen auf den sensationellen Fund gestoßen.

»An Ort und Stelle liegen lassen!«, mahnte Darwin und strengte sich an, die Erregung, die ihn mit Macht ergriffen hatte, zu verbergen. »Das Objekt könnte in der Tat von einer gewissen Bedeutung sein.«

Der Bauer nickte beflissen, murmelte etwas von »wertvoll« und »Finderlohn« und versprach, die Muschel wie seinen Augapfel zu hüten, bis Darwin mit dem Herrn Chefgeologen zurückgekommen sei.

Am Abend hockten sie am wackligen Ecktisch eines Gasthofs, in dem Sedgwick bei seinen Exkursionen schon mehrfach übernachtet hatte, und ließen sich panierte Forellen schmecken. Die Kerzen auf den Tischen erhellten den düsteren Raum nur spärlich, und die rauchige Luft roch nach Bier und Whisky. Eine Katze unbestimmter Farbe strich auf der Suche nach Fressbarem um ihre Füße.

Nach dem Essen zündete Sedgwick sich eine dicke schwarze Zigarre an und begann, mit sichtlichem Vergnügen zu paffen. Darwin wartete ungeduldig, bis sich die ersten Rauchringe an der Decke aufgelöst hatten, dann berichtete er von dem seiner Ansicht nach höchst bemerkenswerten Fund. »Wie mag die Muschel dort hingekommen sein?«

Sedgwick zog die Augenbrauen hoch. »Muss jemand weggeworfen haben.«

»Weggeworfen?« Nur mit Mühe gelang es Darwin, sein Glas auf den Tisch zurückzustellen, ohne etwas zu verschütten. »Und wenn nicht?«

»Dann wäre das eine Katastrophe!«

Darwin ballte die Hände zu Fäusten. Sicher war Sedgwick nicht verborgen geblieben, dass sie zitterten. »Ich fürchte, ich verstehe nicht.«

»Ein großes Unglück!«, wiederholte Sedgwick bestimmt. »*Voluta*-Muscheln haben hier in der Gegend absolut nichts verloren.«

Darwin ließ enttäuscht den Mundwinkel hängen. »Ich … ich dachte …«

»Das wäre ein sensationeller Fund, nicht wahr?«

Darwin nickte zögernd. Zum letzten Mal war er sich im Griechischunterricht bei Dr. Butler derart dumm vorgekommen.

Auf Sensationen solcher Art könne er weiß Gott verzichten, erklärte Sedgwick aufgebracht. Alles, was man bisher über die

Oberflächenablagerungen in den Midlands wisse, wäre von einem Tag auf den anderen über den Haufen geworfen. Sämtliche Geologiebücher müssten neu geschrieben werden. Er nahm einen kräftigen Schluck, tupfte sich den Mund mit einem blütenweißen Taschentuch sorgfältig ab und sah Darwin eindringlich an. »Merken Sie sich eines, junger Freund: Die Naturkunde braucht keine Sensationen! Was sie braucht, ist Verlässlichkeit. Schlüssige Theorien, mit denen sich Beobachtungen und Ergebnisse von Experimenten widerspruchslos erklären lassen. Hat man erst einmal ein solches Gedankengebäude errichtet, kann niemandem daran gelegen sein, es durch eine vermeintliche Sensation von einer Sekunde auf die andere wieder eingerissen zu sehen.«

Darwin schluckte. Dass der letzte Satz wie kein anderer sein zukünftiges Leben und Wirken prägen würde, konnte er nicht ahnen.

John Henslow, den er ohne das Theologiestudium in Cambridge niemals kennengelernt hätte, war ihm fast noch wichtiger. Auch er hatte das Priesterexamen abgelegt und betreute nebenbei eine eigene Gemeinde. Den weitaus größeren Teil seiner Zeit verwendete er jedoch auf seine Tätigkeit als Lehrstuhlinhaber für Botanik. Wie Sedgwick war er groß und von stämmiger Gestalt. Sein fleischiges Gesicht war von oben bis unten von Haar umrahmt: auf dem Kopf ein schwarzer, von grauen Strähnen durchzogener Wust, zum Kinn hin ein dichter, gleichermaßen dunkler Backenbart, der den blasslippigen Mund nahezu verdeckte. So, als sei sie festgewachsen, hing darin von früh bis spät eine tönerne Pfeife, aus der sich ein Rauchfaden kräuselnd nach oben wand.

Henslow kannte jede Pflanze, die auf den Britischen Inseln wuchs. Von jedem Blatt konnte er, ohne zu überlegen, sagen, woher es stammte, und von jeder Blüte, wann sie gepflückt worden war. Gemeinsam unternahmen sie zahlreiche Ausflüge, die zwar nur wenige Meilen lang waren, sich aber dennoch über Stunden hinzogen. Denn Henslow pflegte Darwin nach dem Namen jedes Krautes, jeder Blume, jedes Busches und jedes Baumes zu fragen, ihm die Unterschiede zwischen den einzelnen Varietäten zu erläutern und ihn hin und wieder anhand eines voluminösen Buches die genaue Bestimmung eines Gattungs- und Artnamens vornehmen zu lassen.

Ausführlich und mit sichtlicher Begeisterung erklärte er ihm, wie man Pflanzenteile trocknete oder anderweitig konservierte, wie man sie zu Sammlungen ordnete und gegebenenfalls für den Transport verpackte. Er machte ihn mit sämtlichen Instrumenten, Gerätschaften und Chemikalien vertraut, die einem Botaniker die Arbeit erleichterten. Besonderen Spaß bereitete es ihm, aus Teilen unterschiedlicher Gewächse eine neue, künstliche Pflanze zusammenzustecken, deren Komponenten Darwin dann identifizieren und präzise benennen musste. Bei allem, was Henslow erklärte und demonstrierte, machte sich sein Schüler eifrig Notizen, die er abends, allein in seinem Zimmer, mit den Ausführungen in den botanischen Standardwerken der Universitätsbibliothek verglich.

Immer häufiger und ausgedehnter wurden ihre gemeinsamen Exkursionen. Und irgendwann war Darwin bei allen Studenten und Professoren nur noch als der Mann bekannt, der mit Henslow spazieren ging. Doch die Gespräche zwischen ihnen drehten sich keinesfalls nur um botanische Belange. Vielmehr erwies sich Henslow auch als ein außerordentlich kenntnisreicher Zoologe, Meteorologe, Physiker, Chemiker und Gesteinskundler.

»Sie müssen unbedingt Lyells *Prinzipien der Geologie* lesen«, empfahl er Darwin, als sie in einem Kiefernwäldchen am Rand eines Steinbruchs nach wildem Thymian suchten. »Höchst bemerkenswerte Hypothesen, die er darin aufstellt. Zwar stimme ich mit ihm in vielen Dingen nur bedingt überein, aber das ändert nichts an der Tatsache, dass seinen Ausführungen überaus scharfsinnige Gedankengänge zugrunde liegen.«

Noch am selben Tag besorgte Darwin sich das Buch aus der Bibliothek. Er nahm es mit in sein Zimmer, versenkte sich darin und las, bis das Tageslicht schwand und er eine Kerze nach der anderen anzünden musste, um die Buchstaben zu entziffern. Je weiter er kam, desto verwirrter wurde er, hatte er doch bisher, ohne weiter darüber nachzudenken, den Behauptungen des Erzbischofs von Armagh, James Usher, vertraut. Der hatte Ende des 17. Jahrhunderts die Bibel nach Stellen durchforstet, die Rückschlüsse auf den genauen Zeitpunkt der Schöpfung zuließen, und daraus berechnet, die Erde sei am 23. Oktober des Jahres 4004 vor Christus erschaffen worden, und zwar exakt um sechs Uhr morgens.

Die seither eingetretenen, deutlich sichtbaren geologischen Veränderungen hatte Sedgwick mit einer Reihe von Naturkatastrophen gigantischen Ausmaßes erklärt, deren vielleicht größte die biblische Sintflut gewesen sei. Stoße man daher in älteren Gesteinsschichten auf Spuren von Tieren, die nicht mehr auf Erden lebten, so handele es sich zweifelsfrei um Arten, denen es fatalerweise nicht gelungen sei, vor dem großen Regen in Noahs Arche Zuflucht zu finden. Derlei Unglücke habe es im Lauf der letzten fünf- bis sechstausend Jahre immer wieder gegeben, und auch in Zukunft würden Mensch und Tier wohl kaum von ihnen verschont bleiben.

Das klang plausibel. Doch nun behauptete dieser Lyell, schuld an den nicht wegzuleugnenden Wandlungen, denen die Erdoberfläche im Lauf ihrer Existenz unterworfen gewesen sei, seien keinesfalls sich wiederholende Katastrophen. Vielmehr seien die Veränderungen das Ergebnis unablässig und gleichförmig wirkender äußerer Kräfte in Form von Wasser und Wind. Diese hätten seit Urzeiten in stets derselben Weise auf die Erde eingewirkt – Lyell sprach von *Uniformitarismus* –, seien in dieser Form nach wie vor am Werk und würden dies zweifellos auch in Zukunft sein.

Die Glocke der benachbarten Kirche hatte gerade zwei Uhr geschlagen, als Darwin das Buch aus der Hand legte und die Flamme der letzten, bis auf einen winzigen Rest abgebrannten Kerze ausblies. Erst jetzt merkte er, wie sehr sein Kopf schmerzte. Seine Augen brannten, und ihm war schwindelig. Verwirrt streckte er sich auf seinem Bett aus und dachte nach.

Wenn auch nur ein Teil dessen zutraf, was er gerade gelesen hatte, bedeutete das nichts anderes, als dass die Erde viel älter sein musste, als man bisher angenommen hatte. Nicht bloß ein paar Jahrtausende, nein, Millionen von Jahren musste es sie schon geben. In diesen gewaltigen Zeiträumen hatte sie sich Lyell zufolge keinesfalls sprunghaft, sondern ganz langsam und allmählich verändert. Mit jedem Regen, Hagel oder Sturm, mit jeder Erwärmung und Abkühlung, mit jedem Vulkanausbruch oder Erdbeben, immerfort, Millimeter für Millimeter, ohne Pause. Und das hieß nichts anderes als dass das, was über die Schöpfung der Welt in der Bibel stand, so nicht stimmen konnte.

Im August 1831 zog Darwin wieder im väterlichen Haus in Shrewsbury ein. Er küsste seine Schwestern auf die Wange, Marianne und Carolin nur leicht, Susan ein wenig fester und Elizabeth, die jüngste, herzhaft und laut schmatzend. Irgendwann in näherer Zukunft würde er in der Kathedrale von Hereford zum Priester der anglikanischen Kirche geweiht werden, erklärte er ihnen breit grinsend. »Das ist nicht besonders weit von hier und von Maer aus schon gar nicht.«

Maer erwähnte er ausdrücklich, weil dort die berühmte Keramikmanufaktur der Familie Wedgewood ansässig war, jener auf den ganzen Britischen Inseln, ja sogar auf großen Teilen des Festlandes hoch geachteten Dynastie, der seine Mutter entstammte. In Wirklichkeit hatte er es mit der Weihe keineswegs eilig, und zum Glück drängte auch der Vater nicht. Es würde ohnehin ein, zwei Jahre dauern, bis irgendwo auf dem Land die Stelle eines Diakons oder Hilfspfarrers frei würde. Die unterste Sprosse der beruflichen Leiter, zwar schlecht bezahlt, aber dafür nur mit unbedeutenden Verpflichtungen verbunden, sodass er genügend Zeit haben würde, auf der Suche nach bemerkenswerten Tieren, Pflanzen und Steinen durch die Natur zu streifen.

Geld bedeute ihm nicht viel, erklärte er Elizabeth, als sie ihn am folgenden Tag auf seiner Sammeltour begleitete, und zwinkerte vergnügt. Der Vater habe genug davon, um ihnen allen dereinst ein stattliches Vermögen zu vererben. Und bis dahin würde er sie gewiss nicht darben lassen. Mit der Weihe habe es also keinerlei Eile.

»Wenn du meinst«, antwortete die Schwester. »Mir ist es im Grunde egal.«

Am Spätnachmittag des letzten Augusttages – Charles war gerade dabei, sechsunddreißig unscheinbare Käfer nach Größe, Farbe und Fühlerlänge zu ordnen – brachte ein Bote den Brief, in dem Henslow dem jungen Darwin die Stelle eines naturkundlichen Begleiters auf FitzRoys Brigg *Beagle* anbot. Er selbst sei für die Stelle im Gespräch gewesen, schrieb er auf einer beigefügten Notiz, habe jedoch leider wegen anderer unaufschiebbarer Verpflichtungen absagen müssen. Außerdem sei er in Anbetracht des jugendlichen Alters des Kapitäns und seiner Offiziere für den Posten doch schon reichlich betagt. Er habe dem zuständigen Sekretär der Admiralität Darwins Person beschrieben, seine Qualitäten in höchsten Tönen gepriesen und ihn als FitzRoys Begleiter wärmstens empfohlen. Den Ausschlag für seine Ernennung habe jedoch letztlich die Tatsache gegeben, dass er, nachdem er das Theologiestudium erfolgreich abgeschlossen habe, nunmehr angehender Pfarrer sei. FitzRoy sei nämlich tiefgläubig und bibelfest. Er möge ihn, Henslow, daher bitte nicht enttäuschen, den Posten antreten und daraus für sich selbst und die gesamte naturkundliche Wissenschaft den größtmöglichen Nutzen ziehen.

Darwin las den Brief atemlos dreimal von Anfang bis Ende, dann erst hatte er begriffen. Da er nicht wusste, was er sagen sollte, beschloss er, die Angelegenheit zunächst für sich zu behalten. Auf die neugierigen Fragen der Schwestern, die den Boten natürlich hatten kommen und gehen sehen, erklärte er, ein Studienfreund aus Cambridge habe ihn zu einer Exkursion eingeladen. Das war zumindest nicht gelogen.

Fanny würde ihn verstehen, da war er sicher. Sie war die Tochter eines Kameraden seines Vaters und zugleich die beste

Freundin seiner Schwestern Carolin und Susan. Seit er zurückdenken konnte, ging sie im Haus der Familie ein und aus, anfangs in Begleitung ihres Vaters, später allein. Als er älter geworden war, hatte er bemerkt, dass sein Herz schneller schlug, wenn sie – hochgewachsen, schwarzhaarig und mit glühenden, dunklen Augen – vor ihm stand, wenn sie ihn ansah oder ihn gar mit ihren blitzenden Zähnen anlachte.

Ihr Vater war es gewesen, der ihm den ersten Schießunterricht erteilt, ihm gezeigt hatte, wie man eine Flinte anschlägt, das Ziel auffasst, mitschwingt und trifft. Er hatte diese Unterrichtsstunden genossen. Denn immer war Fanny dabei gewesen. Mehr als einmal hatte er ihr mit pochendem Herzen zugesehen, wenn sie darauf bestand, auch einmal die Flinte abzufeuern, und die Zähne zusammenbiss, wenn der Rückstoß sie fast umwarf. Zu gerne hätte er dann die blauen Flecken an ihrer Schulter berührt oder – bei dem Gedanken wurde ihm heiß und kalt – ihre Schmerzen mit Küssen gelindert.

Mit der Zeit erwiderte Fanny seine Gefühle. Immer häufiger schickte sie ihm Briefe, in denen sie beteuerte, wie gern sie in seiner Nähe sei und wie traurig, wenn sie ihn eine Zeit lang nicht sehen könne. Dafür, dass das nicht allzu oft vorkam, sorgte er, indem er, wann immer er ein wenig Zeit erübrigen konnte, zu den Owens ritt. Irgendwann war dann der Wunsch mit den Küssen auf ihre Schulter Wahrheit geworden. Und schon bald war es nicht mehr bei der Schulter geblieben.

Er würde Fanny sehr vermissen, das stand fest. Und sie ihn auch, das hoffte er jedenfalls. Doch das eigentliche Problem war der Vater. Die Bezeichnung »Naturforscher« galt ihm regelrecht als Schimpfwort. Und das, obwohl sein eigener Vater einige viel beachtete Aufsätze zu geologischen, zoologischen und botanischen Themen verfasst hatte. Gespannt wartete Charles, in welcher Stimmung er abends nach Hause kommen würde. Hätte er heute bei der Behandlung seiner Patienten besondere Erfolge erzielt, so wäre die Gelegenheit günstig. Hätte er aber einen von ihnen verloren, empfahl es sich, besser bis morgen zu warten.

Das Glück schien ihm hold zu sein: Der Vater machte ein ausgesprochen freundliches Gesicht und langte beim Abendessen noch kräftiger zu als sonst, ein untrügliches Zeichen, dass er sich wohlfühlte. Als er mit sichtlichem Behagen das letzte Stück Lammkeule vertilgt und danach noch drei mächtige Portionen Karamellpudding mit reichlich Madeira hinuntergespült hatte, nahm Charles all seinen Mut zusammen. Mit zitternden Händen griff er in die Jackentasche und reichte dem Vater das Schreiben.

»Was ist das?«

»Lies bitte.«

Der Vater warf einen Blick auf den Absender. »Professor Henslow? Ist das nicht der Botaniker aus Cambridge, von dem du mir erzählt hast?«

»Genau der«, sagte Charles und nahm schuldbewusst den Finger aus dem Mund, dessen Nagel er gerade abgekaut hatte. Wie dem verehrten Herrn Vater bekannt sei, ein universell gebildeter, großherziger Mann.

»Und was will er von dir?«

Charles wischte den feuchten Finger verstohlen an seinem Hosenbund ab. »Bitte lies doch.«

Während die Augen des Vaters Zeile um Zeile über den Brief wanderten, wurde seine Miene immer ernster. Er legte den Löffel beiseite, mit dem er im Begriff gewesen war, noch ein wenig Pudding auf seinen Teller zu schaufeln, und setzte sein Weinglas so hart auf den Tisch, dass ein paar Tropfen Madeira herausspritzten. Das wertete Charles als schlechtes Zeichen.

Er hatte sich nicht getäuscht. »Eine Schiffsreise rund um die Welt? Kommt gar nicht infrage!«

Charles wusste, dass es am besten war, wenn er jetzt schwieg.

»Wer ist der Initiator? Dieser Henslow?«

»Die Königlich Britische Marine.«

Der Vater schüttelte missbilligend den mächtigen Kopf und sagte, dies sei nicht der richtige Moment, um zu scherzen.

»Ich meine es ernst. Ich soll als Naturforscher« – endlich war das vermaledeite Wort heraus – »auf der *Beagle*, einem Schiff des Königs, mitfahren. Und als …«

Der Vater fiel ihm ins Wort: »*Du* als Naturforscher?«

»Nun ja, du wirst mein Interesse an dem Fach nicht abstreiten können. Und die erforderlichen Fertigkeiten habe ich mir angeeignet …« – er blickte dem Vater fest in die Augen – »… oder werde es noch tun.«

»Wolltest du nicht die Priesterlaufbahn einschlagen? Hast du nicht eigens zu diesem Zweck gerade erst dein Theologiestudium abgeschlossen? Auf meine Kosten, wohlgemerkt?«

Charles fühlte, wie er rot wurde. »Das stimmt. Aber eine Stelle als Pfarrer kann ich nach der Reise immer noch antreten. Die läuft mir nicht weg.«

Das wage er zu bezweifeln, sagte der Vater. Man könne schwerlich für das Seelenheil einer Gemeinde verantwortlich sein und gleichzeitig in Tümpeln Kaulquappen fangen.

Das könne man sehr wohl, entgegnete Charles leise, ob seiner eigenen Kühnheit erschrocken. Sedgwick, von dem er ihm erzählt habe, und Henslow selbst seien dafür die besten Beispiele.

Der Vater führte weitere Argumente ins Feld. Sicher habe man die Stelle vorher schon bedeutenderen Persönlichkeiten angeboten als einem Fast-noch-Theologiestudenten, der sich seine bescheidenen naturkundlichen Kenntnisse im Selbstunterricht angeeignet habe. Und offensichtlich hätten diese allesamt abgelehnt. Es müsse daher ja wohl schwerwiegende Gründe gegen das Schiff oder die Expedition geben. Außerdem sei es dem Ansehen eines Geistlichen in höchstem Maße abträglich, wenn er die Priesterweihe zwei Jahre oder gar noch länger hinausschiebe. Und überhaupt, sein Sohn, eine ausgesprochene Landratte, so lange an Bord eines Schiffes! In äußerst beengten Verhältnissen, und das sicher größtenteils bei rauer See, stürmischen Winden und Eiseskälte. Ob er sich denn gar nicht davor fürchte, seekrank zu werden? Er möge nur an den Ausflug nach Paris denken …

»Das wird vorübergehen. Daran gewöhnt man sich.«

»Und deine Käfer?«

»Die müssen eben warten.«

Der Vater griff nach seinem Glas und kippte sich den Rest Madeira mit einer zornigen Bewegung in den Mund. »Soll ich dir mal etwas sagen? Du willst weiter nichts als dich vor deinen Pflichten als Priester drücken. Schlag dir das Ganze aus dem Kopf!«

Charles schluckte. Er erhob sich, murmelte kraftlos »Wenn du meinst …«, wünschte dem Vater noch einen erholsamen Abend und stieg die breite Wendeltreppe hinauf in sein Zimmer. Angekleidet, wie er war, warf er sich auf sein Bett, aber natürlich war an Schlaf nicht zu denken. Er fühlte, wie ihm Tränen in die Augen stiegen. Eine Chance wie diese würde er nie wieder bekommen, das stand fest.

Dann setzte er sich abrupt auf. Vielleicht hatte der Vater ja gar nicht so unrecht. Wer konnte vorhersagen, ob er das grobe Leben auf See aushielt? Zwei Jahre waren keine Kleinigkeit, noch nie war er so lange von zu Hause fort gewesen. Wenn er ehrlich war, empfand er allein schon bei dem Gedanken heftiges Heimweh. Und mit der Anspielung auf seine Kanalüberfahrt hatte der Vater zudem einen heiklen Punkt angesprochen. Vielleicht war es ja tatsächlich besser, wenn er nicht fuhr.

Doch es gelang ihm nicht, sich zu überzeugen. Vielmehr gewann gleich darauf wieder die Enttäuschung die Oberhand. Hatte er nicht stets darauf beharrt, er wolle Naturforscher werden? Durfte er dann ein solch einmaliges Angebot ausschlagen? Er würde ein zweites Mal mit dem Vater sprechen. Und wenn es sein musste, auch ein drittes. Schließlich hatte er nichts zu verlieren.

In diesem Moment klopfte es an der Tür. Es war der Vater. »Ich möchte noch einmal mit dir reden.«

Charles entzündete die Kerze auf seinem Nachttisch. »Nimm doch Platz.«

Er habe die Enttäuschung seines Sohnes gespürt, sagte der Vater, nachdem er sich auf die Bettkante hatte fallen lassen. Vielleicht sei er ja zu hart gewesen.

Charles antwortete nicht. Um seine Tränen zu verbergen, tat er so, als reibe er sich die müden Augen.

Eigentlich seien sie doch immer gut miteinander ausgekommen, nicht wahr? Der Vater räusperte sich verlegen.

Charles schwieg.

Möglicherweise sehe er die Sache ja auch zu einseitig.

Charles gab keine Antwort.

»Ich mache dir ein Angebot.«

Charles sah den Vater fragend an.

»Solltest du einen Mann mit gesundem Menschenverstand finden, der dir zu dieser Reise rät, will ich meine Zustimmung geben.«

Am nächsten Morgen war Charles schon kurz nach Sonnenaufgang auf den Beinen. Er sattelte sein Pferd und ritt nach Maer. Zu Onkel Josiah, dem Bruder seiner Mutter und Vater seiner Kusine Emma. Den nannte er, seit er zurückdenken konnte, nur liebevoll Onkel Jos. Wenn der kein Mann mit gesundem Menschenverstand war, wer dann?

Er traf ihn allein beim Frühstück. Emma war nirgends zu sehen. Weil Charles nicht unhöflich sein wollte, ließ er sich vom Hausmädchen eine Tasse Tee einschenken, lehnte jedoch den Toast, den ihm der Onkel auf den Teller legte, dankend ab. »Sei mir nicht böse, aber ich bringe beim besten Willen keinen Bissen hinunter.«

»So schlimm? Raus mit der Sprache!«

Mit stockender Stimme trug Charles sein Anliegen vor. Er berichtete von Henslows Angebot und zählte die väterlichen Einwände einen nach dem anderen auf. Lediglich den Vorwurf, sich vor seiner Verantwortung als Priester drücken zu wollen, behielt er für sich. »Du bist meine letzte Hoffnung.«

Zwei Stunden später hatte sich der Knoten in seiner Kehle gelöst, und der Toast schmeckte ihm wieder. Onkel Jos hatte die Argumente des Vaters Stück für Stück widerlegt und sich sogar bereit erklärt, den Neffen nach Shrewsbury zu begleiten, um mit dem Schwager zu reden.

»Vorher musst du mir aber noch zwei, drei Fragen beantworten«, sagte er. »Versprich mir, ehrlich zu sein.«

Charles hörte auf zu kauen und nickte.

»Du fürchtest dich doch vor der Seekrankheit, oder?«

Ein weiteres stummes Nicken.

»Und vor dem Heimweh?«

»Auch.«

»Vor der Enge auf dem Segelschiff?«

»Ein bisschen. Werde mich daran gewöhnen, denke ich.«

Der Onkel machte eine längere Pause. »Charles, dir geht es in erster Linie gar nicht um dich.«

»Sondern?«

»Um deinen Vater. Du glaubst, du müsstest ihm etwas beweisen, stimmt's?«

Diesmal war es Charles, der eine Weile schwieg, bevor er antwortete: »Kann schon sein.«

»Du hast ihm gegenüber ein schlechtes Gewissen und möchtest etwas Großes vollbringen. Etwas, von dem die Menschen reden und worauf dein Vater stolz sein kann.«

Wieder nickte Charles stumm. »Ich habe ihn mein Leben lang enttäuscht.«

Der Onkel wischte sich mit der Serviette über den Mund, faltete sie umständlich zusammen und erhob sich. »Eigentlich ist es paradox«, sagte er. »Du bist nicht bereit, dich dem Willen deines Vaters unterzuordnen, ja, du stellst dich sogar offen gegen ihn. Und das mit dem vorrangigen Ziel, ihm eine Freude zu bereiten.«

Sie waren bei den Pferden angekommen und schwangen sich in die Sättel. Bevor sie den Tieren die Sporen gaben, sah der Onkel seinen Neffen noch einmal nachdenklich an. Dann schüttelte er den Kopf und rief, während sich sein Pferd in Bewegung setzte, über die Schulter zurück: »Dein Vater weiß es nicht, aber er kann verdammt stolz auf dich sein.«

Nordatlantik

Die *Beagle* schlingerte auf südlichem Kurs durch den Golf von Biskaya. Seit der Abfahrt von Plymouth waren drei Tage vergangen, in denen Darwin ganze viermal seine Hängematte verlassen hatte und kurz an Deck erschienen war. Am Vortag war der Schiffsarzt Dr. Benjamin Bynoe, ein etwa dreißigjähriger, schlanker Mann mit hellem Teint und freundlichen grauen Augen, zu ihm in die Kajüte gekommen. Ruhig, aber bestimmt hatte er erklärt, kein Mensch könne längere Zeit nur von Rosinen und Zwieback leben, und ihm eine Diät aus Sagomehl, Wein und Gewürzen – »das Ganze gut vermischt und stark erhitzt!« – verordnet.

Obwohl der Sago wie Kautschuk schmeckte und ihm heißer Wein ein Gräuel war, hatte er sich strikt an die ärztliche Empfehlung gehalten. Immerhin hatte er sich seitdem nur noch zweimal übergeben müssen. Stokes hatte den Tisch in der engen Kajüte ganz an die Wand gerückt. So war es dem Vermessungsoffizier, wenn auch mit beträchtlicher Mühe und eingezogenem Kopf, möglich, seiner Arbeit an der Seekarte nachzugehen, während sein Zimmergenosse über ihm unablässig von einer Seite zur anderen pendelte.

Zum ersten Mal stand Darwin jetzt bei heftig bewegter See auf den Planken des Schiffes und blickte auf das Meer hinaus. Erfreut registrierte er, dass er begann, das fortwährende Auf und Ab und Hin und Her durch unbewusste, automatische Gegenbewegungen auszugleichen. Es war Nachmittag, gerade vier Uhr vorüber, doch schon machte es die einbrechende Dämmerung schwer, den Horizont zu erkennen. Trotz des fahlen Lichts war das Wasser, das in kurzen, von weißem Schaum gekrönten Wellen auf das Schiff zulief, leuchtend dunkelblau. Hin und wieder schien in der Tiefe ein Licht aufzublitzen, ein jähes Funkeln, das die Umgebung für den Bruchteil einer Sekunde erhellte. Für die Jahreszeit war es erstaunlich mild. Darwin schob sich die dicke Wollmütze, die er vorsichtshalber tief ins Gesicht gezogen hatte, auf den Hinterkopf zurück. Zum ersten Mal, seit er das Schiff betreten hatte, war er rundum glücklich.

Das Wasser schien nicht mehr als eine bewegte Fläche zu sein. Es fiel ihm schwer, sich vorzustellen, dass das Tageslicht nur die oberen Schichten durchdrang, dass es darunter immer dunkler wurde bis hinab in die tiefsten Tiefen, wo nach allgemeiner Auffassung ewige Nacht herrschte. Er hätte zu gerne gewusst, ob es da unten Leben gab. Sicher, in Fischernetzen hatte man hin und wieder merkwürdige Tiere gefunden, die in den Zonen, in die man die Fanggeräte hinabließ, normalerweise nicht vorkamen. Doch was besagte das schon? Wie tief das Meer war, wusste niemand; keiner konnte sagen, wo das Leben endete und der Tod begann. Vielleicht würde man eines Tages in der Lage sein, dickwandige Behälter zu bauen, stabil genug, um damit Forscher bis auf den Grund der Ozeane hinabzulassen. Doch dann fiel ihm ein, dass das sinnlos wäre, da man in völliger Finsternis ohnehin nichts würde erkennen können.

Enttäuscht registrierte er, dass ihm schon wieder übel wurde. Immerhin hatten sich die Symptome der Seekrankheit in den letzten vierundzwanzig Stunden verändert: Ihm wurde nicht mehr schwindelig. Er konnte seinen Blick längere Zeit auf einen Punkt richten, ohne dass gleich alles verschwamm. Was ihm nach wie vor große Probleme bereitete, war sein Inneres. Nicht nur Magen und Darm, sondern auch Herz, Lunge, Leber und Milz schienen in ständigem Aufruhr zu sein. Leise Flüche ausstoßend, schleppte er sich zur Reling. Als er gleich darauf, die Hände um das raue Holz gekrallt, mit lautem Würgen Rosinen, Zwieback, Sago und Wein in die Wellen ergoss, wünschte er zum wiederholten Mal, er hätte diese Reise nie angetreten.

Alexander Usborne, der Erste Offizier, ein mittelgroßer, schlanker Mann mit gepflegtem blondem Schnauzbart und auffallend heller, jungenhafter Stimme, trat zu ihm. »Wird's gar nicht besser?«

»Geht schon«, murmelte Darwin und kramte in seiner Tasche nach einem Tuch, um sich den Mund abzuwischen. Doch das Einzige, was er darin fand, war die arg lädierte argentinische Schabe. Er hatte sie vollkommen vergessen. Seufzend warf er sie ins Meer.

»Man gewöhnt sich daran«, sagte Usborne und tätschelte Darwin aufmunternd die Schultern. »Der eine früher, der andere später. Wenn ich ein paar Monate an Land war, habe ich anschließend auch jedes Mal wieder zu kämpfen. Da muss man durch.«

Darwin nickte schwach. Er nahm sich vor, dem intensiven Verlangen nach einer Hängematte zu widerstehen. Vergeblich versuchte er, Usborne zuzulächeln. Dann wankte er, mit den Händen abwechselnd an der Reling und einem der vielen Taue Halt suchend, langsam nach achtern. Er atmete tief durch und nahm die Heckverzierung der Brigg näher in Augenschein. Es musste doch möglich sein, hier ein sackartiges, einer Reuse ähnliches Gebilde anzubringen. Sicher würde sich darin allerlei Getier fangen, das er sezieren, mikroskopieren, katalogisieren und konservieren konnte. Trotz des Tohuwabohus in seinem Inneren brannte er darauf, seine Instrumente und Gerätschaften einzuweihen und zum ersten Mal auf dieser Reise sein noch jungfräuliches Notizbuch mit Naturkundlichem zu füllen.

Er würde den Schiffszimmermann und den Segelmacher aufsuchen müssen, doch noch immer hatte er vom Inneren der *Beagle* allenfalls eine vage Ahnung, die der Vorstellung vieler Menschen von ihrem Körper glich: Er wusste, was alles darin untergebracht war, hatte jedoch keinerlei Kenntnis, wozu das meiste gut oder wo es zu finden war. Er versuchte zu ignorieren, dass sich das Heck der Brigg in regelmäßigen Abständen, wie von einer riesigen Hand gestemmt, weit nach oben hob, um gleich darauf nach einem kurzen Moment seliger Bewegungslosigkeit wieder in den Abgrund zu stürzen.

Inzwischen war es dunkel geworden. Am Himmel blitzten einzelne Sterne durch lockeres Gewölk. Darwin fuhr sich mit der Zunge über die Lippen. Er nahm das Salz wahr und fand, dass es nach all dem Zwieback und Sago köstlich schmeckte.

In dieser Nacht schlief er tief und traumlos. Selbst Stokes' chaotisches Geschnarche störte ihn nicht. Als er am Morgen aus der Hängematte kletterte, fühlte er sich überraschend frisch und ausgeruht und hatte den Eindruck, die Schiffsbewegungen seien nicht mehr ganz so heftig. Er hoffte, dass er sich täuschte, dass sein Gefühl der Gewöhnung entsprang. Dann suchte er die Fähnrichsmesse, fand sie irgendwann und ließ sich von Syms Covington, einem drahtigen jungen Mann, der tagsüber als Kombüsengehilfe und abends als Schiffsgeiger fungierte, einen Tee einschenken. Mit einem Lächeln, das ihm erstaunlich leicht fiel, erwiderte er den Gruß von Leutnant James Sullivan, dem Zweiten Offizier, und dachte kurz daran, dass er das Frühstück auch in der Kapitänskajüte einnehmen könnte. Er war der Einzige, der dazu das Recht hatte, doch er musste damit rechnen, dort auf FitzRoy zu treffen. Und für eine angeregte Unterhaltung empfand er sich in seinem momentanen Zustand noch nicht als idealen Partner.

Er verließ die Fähnrichsmesse und fragte sich nach dem Zimmermann durch. Diesem und anschließend dem Segelmacher erläuterte er in kurzen Worten, wie er sich das Fanggerät vorstellte. Obwohl ihm die Zeichnung, die beide forderten, vollkommen misslang, hielt er nicht ganz zwei Stunden später einen an einem hölzernen Ring befestigten voluminösen Stoffsack in Händen, von dem aus drei Taue zu einem massiven metallenen Haken führten.

»So müsste es gehen«, sagte der Zimmermann und wünschte Darwin viel Glück. »Ist ja wohl nicht zum Essen fangen, oder?«

Darwin schüttelte den Kopf. Wie jedermann an Bord habe er seine Pflicht zu erfüllen, erklärte er. Und die bestehe in seinem Fall vorrangig in der Erforschung all dessen, was mit Steinen, Tieren und Pflanzen zu tun habe. Und natürlich auch mit Muscheln, Quallen, Schnecken und Fischen.

Der Weg Richtung Deck erwies sich mit dem sperrigen Fangsack als überaus mühsam. Dreimal verhedderten sich seine Füße in mehr oder minder dicken Tauen. Und als er endlich im Freien stand, blieb der hölzerne Ring an einem vorstehenden Belegnagel hängen, und er stürzte der Länge lang auf die Planken. Mit hochrotem Kopf rappelte er sich wieder auf. Aus den Augenwinkeln erkannte er, dass Usborne sich diskret abwandte. Doch die heftig zuckenden Schultern des Ersten Offiziers verrieten, dass er keinesfalls allein damit beschäftigt war, den Stand der Segel zu prüfen.

Plötzlich glaubte Darwin, ein Gespenst zu sehen. War da hinten nicht gerade ein Mädchen vorbeigelaufen? In Männerkleidung zwar, aber eindeutig weiblich? Es schien ihm unklug, sich mit der sperrigen Reuse in der Hand allzu rasch umzudrehen; noch einmal wollte er Usborne nicht die Gelegenheit geben, sich über ihn lustig zu machen. Doch als er endlich so weit war, dass er gefahrlos zurückblicken konnte, war das rätselhafte Geschöpf verschwunden. Er rieb sich die Augen. Gab es auf Segelschiffen so etwas wie eine Fata Morgana? Vielleicht sollte er FitzRoy fragen. Allerdings hatte er sich heute schon einmal lächerlich gemacht, das reichte. Er würde die Augen offen halten.

Der Kapitän war nirgends zu sehen. Deshalb folgten alle, die gerade nicht unmittelbar mit der Bedienung der Brigg zu tun hatten, Darwin zum Heck des Schiffes, um zu beobachten, was er vorhatte. Sofern es nicht stürmte oder eine Kursänderung anlag, war die stets gleiche Routine für die Männer ereignislos und öde. Da war jede Abwechslung, und wenn sie auch nur im Zuwasserlassen eines unscheinbaren Fangkorbes bestand, hochwillkommen. Lodgewick, der pockennarbige Seemann, der ihn in Davenport zu FitzRoy geführt hatte, ging ihm unaufgefordert zur Hand. Mit einem Schäkel befestigte er den Haken an der Heckreling und ließ den Sack auf Darwins Kopfnicken hin ins Wasser klatschen. Wie er gehofft hatte, sorgte die Fahrt des Schiffes dafür, dass der Stoff sich wie ein Segel blähte und die kreisrunde Öffnung ein beträchtliches Stück unter Wasser zog.

»Gute Arbeit«, sagte er zum Segelmacher, der ebenfalls heraufgekommen war, um sich das Schauspiel nicht entgehen zu lassen. »Wollen mal sehen, was sich darin so alles fängt.«

Nach etwa einer halben Stunde zogen sechs kräftige Männerarme das Fanggerät an Bord. Vorsichtig kippten sie den Inhalt in einen flachen hölzernen Zuber. Die Ausbeute war reichhaltiger als erwartet: kleine, längliche, grauschleimige Fische, Quallen unterschiedlicher Farbe und Größe sowie eine Vielzahl muschel- und schneckenförmiger Gebilde.

In seinem Eifer entging Darwin, dass die Umstehenden wie auf Kommando ein paar Schritte zurückwichen. Er hatte inmitten des Gewimmels eine unbedeutende Seescheide entdeckt und war gerade dabei, sie mit spitzen Fingern herauszuziehen, um sie in hohem Bogen über Bord zu werfen. Da presste das Tier – es sah aus wie ein schlaffer Beutel mit zwei Löchern – plötzlich mit erstaunlicher Wucht einen Strahl dunkelbrauner Flüssigkeit aus sich heraus, der Darwin mitten ins Gesicht traf.

Diesmal machten die Zuschauer keinerlei Anstalten, ihre Heiterkeit zu verbergen. Während Darwin sich mit einem öligen Lappen, den ihm ein grinsender Matrose gereicht hatte, den übel riechenden Auswurf von Wange, Nase und Mund und vor allem aus den Augen wischte, war die Schadenfreude ringsum unüberhörbar. Zum Glück verbreitete sich gleich darauf die Nachricht, der Kapitän werde in Kürze wieder auf Deck erscheinen, und jeder machte, dass er auf seinen Posten kam.

Auf dem Tisch in seiner Kabine, den Stokes bereitwillig frei geräumt hatte, unterzog Darwin seinen Fang einer genauen Untersuchung. Zunächst mit bloßen Augen, dann mit Lupe und Mikroskop betrachtete er eine Vielzahl unterschiedlich gebauter Flossen, Mundwerkzeuge, Gehäuse und Tentakel. Er holte sein Notizbuch hervor, vermerkte Datum und Uhrzeit und beschrieb jedes Gebilde, jede einzelne Gewebestruktur so exakt wie möglich. Dann gab er Fundstück für Fundstück behutsam in alkoholgefüllte Gläser, die er vorher säuberlich etikettiert hatte. Obwohl ihm klar war, dass er nicht zeichnen konnte, versuchte er, auf einem Blatt Papier die Schönheit eines winzigen Weichtieres festzuhalten. Doch niemand hätte in seinem Gekritzel irgendetwas erkennen können, das gestand er sich ehrlich ein. Missmutig zerknüllte er den Zettel und knabberte voller Zorn den restlichen Nagel des Ringfingers ab. Der war der einzige, der lang genug war, um ihn zwischen die Zähne zu bekommen.

Es klopfte, und Dr. Bynoe steckte den Kopf zur Tür herein. Er grinste breit. »Wollte doch mal sehen, was unser Naturforscher alles an Land gezogen hat.«

Darwin ergriff eines der Gläser, in dem eine kleine, wundervoll gefärbte Qualle schwamm. Sie leuchtete dunkelrot. Ein Kranz silberner Punkte umgab ihren Schirm wie eine funkelnde Perlenkette, und auf der Unterseite wies sie ein Büschel feiner, in sattem Purpur gefärbter Tentakel auf, zwischen denen eine einzelne, längere herausragte, die in der Flüssigkeit sanft hin- und herschwang.

»Sehen Sie sich das Prachtstück an«, sagte er mit blitzenden Augen. »Hätte ich sie nicht aus dem Meer gefischt, sie hätte sich ganz umsonst so fein herausgeputzt.«

»Was wollen Sie damit sagen?«

»Nun, ihre Hauptaufgabe scheint zu sein, größeren Fischen als Nahrung zu dienen. Fischen, so darf man vermuten, die hauptsächlich von ihrem Geruch angezogen werden. Die würden sie mit Sicherheit auch finden und fressen, wenn sie ein matschiger, form- und farbloser Klumpen wäre.«

»Sie denken, es muss einen triftigen Grund geben, warum die Qualle so prächtig gezeichnet ist? Vielleicht lockt sie mit ihrem strahlenden Rot ja ihrerseits winzige Tierchen an, um sie zu vertilgen. Oder die Farbe dient Räubern als Warnung.«

Darwin blickte den Arzt anerkennend an. »Das ist ein bemerkenswerter Einfall. Ich werde darüber nachdenken.« Er hielt kurz inne, sein Gesicht wurde ernst. »Dann muss Gott, als er die Qualle geschaffen hat, also schon genau gewusst haben, mit welchen anderen kleineren oder größeren Lebewesen sie dereinst ihren Lebensraum teilen würde.«

Der Doktor fragte, wie er das meine.

Das wisse er selbst nicht genau, sagte Darwin.

»Lassen Sie das um Gottes willen nicht den Käpt'n hören«, riet Bynoe und hob wie ein Schullehrer warnend den rechten Zeigefinger. »Dem gilt jedes einzelne Wort der Bibel als heilig. Den leisesten Zweifel an der Weisheit und Allmacht Gottes zu äußern, ist für ihn eine Todsünde.« Er machte eine Pause und sah Darwin nachdenklich an. »Sie sind doch selbst Priester, oder?«

Nun ja, entgegnete Darwin, beinahe. Was ihn jedoch nicht daran hindere, sich über dieses und jenes so seine Gedanken zu machen.

»Natürlich nicht«, beschwichtigte Bynoe. »Solange Sie die für sich behalten ...«

Kaum hatte der Arzt die Tür hinter sich zugezogen, klopfte es schon wieder. Diesmal war es Fuller, FitzRoys persönlicher Diener und Steward. Der Herr Kapitän habe mit Freuden vernommen, dass es seinem Begleiter wieder besser gehe, verkündete er mit einer Miene, als habe er eine Einladung zu einem Begräbnis zu überbringen. Der Herr Kapitän würde sich daher außerordentlich freuen, wenn der ehrenwerte Mister Darwin ihm die Ehre erwiese, gemeinsam mit ihm zu Abend zu speisen. Pünktlich um zwanzig Uhr, in seiner Kabine.

Darwin gab sich Mühe, seinem Entzücken in angemessenen Worten Ausdruck zu verleihen. Er sei sich der besonderen Auszeichnung bewusst, verkündete er feierlich, und empfinde es als außerordentliches Vergnügen, der liebenswürdigen Einladung Folge zu leisten.

Fuller entfernte sich mit einer formvollendeten Verbeugung, als befände er sich im Kaminzimmer eines pompösen Schlosses und nicht auf einem winzigen und noch dazu spartanisch eingerichteten Segelschiff, das sich schlingernd und ächzend durch den Nordatlantik kämpfte.

In diesem Moment zerriss ein gellender Pfiff die Stille, gefolgt vom donnernden Ruf: »Alle Mann an Deck!«

Darwin, der gerade seine feine blaue Samtweste anprobierte, fuhr zusammen, als wäre zwischen seinen Füßen eine Granate explodiert. Rasch entledigte er sich des eleganten Kleidungsstücks, warf es auf den Kartentisch und schlüpfte in seine grobe Arbeitsjacke. So eilig stürmte er aus der Kabine, dass sich die fette Ratte, die draußen über den Boden huschte, nicht rechtzeitig in Sicherheit bringen konnte und laut aufquietschte, als er auf ihren Schwanz trat. Er stieß einen üblen Fluch aus, dachte kurz daran, dass er sich ja vorgenommen hatte, ein paar Exemplare der allgegenwärtigen Nager zu sezieren, und hastete mit großen Schritten den Niedergang zum Achterdeck hinauf.

Dort angekommen, erkannte er, dass er sich keinesfalls zu sehr beeilt hatte. Der größte Teil der Offiziere und Matrosen stand bereits, sauber in Reih und Glied angetreten, zu beiden Seiten des zentralen Lukensülls. Vom Heulen des Windes in der Takelage und dem gleichmäßigen Rauschen der Wellen abgesehen, herrschte vollkommene Stille.

Darwin, der sich nicht sicher war, ob man von ihm dieselbe Disziplin wie von den anderen Männern erwartete, reihte sich vorsichtshalber neben Stokes ein. So gut er konnte die steife Haltung der Offiziere nachahmend, flüsterte er seinem Zimmergenossen zwischen halb geschlossenen Lippen zu: »Was ist los?«

Stokes blickte sich vorsichtig um, presste zum Zeichen, dass Ruhe zu herrschen habe, die Lippen aufeinander und zischte kaum vernehmbar: »Psst! Bestrafung!«

Jetzt erst erkannte Darwin Kapitän FitzRoy. In voller Uniform, die Beine leicht gespreizt und die Hände auf dem Rücken verschränkt, hatte er sich vor der Heckreling aufgebaut. »Führt den Delinquenten herauf!«, rief er scharf. Wie immer, wenn er seinen Befehlen besonderen Nachdruck verleihen wollte, klang seine Stimme blechern und schnarrend.

Von der anderen Deckseite her ertönte das monotone Dröhnen einer Trommel. Zwei Matrosen erschienen, dazwischen ein lediglich mit einer Hose bekleideter Mann. Den zerrten sie zum Großmast und banden ihn, Brust und Bauch gegen das

Holz gepresst, mit groben Stricken fest. Darwin schluckte, als er sah, dass der Mann – er hieß John Bruce, sie hatten hin und wieder ein paar Worte miteinander gewechselt – leise wimmerte. Schweiß lief ihm den Rücken hinab, und seine Knie knickten mehrfach ein, sodass er mit vollem Gewicht in den Fesseln hing. Der Bootsmannsmaat trat vor, eine dicke Lederpeitsche in der Hand. Als er zu seinem Kapitän hinübersah, leckte er sich die Lippen.

»Dreißig Schläge wegen Trunkenheit und Ungehorsams!«, stieß der hervor. Seine Augen waren zu Schlitzen zusammengekniffen, die Wangenmuskeln zuckten, der Mund glich einem dünnen Strich.

Der Maat holte aus und schlug zu. Mit scharfem Klatschen fuhren die Riemen in Bruces Rücken und ließen einen dicken, blutigen Striemen aufspringen. Ein dumpfer Schrei entrang sich dem Seemann. Dann traf ihn der nächste Schlag und gleich darauf ein dritter. Der zerfetzte die Haut, als wäre sie aus dünnem Pergament. Blut quoll aus der Wunde und spritzte vom Leder der Peitsche auf die Decksplanken. Bruce brüllte wie ein Tier in Todesnot, doch der Maat kannte kein Erbarmen. Hieb auf Hieb krachte auf den Matrosen nieder und riss seinen Rücken in Fetzen.

Darwin fühlte, wie ihm übel wurde. Gleich würde er sich vor versammelter Mannschaft übergeben. Er schluckte krampfhaft, blickte verzweifelt an dem Gezüchtigten vorbei ins Leere und versuchte, die grellen Schmerzensschreie zu überhören. Es gelang ihm nicht. Als er glaubte, den Brechreiz nicht länger zurückhalten zu können, hörte das Klatschen auf. Mit geübten Handgriffen befreiten die Matrosen den Gezüchtigten von den Fesseln. Scheinbar leblos sackte er in sich zusammen und blieb am Fuß des Großmastes liegen: ein Haufen blutigen Fleisches. Nur gelegentlich verriet ein schwaches Zucken, dass er noch am Leben war.

»Alle Mann wegtreten!«, schnarrte FitzRoy.

Gehorsam setzten sich Offiziere und Mannschaften in Bewegung und nahmen ihre Plätze ein, als sei nichts Besonderes vorgefallen. Darwin glaubte sogar, ein paar Männer miteinander herumalbern zu hören. Eine plötzliche Bö ließ die Takelage erzittern.

Er wandte sich wieder Stokes zu, der im Begriff war, in der Niedergangsluke zu verschwinden. »Was hat der Mann ausgefressen?«

»Betrunken auf Wache. Usborne hat ihn erwischt. Konnte kaum noch aufrecht stehen und hat nur dummes Zeug gelallt. Geschieht ihm ganz recht!«

Darwins Augen weiteten sich. »Sie wollen doch nicht etwa sagen, dass Sie die brutale Strafe gutheißen?«

»Doch, natürlich! Die Sicherheit des Schiffes und jedes einzelnen Mannes an Bord hängt von der Aufmerksamkeit der Wachhabenden ab. Das wissen die ganz genau.« Einen Moment schien er seine Worte zu überdenken. »Sie sollten mich inzwischen so weit kennen, dass ich keinem Menschen Böses wünsche. Aber es ist allemal besser, einen Mann windelweich zu prügeln, als zuzulassen, dass das Schiff durch seine Schuld mit Mann und Maus untergeht. Bruce passt in Zukunft besser auf, das können Sie mir glauben. Der besäuft sich so schnell nicht wieder.«

Damit drehte er sich um, ließ Darwin nagelkauend an Deck stehen und stieg polternd den Niedergang hinab. Gleich darauf war das heftige Zuschlagen einer Tür zu hören, ein deutliches Zeichen, dass Stokes wütend war. Ganz kaltgelassen hatte ihn die Auspeitschung offenbar doch nicht.

Um zwei Minuten vor acht klopfte Darwin sanft an die Tür von FitzRoys Kabine. Zwar hatte ihm die Strafaktion gründlich den Appetit verdorben, aber er wusste, dass der Kapitän für eine Absage kein Verständnis gehabt hätte. Einen Augenblick dachte er daran, dass er zu allen Mahlzeiten uneingeschränkten Zutritt hatte. Eine Pflicht, FitzRoys »Herein« abzuwarten, bestand mithin nicht. Doch heute handelte es sich um eine hochoffizielle Einladung. Da galt es, die Form zu wahren. Er hatte seinen bis zum Kinn reichenden Backenbart säuberlich gestutzt, die frisch gewaschenen, am Hinterkopf spärlicher werdenden Haare akkurat gescheitelt und sich so elegant gekleidet, wie das unter den gegebenen Umständen möglich war: Er trug ein frisches, blütenweißes Hemd mit steif gestärktem Kragen, dessen Spitzen sein rundliches Kinn V-förmig umrahmten. Um diesen Kragen hatte er eine dunkelblaue Schleife geschlungen, die farblich perfekt zu seiner Samtweste und dem Gehrock mit extrabreitem Revers passte. Die hellblaue Hose steckte in kurzen, rehledernen Stiefeln. Während er auf die Erlaubnis zum Eintreten wartete, zupfte er noch rasch ein paar störende Stäubchen fort.

FitzRoy war nicht minder elegant gekleidet. An seiner tadellos sitzenden blauen Galauniform mit rotem Stehkragen und ebensolchen Aufschlägen funkelten die Epauletten und zwei Reihen blank gewienerter Knöpfe in sattem Gold. Auf dem Kopf trug er einen gleichfalls blauen, mit Goldborten verzierten Dreispitz. Den nahm er, während er gewinnend lächelnd auf seinen Gast zutrat, mit einer feierlichen Bewegung ab und klemmte ihn sich unter den linken Arm. »Ich freue mich außerordentlich, dass Sie meiner Einladung Folge leisten. Und vor allem, dass es Ihnen offensichtlich wieder besser geht.«

Das sei in der Tat der Fall, erwiderte Darwin, bemüht, ebenso herzlich zu klingen. Er danke ergebenst für das Mitgefühl. Mühsam lächelnd ergriff er die Hand des Kapitäns, die dieser ihm einladend entgegenstreckte. Er sah sich um und konnte nicht verhindern, dass ihm ein erstauntes »Oh« entschlüpfte. Die ansonsten so bescheidene Kabine erstrahlte im Glanz unzähliger Kerzen. Den Tisch, dessen Platte bei seinem ersten Besuch unter einer riesigen Seekarte verschwunden war, hatte Fuller mit einem makellos weißen, frisch gebügelten Leintuch bedeckt. Darauf waren ebenso weiße Porzellanteller, blitzende Gläser und funkelndes Tafelsilber zu einem beeindruckenden Arrangement angeordnet. Die messingbeschlagene Kommode an der rückwärtigen Wand war auf Hochglanz poliert und reflektierte das Licht der Flammen. Ein zarter Geruch nach Holz und Tabak hing in der Luft. Und ganz hinten in der Ecke erkannte Darwin doch tatsächlich ein Spinett, ein zierliches Cembalo mit aufgeklapptem Deckel. Er war sich sicher, dass das Instrument bei seinem Antrittsbesuch noch nicht dort gestanden hatte.

Mit einer knappen Handbewegung bedeutete FitzRoy seinem Gast, dessen kaum verborgene Verblüffung ihn sichtlich amüsierte, Platz zu nehmen. Gleich darauf erschien in einer eleganten Livree der Diener. Formvollendet schenkte er den beiden Herren einen trockenen Sherry ein. Anschließend servierte er die Suppe.

Für einen kurzen Augenblick erwog Darwin, das Gespräch auf die nachmittägliche Bestrafung zu bringen, entschied sich aber dagegen. Der Anlass erschien ihm unpassend. Auf keinen Fall wollte er FitzRoys gute Laune verderben.

»Ein wunderbares Schiff, nicht wahr?«, begann dieser das Gespräch. Seine Augen blitzten vergnügt, während er sich einen Löffel Suppe in den Mund schob.

Er habe im Gegensatz zum verehrten Herrn Kapitän keinen Vergleich, erwiderte Darwin. Aber zweifellos sei die *Beagle* höchst zweckmäßig konstruiert und zudem offenbar überaus seetüchtig. Die Vorspeise sei übrigens köstlich.

FitzRoy machte eine wegwerfende Handbewegung. »Das bisschen Wind und Wellen, das wir bisher erlebt haben, war gar nichts. Warten Sie nur, bis wir weiter nach Süden kommen.«

Auf tropische Stürme könne er gut verzichten, antwortete Darwin. Die müsse er nicht unbedingt erleben.

FitzRoy lachte. »Wirklich ein prächtiges Schiff.« Er tupfte sich den Mund ab und begann, leise eine Melodie zu pfeifen. Gespannt sah er Darwin an.

Der wusste nicht, was von ihm erwartet wurde. Vermutlich sollte er sich zu der Tonfolge äußern. Er sei nicht übermäßig musikalisch, erklärte er achselzuckend. Leider. Aber doch, das Stück gefalle ihm. Barock, nicht wahr?

FitzRoy nickte anerkennend. »Wassermusik. Von Händel. Englischer Komponist. Passt prächtig zum heutigen Abend, finden Sie nicht?« Er wartete die Antwort nicht ab. »Alles, was mit Wasser zu tun hat, ist mir sympathisch.«

»Haben Sie schon von meinem heutigen Fang gehört«, fragte Darwin, krampfhaft bemüht, Bruces blutüberströmten Körper aus seinen Gedanken zu verdrängen. »Äußerst bemerkenswert, was sich so alles im Meer tummelt. Allein die vielen Quallen ...«

»Ist mir zu Ohren gekommen«, sagte FitzRoy. »Ja, ja, das Meer. Hätten die Griechen seinerzeit schon derart wendige Schiffe gehabt wie dieses, sie hätten mit den Persern Katz und Maus gespielt. Die mit ihren schwerfälligen Pötten. Gegen die britische Kriegsmarine wären die chancenlos gewesen.«

»Kann ich mir vorstellen. Wenn wir einen Hafen anlaufen, muss ich meine Präparate unbedingt gleich nach England schicken. Henslow wird begeistert sein.«

»Die Schlacht bei Salamis, kennen Sie die?«

»Ja doch, ich habe schon einmal davon gehört. Im Moment kann ich mich allerdings nicht erinnern, wann sie stattgefunden oder wer gegen wen gekämpft hat.«

»Eben besagte Griechen gegen besagte Perser.« FitzRoy schnippte eine winzige Spinne von der Tischdecke. »480 vor Christus. Die Griechen haben gewonnen. Unter Themistokles. Das kleine Völkchen der Griechen gegen die riesige persische Übermacht, das muss man sich mal vorstellen! Und wissen Sie, warum? Einzig und allein, weil sie die besseren Schiffe hatten. Überhaupt, die ganze Weltgeschichte wäre anders gelaufen, hätten die richtigen Leute stets zur richtigen Zeit die richtigen Schiffe gehabt. Denken Sie nur an die Niederlage der gewaltigen spanischen Armada mit ihren mächtigen Galeonen. 1588, Sie wissen schon.«

Darwin nickte abwesend. O ja, Griechenland, da wäre er auch gerne einmal. Die mediterrane Pflanzenwelt müsse einzigartig sein. Im Naturhistorischen Museum in Edinburgh könne man ganz erstaunliche Exponate bewundern. Oleander, Myrte, Bougainvillea. Mit Sicherheit gebe es rund um das Mittelmeer noch jede Menge mehr zu entdecken. Schade, dass die *Beagle* es auf ihrer Reise links liegen lasse.

»Ja, leider. Ich war selbst noch nie im Land der Hellenen. Athen würde ich zu gerne einmal besichtigen. Allein schon die Akropolis ... Und natürlich Rhodos. Sich vorzustellen, dass dort einst eine gigantische Götterstatue die Hafeneinfahrt überspannt hat. Der Koloss, nicht wahr. Es wird zwar hin und wieder behauptet, er habe gar nichts mit Meer und Schiffen zu tun gehabt, aber das glaube ich nicht. Schließlich waren die Bewohner von Rhodos seit jeher bedeutende Seefahrer. Warum sollten sie ihr imposantestes Bauwerk einer weniger wichtigen Angelegenheit widmen? Freut mich übrigens, dass Ihnen die Suppe mundet.«

Darwin nickte eifrig. Das sei in der Tat schwer vorstellbar. So wie es ihn auch immer wieder erstaune, wie sehr sich Flora und Fauna von Kontinent zu Kontinent, ja, von Land zu Land unterschieden. Gewiss gebe es in Südamerika Spezies zu entdecken, von denen noch nie ein Mensch gehört oder gelesen habe. Pflanzen ebenso wie Tiere. Zu Lande wie zu Wasser ...

»Was im Wasser herumschwimmt, ist mir, ehrlich gesagt, ziemlich egal. Was hat man davon, wenn man es weiß?«

»Nun ja. Da gibt es eine Menge Gründe ...«

»Weitaus bedeutsamer scheinen mir Untiefen und Strömungen zu sein. Diese zu erkunden und aufzuzeichnen ist nicht ohne Grund eine der zentralen Aufgaben, die sich uns stellen. Und ich versichere Ihnen, ich werde sie auf das Vortrefflichste erfüllen.«

Für einen kurzen Moment glaubte Darwin, aus FitzRoys Stimme einen schnarrenden Unterton herausgehört zu haben. Das glaube er gerne, sagte er. Er habe zu den Fähigkeiten des Kapitäns der *Beagle* grenzenloses Vertrauen. Auch dazu, dass dieser von Zeit zu Zeit einen Hafen anlaufe, von dem aus man das, was man inzwischen zusammengetragen habe, nach England schicken könne. Ob mit einem Postschiff oder irgendeinem anderen Segler, sei zweitrangig.

Wieder begann FitzRoy, leise vor sich hin zu pfeifen.

Lächelnd erhob er sich und trat zu dem Spinett hinüber. »Ich spiele Ihnen mal etwas Schönes vor. Bin gespannt, ob Sie die Melodie erkennen.«

Was das anbelange, sagte Darwin schulterzuckend, dürfe der Herr Kapitän nicht zu viel von ihm erwarten. Musik sei, wie bereits erwähnt, noch nie seine Stärke gewesen. Während seiner Zeit in Cambridge sei es sogar einmal vorgekommen, dass er die englische Nationalhymne nicht erkannt habe, nur weil die Kapelle sie geringfügig schneller als üblich intoniert habe. Er wisse, er müsse sich deswegen schämen, aber was solle er machen?

FitzRoy winkte wortlos ab und entlockte dem zierlichen Instrument eine Reihe perlender Töne, die Darwin hübsch vorkamen. Er tippte erneut auf Barock, musste sich jedoch zum Glück nicht äußern, weil der Kapitän von sich aus »Bach, mein Lieblingskomponist« murmelte. Mit beseeltem Gesichtsausdruck, den Kopf in den Nacken gelehnt, schien er sich an den rauschenden Klangkaskaden zu ergötzen. Seine Augen blickten in endlose Fernen, seinen Mund hatte er leicht geöffnet, seine Oberschenkel wippten im Takt der Musik. Darwin war froh, dass der Kapitän von ihm offensichtlich keinen Kommentar zu Bach und dessen Werk erwartete.

Inzwischen hatte Fuller den zweiten Gang aufgetragen: eine herrlich duftende Nierenpastete. FitzRoy ließ noch eine Reihe dramatischer Akkorde erklingen, dann nahm er seufzend die Hände von den Tasten. Mit entrücktem Gesichtsausdruck kam er an den Esstisch zurück. Bevor er sich das erste Stück Fleisch in den Mund schob, wiederholte er schwärmerisch: »Niemals hätte sich die menschliche Kultur in einem derartigen Tempo entwickelt, hätte es nicht von alters her tüchtige Schiffe gegeben. Was sind dagegen Pferde und Kutschen …«

In diesem Moment klopfte es an der Tür. Auf FitzRoys »Herein!« erschien das Gesicht eines Seemannes, das Darwin glaubte, schon einmal gesehen zu haben. Er bedaure außerordentlich, den Herrn Kapitän und den ehrenwerten Mister Darwin beim Dinner stören zu müssen. Aber der Herr Kapitän habe angeordnet, ihn für den Fall, dass ein fremdes Segel in Sicht komme, unverzüglich zu informieren. Und eben das sei just in diesem Moment der Fall.

FitzRoy schob seinen Stuhl zurück und erhob sich. »Tut mir aufrichtig leid, aber das Schiff hat Vorrang.«

»Verstehe«, sagte Darwin. »Ergebensten Dank für das vorzügliche Mahl.«

FitzRoy schüttelte den Kopf. »Aber nicht doch.« Sanft, aber bestimmt drückte er seinen Gast auf den Stuhl zurück. »Sie bleiben selbstverständlich hier und essen weiter. Sie wissen ja, es bedarf ohnehin keiner speziellen Einladung, damit Sie in meiner Kabine Ihre Mahlzeiten einnehmen können. Es ist nur, weil es heute das erste Mal war.«

Was er mit dem letzten Satz sagen wollte, erschloss sich Darwin nur andeutungsweise. Aber er konnte nicht nachfragen, denn der Kapitän hatte schon die Kabine verlassen. Durch die geschlossene Tür hörte Darwin, wie er den Niedergang zum Deck hinaufstürmte.

Seufzend schob er den halb geleerten Teller von sich. Er war froh, nichts mehr hinunterwürgen zu müssen.

Westlich Afrika

Eine knappe Woche später – im trüben Dunst des Morgengrauens wurde gerade der Horizont sichtbar – meldete der Ausguck im Masttopp »Land in Sicht«. Unterwegs waren mehrfach fremde Segel am Horizont erschienen, doch ebenso wie der Schoner, der FitzRoys und Darwins gemeinsames Dinner so abrupt unterbrochen hatte, hatten sie sich samt und sonders als harmlos erwiesen.

»Land in Sicht!« Rasch wanderte der Ruf von Mund zu Mund, und jeder, der gerade nicht unabkömmlich war, stürzte an Deck. Auch Darwin hielt es nicht in seiner Kabine. Er ließ die winzige Molluske, die er gerade unter dem Mikroskop betrachtete, Molluske sein und eilte, so schnell es der schwankende Untergrund erlaubte, ins Freie. Dort stellte er missmutig fest, dass er sich getrost hätte Zeit lassen können, denn von Deck aus war von Land noch weit und breit nichts zu sehen. Dann sagte er sich, dass er ja gar nicht wissen konnte, wie Festland, von der Meerseite betrachtet, aus der Entfernung aussah. Also fragte er einen neben ihm stehenden Seemann, ob der etwas erkennen könne. Der Matrose schüttelte wortlos den Kopf. Das empfand Darwin als ziemlich unhöflich, nahm es jedoch kommentarlos hin.

Bestimmt, überlegte er, war es möglich, aus der Höhe des Mastkorbs und dem Zeitpunkt, an dem von Deck aus Land in Sicht käme, die Entfernung dorthin zu berechnen. Arithmetisch begabte Menschen waren zu so etwas gewiss imstande. Er leider nicht. Mathematik war nie seine Stärke gewesen. Wo andere zwischen Zahlen und geometrischen Formen mit einem Blick einen klaren Zusammenhang erkannten, sah er nur chaotisches Durcheinander. Das hatte ihn immer gewurmt. Brauchte ein Priester eigentlich Mathematik? Wohl kaum. Aber als Naturforscher kam man schwerlich ohne aus.

Zwei Stunden später war im Morgennebel, der Himmel und Wasser zu einem einheitlichen Grau verschwimmen ließ, die Gischt an Land schlagender Wellen zu erkennen. Um den Großmast der *Beagle* kreisten Möwen, und ganz allmählich traten die Konturen eines kegelförmigen Berges hervor. Ab und zu verschwand die Spitze in vorbeisegelnden Wolken.

»Teneriffa«, sagte Stokes und spuckte einen Schwall schwarzen Kautabaks über die Reling.

»Wir werden dort an Land gehen, oder?«, fragte Darwin. Wieder einmal wurde er sich bewusst, dass er über die Route der *Beagle* allenfalls sehr oberflächlich Bescheid wusste.

»Sicher«, antwortete Stokes. »Vorräte ergänzen, Post erledigen, ein paar Einkäufe machen. Die Kneipen nicht zu vergessen. Falls Sie etwas nach England schicken wollen, sollten Sie sich beeilen, es versandfertig zu machen.«

»O ja, vielen Dank«, sagte Darwin. Daran habe er in seiner Erregung gar nicht gedacht.

Ohne sich bewusst zu werden, dass er damit eine seemännische Gepflogenheit annahm, hob er grüßend die Hand an die Schläfe. Kurz darauf war er eifrig damit beschäftigt, die akribisch beschrifteten Gläser mit den Meerestieren in eine geräumige Holzkiste zu packen. Mit vom Segelmacher erbettelten Stoffresten traf er Vorsorge, dass sie auf dem Weg nach England auch härtere Stöße unbeschadet überstehen würden.

Als er wieder an Deck erschien, reichte Stokes ihm sein Fernrohr. Deutlich konnte er die in der Sonne leuchtenden Hausfassaden einer Stadt erkennen. Darüber die wirbelnde Silhouette eines Möwenschwarms. Von weit her klang das Läuten einer Glocke herüber.

»Santa Cruz«, sagte der Vermessungsoffizier und schob sich eine neue Ladung Tabak zwischen die Zähne. »Der Berg dahinter ist mehr als elftausend Fuß hoch.«

Darwin kam der gewaltige Drachenbaum in den Sinn, den Humboldt in seinen Reiseberichten beschrieben hatte. Er konnte nicht allzu weit entfernt sein. Wenn es die Zeit erlauben würde, wollte er ihm einen Besuch abstatten und möglichst viele darauf lebende Insekten und Spinnentiere fangen. Auch ein paar Blätter aus unterschiedlichen Wuchshöhen würde er mitnehmen und, falls möglich, ein größeres Stück Rinde.

Wie ein geflügelter Käfer kroch die *Beagle* auf die Insel zu. Die Bewegungen der Brigg wurden sanfter und gleichförmiger. Bald konnte Darwin auch ohne Teleskop die von Kanonen bewachte Hafeneinfahrt ausmachen. Dahinter Häuser, weiß, rot, gelb und blau, zwei Kirchtürme und über allem die spanische Fahne, die in der schwachen Brise nur mit Mühe als solche zu identifizieren war. Er spürte, wie ihm vor Aufregung die Knie zitterten. Er besah seine Finger, doch da war kein Nagel zum Abknabbern mehr.

Nach fast zehn Tagen auf See zum ersten Mal ein Landgang! Vielleicht wartete da drüben ja ein Brief von Henslow, von seinen Schwestern oder – bei dem Gedanken setzte sein Herz für ein, zwei Takte aus – seiner geliebten Fanny. Er streckte die Nase schnuppernd in den Wind. Täuschte er sich, oder roch das, was da herüberwehte, nach Erde, Bäumen und Gras?

So voller Vorfreude war er, dass er das Boot, das genau auf sie zuhielt, erst bemerkte, als Stokes ihn darauf aufmerksam machte. Vier Ruderer und dazwischen, in der Mitte des Kahns, ein Mann in farbenprächtiger Uniform, eine pompöse rot-goldene Schärpe über der Brust und einen mächtigen Dreispitz auf dem Kopf. Offenbar eine Art Empfangskomitee, ging es Darwin durch den Kopf. Er gestand sich ein, dass er nicht die geringste Ahnung hatte, welche Rituale beim Einlaufen eines Schiffes in einen fremden Hafen üblich waren.

Die Ruderer zogen die Riemen ein, der Uniformierte legte seine Hände wie einen Schalltrichter um den Mund. Doch wenn Darwin jetzt einen Zuruf wie »Bienvenidos« oder »Hola« erwartet hatte, sah er sich getäuscht. Das, was der Mann ihnen entgegenschrie, hieß eindeutig »Stopp!«.

»Beidrehen!«, kommandierte FitzRoy, ohne auch nur eine Sekunde zu zögern. »Lass fallen Anker!«

Sofort machten sich sämtliche Männer an Deck, Darwin als Einziger ausgenommen, daran, den Befehl auszuführen. Minuten später rasselte die Ankerkette durch die Klüse.

»Von England?«, tönte es aus dem Boot zu ihnen herauf.

Es war Usborne, der antwortete: »Zweimastbrigg *Beagle* der Königlich Britischen Marine. Bitten um Erlaubnis zum Einlaufen.«

»Ausgeschlossen!«, schrie der Uniformierte zurück. Inzwischen war er so nah herangekommen, dass Darwin deutlich sein zerknittertes Gesicht und seinen Schnurrbart erkennen konnte, tiefschwarz und an den Enden nachlässig nach oben gebogen.

Usborne warf einen ratlosen Blick in Richtung Kapitän. Dann wandte er sich wieder dem Boot zu. »Was ist los?«, schrie er hinüber.

»Cholera ... England ... Wir nicht zulassen, ihr einschleppen ...«

Dr. Bynoe schaltete sich ein. »Kein Fall von Cholera an Bord«, brüllte er lauter als nötig. »Kommen Sie und sehen Sie sich unsere Logbücher an. Oder, falls Ihnen das lieber ist, schicken Sie einen Arzt herüber, der die Männer untersucht. Er wird nichts finden.«

Ausgerechnet beim Wort »Männer« hatte Darwin das Gefühl, soeben aus den Augenwinkeln das Mädchen gesehen zu haben, von einer Gruppe Seeleute größtenteils verdeckt. Doch als er näher trat, war sie verschwunden. Er blickte sich um, suchte das ganze Deck ab, aber da war niemand, der einem weiblichen Wesen auch nur im Entferntesten glich.

Das komme überhaupt nicht infrage, rief der Uniformierte zurück. Hatte er bisher in halbwegs passablem Englisch gesprochen, so folgte nun ein Schwall spanischer Wörter, von denen Darwin mit Ausnahme von »Inglaterra« kein einziges verstand.

FitzRoy trat an die Reling. Alle wussten, dass er an Bord derjenige war, der am besten Spanisch sprach. Er hörte eine Weile schweigend zu, dann wandte er sich an seine Mannschaft:

»Man verlangt, dass wir eine zweiwöchige Quarantäne einhalten.«

Darwin spürte, wie seine Beine unter ihm nachgaben. Zum Glück stand er direkt neben dem Ankerspill. Stöhnend ließ er sich dagegen sinken. Doch niemand nahm von ihm Notiz. Zwei Wochen nutzloses Vor-Anker-Liegen! Zwei Wochen keine Post, kein Santa Cruz, kein Drachenbaum! Keine Tiere und Pflanzen zum Zerschneiden, Untersuchen und Konservieren. Und die Kiste mit den Präparaten würde auch warten müssen.

Wie durch dichten Nebel nahm er wahr, dass FitzRoy mit dem Mann im Boot noch einige weitere Worte wechselte. Worte, aus denen anfangs Zorn, dann unverhohlene Drohung und schließlich Resignation klangen. Am Ende drehte der Kapitän sich kopfschüttelnd um und gebot mit ausgestreckten Armen Schweigen. Sofort wurde es an Deck still wie in einer Grabkammer.

»Sie lassen uns nicht an Land«, verkündete er. »Absolut nichts zu machen. Und hier vierzehn Tage nutzlos rumzuliegen, ist ganz bestimmt nicht das, was die Admiralität von uns erwartet.« Er machte eine kurze Pause und sah seine Männer einen nach dem anderen an. »Wir lichten umgehend Anker. Kurs Südsüdwest!«

Mit einem Gefühl, als hätte er vom Tod eines nahen Verwandten erfahren, wankte Darwin zurück in seine Kajüte. Kraftlos kletterte er in seine Hängematte. Zum Glück war Stokes nicht anwesend. Vor ihm hätte er sich geschämt, derart hemmungslos in Tränen auszubrechen.

Nördlich der Kapverdischen Inseln geriet die *Beagle* in eine riesige dunkle Wolke. Es war, als ob der Rauch eines nahen Feuers das Schiff einhüllte. Aber es roch ganz anders: schärfer, erdiger. Die Männer an Deck pressten sich Tücher, manche auch ihre fleckigen Hemden vors Gesicht. Der Ausguck im Topp hustete laut. Als der Spuk nach einer knappen halben Stunde vorüber war, lag auf sämtlichen Aufbauten eine fingerdicke Schicht graubraunen Staubes.

»So etwas gibt es«, sagte Stokes überflüssigerweise und verzichtete vorsichtshalber darauf, sich ein weiteres Stück Kautabak zu genehmigen. »Niemand weiß, woher der Dreck kommt.«

Darwin war glücklich. Er hatte von derartigen Vorfällen gelesen und freute sich darauf, den Staub einer genauen Untersuchung zu unterziehen. Wie er erwartet, ja, erhofft hatte, fand er unter dem Mikroskop winzige Bruchstücke von Gestein, dazu kieseliges Pflanzengewebe sowie Mengen gepanzerter Wimpern- und Geißeltierchen, jedes für sich kaum einen Zehntel Millimeter groß. Die lebten fast ausnahmslos im Süßwasser, das wusste er. Die gewaltige Wolke musste also vom Festland herübergeweht sein. Und das, obwohl die *Beagle* mehr als tausend Meilen von der afrikanischen Küste entfernt war.

»Unglaublich«, sagte er zu Stokes, der mit Zirkel und Lineal auf einer seiner geliebten Seekarten ominöse Kurven einzeichnete. »Da braucht man sich nicht über die enormen Entfernungen zu wundern, die Pflanzensporen mit dem Wind zurücklegen. Schließlich sind die ja noch viel kleiner und leichter.«

Auch über der kargen Felseninsel von St. Paul hing eine Wolke, weniger groß zwar, dafür aber leuchtend weiß. Als die *Beagle* näher kam, sahen die Männer, dass sie in ständiger Bewegung war. Sie schwang auf und ab, wurde von einer Sekunde zur anderen luftiger und breiter, zog sich plötzlich zusammen und verdichtete sich zwischendurch immer wieder zu einem großen, nahezu kreisrunden Ball. Dann wurde es deutlich: Die Wolke bestand weder aus Rauch noch aus Staub, sondern aus einer Unzahl weißer Vögel. Tölpel, vermutete Darwin, vielleicht auch Seeschwalben.

Etwa drei Meilen vor der Küste ging die *Beagle* vor Anker. Eines der Boote wurde zu Wasser gelassen, und hinter zwei Ruderern sowie Sullivan, dem Zweiten Offizier, stieg Darwin über eine Strickleiter hinein. Langsam fuhren sie auf die Insel zu, die nicht mehr als vierzig, höchstens fünfzig Fuß über dem

Wasser aufragte. Wenn man davon ausging, dass der Atlantik hier eine enorme Tiefe aufwies, wie gewaltig musste dann der unterseeische Berg sein, dessen Spitze sie vor sich sahen!

Nach einer heiklen Landung – mehrfach wurde das Boot von abprallenden Wellen unsanft ins Meer zurückgeworfen – stand Darwin eine knappe Stunde später zum ersten Mal nach fast zwei Monaten wieder auf festem Boden. Den Landgang auf den Kapverdischen Inseln hatte er, in der Hängematte die Nachwirkungen der Seekrankheit auskurierend, bedauerlicherweise nicht mitmachen können. Zu seiner Enttäuschung hatte er keinen einzigen Brief erhalten, aber immerhin hatte Stokes seine Kiste zum Rücktransport nach England einem im Hafen liegenden Postschiff übergeben.

St. Paul bestand fast ausschließlich aus nacktem, schwarzgrau marmoriertem Gestein. Dort, wo das Wasser hinreichte, waren es glatte Felsplatten, weiter oben nur noch schroffe Spitzen. Mit wenigen Hammerschlägen sprengte Darwin ein paar faustgroße Stücke ab und ließ sie in seinem Leinensack verschwinden. Die Felsen waren über und über mit weißen Flecken bedeckt, die sich bei näherem Hinsehen als kalkiger Kot erwiesen. Tatsächlich wimmelte es überall, wo man hinsah, von Vögeln. Beim Auftauchen der Männer brachen sie in kreischendes Geschnatter aus. Doch keiner machte Anstalten aufzufliegen.

»Ich brauche ein paar zum Präparieren«, sagte Darwin. »Will sie nach England zu Gould schicken. Bin gespannt, was er dazu sagt.« Er hob die Flinte. »Vorsicht, Sullivan, gehen Sie mal zur Seite.«

»Das ist doch nicht nötig«, gab der Leutnant zurück. »Die Vögel denken doch überhaupt nicht daran zu fliehen. Reichen Sie mir mal Ihren Hammer.«

Wortlos händigte Darwin ihm das geologische Utensil aus. Sullivan deutete auf eine Kolonie laut schwatzender Tölpel. »Welcher soll's denn sein?«

»Ist mir egal. Machen Sie schon. Aber gut zielen, wenn ich bitten darf.«

Der Offizier holte kurz aus, schlug zu, und der Tölpel kippte zur Seite. Gleich darauf, in rascher Folge, ein zweiter, dritter und vierter.

Als er den Hammer zum nächsten tödlichen Schlag hob, rief Darwin, es sei genug. »Jetzt noch zwei, drei Schwalben.«

Sullivan machte mit dem Kopf eine Bewegung in Richtung einer Gruppe von Vögeln, denen die Sache jetzt doch nicht ganz geheuer zu sein schien. Aufgeregt trippelten sie von einem Bein auf das andere.

Darwin lachte. »Sieht aus, als ob sie mal dringend müssten und in unserer Gegenwart Hemmungen hätten.«

Zehn Sekunden später hatten zwei Schwalben ihr Leben gelassen. Sullivan reichte die Tiere zu Darwin hinüber. »Noch mehr?«

»Nein, das reicht. Wir werden es unterwegs noch mit einer Menge Vögel zu tun bekommen, denke ich. Da muss ich mit dem Platz in meinen Kisten haushalten.«

Über die Schulter blickte er zu den beiden Ruderern zurück. Das Bugtau des Bootes in den Händen, hockten sie auf einer schmalen Steinplatte nebeneinander und schienen sich bestens zu unterhalten.

»Kommen Sie«, rief er Sullivan zu.

Vorsichtig stiegen sie eine steile Rampe hinauf, die zu einem winzigen, fast kreisrunden Plateau führte. Als sie oben angekommen waren, ließ der Wind für einen kurzen Moment nach, und Darwin wurde sich bewusst, wie heiß es war. Er kam sich vor wie in einem Backofen. Nun ja, bis zum Äquator waren es höchstens noch hundert Meilen, eher weniger. Er zog sein Teleskop auseinander und blickte, sich langsam im Kreis drehend, hindurch. Doch außer der *Beagle*, die in einiger Entfernung sanft in der Dünung dümpelte, war weit und breit nichts zu sehen.

In diesem Moment traf ihn etwas mit ziemlicher Wucht auf den Kopf. »He!«, rief er erschrocken. »Was soll das!«

Sullivan lachte. »Die Vögel haben es offenbar nicht gern, wenn man sie stört.« Er zog einen schmierigen Lappen aus der

Tasche und rieb seinem Begleiter mehr schlecht als recht den Kot aus den Haaren.

»Eigenartig«, sagte Darwin. »Warum haben die keine Angst?«

»Weil sie keine Menschen kennen, würde ich sagen. Denken vermutlich, von denen hätten sie nichts zu befürchten.«

»Aber zu Hause in England lassen sogar ganz junge Vögel, die gerade mal ein paar Tage alt sind und kaum fliegen können, Menschen nicht einmal in ihre Nähe. Dabei können sie mit denen ja wirklich noch keine schlechten Erfahrungen gemacht haben.«

»Das lernen sie von ihren Eltern. So wie wir unseren Kindern eintrichtern, nicht mit Fremden mitzugehen.«

»Sie meinen, die Vögel hier lehren ihre Kleinen, sich von Menschen einfach erschlagen zu lassen?«

»Das nun nicht gerade. Aber sie machen ihnen zumindest keine Angst. Wie auch, wenn sie selbst keine haben.«

Darwin antwortete nicht. Gedankenverloren stand er auf dem Plateau, ließ den Blick ringsum über das Meer wandern und fuhr sich mit der Hand über die kahle Stelle am Hinterkopf, um zu prüfen, ob dort noch Vogeldreck war. Er machte Sullivan ein Zeichen. Gleich darauf stiegen sie wortlos die andere Seite des Abhangs hinunter. Auch hier Vögel, wohin das Auge blickte. Brütend auf Unmengen von Eiern hockend, die sie auf den nackten Fels gelegt hatten. Um kein Tier zu zertreten, mussten sie um einige der Kolonien einen großen Bogen machen.

Weiter unten liefen ihnen Scharen winziger Krabben über den Weg, wie Darwin noch keine gesehen hatte: leuchtend rot und mit Scheren, die länger waren als der gesamte Körper. Als er eine davon hochhob, kniff die ihn mit solcher Wucht in den Finger, dass er sie mit einem überraschten Schmerzensschrei von sich schleuderte. Er griff zum Hammer, und gleich darauf plumpsten drei leblose Krustentiere in den Leinensack.

In der Nähe der Ruderer hatte sich zwischen zwei ins Meer ragenden Felsen eine kleine, ovale Bucht gebildet, in der das Wasser nicht höher als knapp drei Fuß stand. Als Darwin an den Rand trat, erkannte er darin Unmengen kleiner Fische. Sie schienen alle von derselben Art zu sein und waren vermutlich samt und sonders Geschwister. Fische legten, das wusste er, nicht selten Tausende und Abertausende von Eiern, aus denen gewaltige Mengen von Jungen schlüpften. Er ließ sich bäuchlings auf eine überhängende Steinplatte sinken. Dass er sich dabei mit den alles bedeckenden Ausscheidungen der Vögel beschmutzte, nahm er seufzend in Kauf.

»Schauen Sie mal«, sagte er zu Sullivan, der ihn kopfschüttelnd beobachtete. »Warum sind Fische bloß so unerhört fruchtbar? Wenn die alle groß würden und sich im selben Ausmaß fortpflanzten, gäbe es bald so viele von ihnen, dass im Meer kein Platz für das Wasser bliebe.«

»Da ist was dran.« Sullivan lachte. »Aber sie werden halt nicht alle groß.«

»Das ist der Punkt«, bestätigte Darwin. »Die allermeisten werden Opfer von Räubern oder kommen auf andere Weise ums Leben. Deswegen sind die Fische ja auf derartige Mengen an Nachwuchs angewiesen. Hätten sie weniger, würden sie glatt aussterben. Aber welcher von den Kleinen überlebt und welcher nicht? Ist das reiner Zufall? Wer bestimmt, welcher von den Zigtausenden erwachsen wird und dann wieder genauso viel Nachwuchs hervorbringt? Nachwuchs, von dem auch nur ein verschwindend kleiner Teil das Fortpflanzungsalter erreicht? Welche Instanz entscheidet über Leben und Tod?«

»Seien Sie froh, dass Sie das mich fragen.« Ein gequältes Lächeln huschte über Sullivans Gesicht.

»Und nicht FitzRoy, meinen Sie?«

»Genau. Der würde allein schon die Frage als Gotteslästerung empfinden.«

»Das ist mir klar«, sagte Darwin. »Ich weiß um die tiefe Gläubigkeit des Kapitäns. Aber Sie müssen doch zugeben, dass das Problem grundsätzlicher Natur ist. Sehr viele Lebewesen bringen Jahr für Jahr weitaus mehr Nachkommen hervor, als zur Arterhaltung nötig ist. Doch die gesamte Population wird dadurch erstaunlicherweise nicht größer.«

Er ließ sich von einem der Ruderer aus dem Boot einen Kescher bringen, in dem kurz darauf eine Menge kleiner, grauer Fischlein zappelten. Mit spitzen Fingern nahm er einen nach dem anderen heraus, versetzte ihm einen gezielten Schlag mit dem Hammer und ließ ihn in ein Glas plumpsen, das er seinem Beutel entnommen hatte.

»Wenn ein weiblicher zusammen mit einem männlichen Fisch sagen wir tausend Junge produziert – und zweifellos schaffen die meisten ein Vielfaches davon –, dann müssen, damit die Population auf Dauer nicht größer wird, neunhundertachtundneunzig ihr Leben lassen. In Wirklichkeit werden sicherlich auch einmal ein paar mehr überleben, dafür bleibt ein andermal kein einziger übrig. Welcher Jungfisch aber schafft es bis dahin, und welcher geht zugrunde? Ich will Ihrem Kapitän nicht zu nahe treten, aber ich denke, dass Gott, müsste er bei jedem einzelnen die Wahl treffen, doch reichlich überfordert wäre.«

Ihm sei das, ehrlich gesagt, ziemlich egal, entgegnete Sullivan.

»Es handelt sich hier, wie gesagt, um ein grundsätzliches Problem«, fuhr Darwin unbeirrt fort. »Selbst Elefanten – bekanntermaßen extrem spät geschlechtsreif, mit sehr langer Tragezeit und ausgesprochen wenigen Jungen – würden, wenn sie sich ungehindert vermehren könnten, irgendwann so zahlreich, dass sie die ganze Erde überschwemmten. Wenn wir wieder an Bord sind, werde ich es genau ausrechnen und Ihnen das Ergebnis zeigen.«

»Wenn's sein muss«, sagte Sullivan.

Die Männer auf der *Beagle* waren während der Abwesenheit des Bootes nicht untätig geblieben. Sie hatten einen Tümmler harpuniert und in Stücke zerteilt. Die hatten sie auf Haken gespießt und als Köder verwendet. Obwohl Haie von den geangelten Fischen mehr als die Hälfte gefressen hatten, konnte sich die Ausbeute sehen lassen. In den nächsten Tagen würde es morgens, mittags und abends Fisch geben. Bei dem Gedanken spürte Darwin, wie Brechreiz in ihm hochstieg.

Auf dem Tisch in der Kabine sortierte er seinen Fang. Er legte die kleinen Fischlein – es waren achtundzwanzig an der Zahl – auf ein einigermaßen sauberes Tuch und unterzog während der nächsten Stunden mithilfe seiner Lupe einen nach dem anderen einer genauen Betrachtung. Was er vermutet hatte, bestätigte sich: Obwohl die Tiere mit einiger Sicherheit allesamt Geschwister waren, gab es darunter keine zwei, die sich vollkommen glichen. Vielmehr unterschieden sie sich in winzigen Merkmalen: in der Länge, der Breite, der Zeichnung, der Form der Flossen und der Stelle, an der diese entsprangen.

Darwin überlegte. Worin mochte der Sinn dieser enormen Vielfalt liegen? Ja, gab es da überhaupt einen Sinn? Hatten die Varietäten vielleicht sogar mit der Frage zu tun, die ihm nicht aus dem Kopf ging: Welcher der vielen Fische erreicht das Fortpflanzungsalter und welcher nicht? Er hatte das Gefühl, der Lösung dieses Problems einen Schritt näher gekommen zu sein, wusste aber nicht, warum. Der Grund für den Tod der achtundzwanzig Jungfische, die hier vor ihm lagen, war jedenfalls reiner Zufall gewesen. Sie hatten sich in dem Augenblick, in dem er den Kescher durch das Wasser gezogen hatte, schlicht und einfach an der falschen Stelle aufgehalten. Oder vielleicht doch nicht? Möglicherweise gab es ja auch ein paar, die sich besser verborgen hatten als die anderen oder dem Kescher in letzter Sekunde blitzschnell ausgewichen waren. Kurz: Vielleicht waren unter den Fischen ja einige, die schlauer waren als die anderen, vorsichtiger, vorausschauender, schneller. Oder einfach besser getarnt.

Ach was! Er versuchte, den Gedanken zu verwerfen, wurde ihn aber nicht los. Hatten vielleicht die etwas schlankeren Tiere, vor allem, wenn sie dazu noch die größeren Flossen aufwiesen, ihren Artgenossen gegenüber einen minimalen Vorteil? War die Population jetzt, wo er ihr achtundzwanzig Individuen entnommen hatte, eine andere als vorher? Würde er, wenn er es bei den verbliebenen mit der gleichen Fangmethode noch einmal probierte, vielleicht weniger Beute machen? Während er, tief in Gedanken versunken, am Nagel seines Mittelfingers herumkaute, sagte er sich, dass seine Überlegungen nichts anderes waren als reine Spekulation. Er ließ zwei der kleinen Fische in ein Glas mit Weingeist fallen, die anderen würde er später ins Meer werfen.

Inzwischen war es spät geworden. Der trübe, durch die Dachluke hereinfallende Schein kam schon längst nicht mehr von der Sonne, sondern vom Mond, der hinter ein paar dünnen Schleierwolken hoch am Himmel stand. Darwin gähnte und wandte sich widerwillig den Elefanten zu. Man konnte wohl davon ausgehen, sagte er sich, dass sie mit zwanzig Jahren das Fortpflanzungsalter erreichten. Angenommen, ihre Fruchtbarkeit hielte bis zum fünfzigsten Lebensjahr an, so würden einem Elefantenpaar bei einer Trage- und Säugezeit von knapp sechzig Monaten im Lauf des Lebens nicht mehr als sechs Junge geboren. Darwin begann zu rechnen und ärgerte sich wie immer, dass es ihm so verdammt schwer fiel. Jedes Weibchen musste wieder zwanzig werden, bevor es Nachwuchs bekam, und brachte danach seinerseits nicht mehr als sechs Jungelefanten zur Welt, wahrlich nicht viel. Doch selbst bei diesem äußerst bescheidenen Vermehrungstempo – vielleicht war es ja in Wirklichkeit sogar ein wenig höher – würde die Elefantenpopulation langsam, aber stetig anwachsen.

Er gähnte ein weiteres Mal, rieb sich die Augen und sagte sich, dass er eigentlich zu müde war, um weiterzumachen. Doch jetzt hatte er sich einmal zu der ungeliebten Tätigkeit durchgerungen, da wollte er die Sache auch zu Ende bringen. Zweihundert Jahre, vierhundert, sechshundert, siebenhundertfünfzig. Ungläubig starrte er auf das Blatt Papier. Konnte das sein? Wenn er sich nicht vertan hatte, wären nach siebenhundertfünfzig Jahren aus dem ursprünglichen Paar neunzehn Millionen Tiere geworden! Er legte den Zettel beiseite, beschloss, später noch einmal nachzurechnen und Sullivan nicht mit dem Ergebnis zu behelligen. Der würde es ohnehin nicht glauben.

Er verknotete das Tuch mit den sechsundzwanzig Fischleichen, verließ seine Kabine und stieg den Niedergang zum

Deck hinauf. Draußen war es stockdunkel, der schwache Mondschein reichte gerade, um die unmittelbare Umgebung in fahles Licht zu tauchen. Er wartete eine Weile, um seinen Augen Gelegenheit zu geben, sich an die Düsternis zu gewöhnen, aber nach etlichen Minuten konnte er noch immer weder das Bugspriet noch auf der anderen Seite die Heckreling erkennen. Eine milde Nordostbrise strich über das Schiff. Gleichmäßig hob und senkte es sich im Takt der Wellen.

Wellen, dachte Darwin, während ihm bewusst wurde, dass er noch nie so spät abends an Deck gewesen war, sind wie das Leben. In unaufhörlicher Folge laufen sie auf das Schiff zu. Manchmal nur schwach, sodass sie es kaum bewegen, ein andermal mit solcher Wucht, dass sie es vollkommen aus der Bahn schleudern. Wellen heben das Schiff hoch empor, Wellen stürzen es in tiefe Abgründe. Das Schiff selbst hat darauf keinen Einfluss. Doch der Kapitän kann es so geschickt steuern, dass es eine Woge nach der anderen überwindet, ohne Schaden zu nehmen. Er kann es beherzt gegen Brecher anlaufen lassen und ihnen so ihre Macht nehmen, aber auch dafür sorgen, dass es schwerste Stürme übersteht, indem es sich einfach tragen lässt und dem Wasser möglichst wenig Widerstand entgegensetzt. Wellen können das Schiff, das Schiff kann aber auch die Wellen beherrschen.

Fasziniert beobachtete er, wie das Wasser das Spiegelbild des Mondes in Unmengen heller Reflexe teilte, die sich zu bizarren Gebilden vereinigten, wieder auseinanderrissen und unablässig ihre Gestalt änderten. Obwohl der Wind nur mäßig wehte, ließ sein Druck die geblähten Segel knattern. Auf dem Achterdeck erkannte er jetzt schemenhaft den Kapitän und vernahm auch dessen Stimme. Offenbar war er gerade dabei, dem Steuermann eine Reihe knapper Befehle zuzuschnarren.

In diesem Moment hörte er es: ein Geräusch, das er an Bord der *Beagle* bisher noch nicht vernommen hatte, das nicht zum Schiff gehörte, wenigstens nicht hier auf hoher See. Einen Moment glaubte er, sich getäuscht zu haben, doch da war es wieder: ein glucksendes Quieken, wie von einem erschreckten

Küken, das seine Mutter verloren hat. Unwillkürlich blickte er nach oben, doch da war selbstverständlich weit und breit kein Vogel, dazu war die *Beagle* viel zu weit vom Land entfernt. Und die Geräusche, die das Schiff und seine Besatzung produzierten, kannte er mittlerweile zur Genüge: das ständige Knarren in der Takelage, das kurze Knattern, wenn ein Segel hin- und herschlug, das unablässige Ächzen und Knarzen des Holzes, das Säuseln, Pfeifen oder Heulen des Windes. Dazu die gedämpften Stimmen der Matrosen, die scharfen Kommandos der Offiziere und nicht zuletzt FitzRoys blecherne Befehle. Und über alldem die monotone Begleitmusik der auf den Rumpf der Brigg prallenden Wellen.

Darwin sah sich um. Soweit er erkennen konnte, überall das gewohnte Bild: schweigend ihrer Arbeit nachgehende Matrosen, im Vorschiff ein paar Männer, die leise miteinander redeten, Usborne, der in steifer Haltung den Stand der Segel prüfte, und der Rudergänger, dessen Blick zwischen Horizont und Kompass hin- und herschwenkte. Nichts schien anders zu sein als an den vielen Tagen, die er nun schon an Bord der *Beagle* verbracht hatte.

Doch da war er wieder, der auffallend helle und zugleich merkwürdig kehlige Laut. Ein weiteres Mal sah Darwin sich um, aber erstaunlicherweise schien sich niemand außer ihm über den Ursprung des Geräusches Gedanken zu machen. Oder hörten sie es etwa nicht? Doch dazu war es trotz all des Lärms ringsum zu deutlich vernehmbar. Er ertappte sich dabei, dass er einen Blick über die Reling warf; aber was sollte dort schon sein außer Wasser? Er drehte langsam den Kopf hin und her und versuchte so, die Geräuschquelle zu orten. Nach einiger Zeit aufmerksamen Lauschens war er sicher, dass die Töne vom Vorschiff kamen. Sich aufmerksam umblickend, ging er Schritt für Schritt Richtung Bug.

Als er den Laut erneut hörte, klang er deutlich näher; offenbar war er auf der richtigen Fährte. Ein Tier? Nein, das konnte nicht sein. Die zwei Ferkel, die sie von England mitgenommen hatten, waren in einem Verschlag tief unten im Schiff eingepfercht gewesen und außerdem längst verspeist. Etwa eine menschliche Stimme? Auch das schied aus; keiner der Männer an Bord sprach auch nur annähernd in einer derart hohen Lage. Abrupt blieb er stehen. Das Mädchen! Das hatte er bisher zwar noch nicht einmal deutlich gesehen, geschweige denn gehört; ja, wenn er es sich recht überlegte, war er gar nicht sicher, ob es sich überhaupt um ein weibliches Wesen handelte. Aber was kam sonst in Betracht?

Plötzlich stockte ihm der Atem. Die zwei Männer neben der vorderen Steuerbordkanone, die hatte er noch nie gesehen. Das waren mit Sicherheit keine Matrosen, ihrem fremdländischen Äußeren nach zu urteilen sogar nicht einmal Engländer. In diesem Moment schienen die beiden ihn ebenfalls bemerkt zu haben. Wie auf Kommando verstummten sie. Der kräftigere der beiden, ein bulliger Kerl von etwa dreißig Jahren, trat einen Schritt vor und fauchte Darwin an: »Du gehen!«

Der erstarrte mitten in der Bewegung.

»Du gehen!«, kam es noch einmal, diesmal schärfer und lauter. Der Mann machte einen weiteren Schritt auf Darwin zu und hob drohend die rechte Faust. Er war von untersetzter Statur und hatte ein grobes, unfertiges Gesicht mit einer mächtigen Hakennase und dicken Wülsten über den Augen. Es sah aus, ging es Darwin kurz durch den Kopf, als ob derjenige, der es geschaffen hatte, bei seiner Arbeit gestört worden und nicht mehr dazu gekommen war, Feinheiten anzubringen.

Er wich zurück und erkannte zu seiner Beruhigung, dass wenigstens der zweite Mann keinerlei Anstalten machte, ihm ebenfalls zu Leibe zu rücken. Der war wesentlich jünger, achtzehn vielleicht, höchstens zwanzig, dazu mehr als einen Kopf größer als sein vierschrötiger Kumpan. Von ihm schien in der Tat nichts Feindliches auszugehen, vielmehr sah er Darwin fast freundlich, mit einem Blick voller Neugier, entgegen. Als er ein wenig zur Seite rückte, erkannte Darwin mit einem Mal noch eine dritte Person: klein, schmal und von den beiden anderen fast vollkommen verdeckt. Und als diese jetzt einen kurzen, erschrockenen Laut ausstieß, wusste er, dass er die

Quelle des Geräusches gefunden hatte: die Stimme eines Mädchens, hoch und piepsig und zugleich kehlig glucksend. Eine Stimme, wie er in seinem Leben noch keine vernommen hatte. Sie war fast noch ein Kind, kaum mehr als zwölf Jahre alt, von kompakter Statur, mit ein wenig zu breitem Gesicht und leicht fliehendem Kinn. Um den Hals trug sie eine Kette aus runden Kieseln, die sie wohl irgendwo am Strand aufgelesen hatte.

Ein drittes Mal grollte der Grobschlächtige: »Du gehen!« Doch es klang schon weit weniger bedrohlich. Offenbar sah er in Darwin keine unmittelbare Gefahr mehr.

Der wandte sich stirnrunzelnd ab. Auf dem Weg zur Niedergangsluke kam ihm Sullivan entgegen. »Na«, grüßte er lächelnd, »was ist mit den Elefanten?«

Darwin winkte ab. »Vergessen Sie's.« Er machte eine Kopfbewegung in Richtung auf die Dreiergruppe, deren gorillaähnlicher Anführer ihm noch immer feindselig nachstarrte. »Wer ist das?«

»Ach, die drei.« Sullivan rückte umständlich seine Mütze zurecht. »Feuerländer. Hat FitzRoy von seiner letzten Südamerikareise vor sechs Jahren mitgebracht. Der ältere, gedrungene, mit der enormen Nase heißt York Minster, der junge, lange Jemmy Button und das Mädchen Fuegia Basket. Soviel ich weiß, hat er sie regelrecht gekauft: Jemmy Button für einen Perlmuttknopf und Fuegia für ein kleines Weidenkörbchen – daher die Namen. York Minster ist nach der bekannten Kathedrale benannt. Die drei haben einige Jahre in England gelebt. Sind dort zur Schule und hin und wieder sogar in die Kirche gegangen. Haben ein wenig unsere Sprache gelernt und ein paar zivilisierte Gebräuche angenommen. Der Käpt'n will sie in ihrer Heimat an Land setzen. Zusammen mit dem Missionar.«

»An Bord ist ein Missionar?«, erkundigte sich Darwin ungläubig. »Wo denn?«

»Heißt Ronald Matthews. Solange er sich hier auf dem Schiff aufhält, arbeitet er als Matrose. Isst und schläft mit der Mannschaft. Sagt, er wünsche keine Sonderbehandlung.«

»Kenne ich ihn?«, frage Darwin.

»Ein auffallend großer Mann. Hager, mit rotblondem Haar und struppigem Schnurrbart. Trägt von früh bis spät einen zerschlissenen Strohhut. Haben Sie sicher schon mal gesehen.«

»Ach der.« Darwin nickte. »Ja, jetzt weiß ich, wer gemeint ist. Ich habe mit Matthews sogar schon ein paarmal gesprochen. Über das Wetter und wie es wohl in den nächsten Tagen würde. Nicht den Schimmer einer Ahnung habe ich gehabt, dass der Mann Missionar ist.«

»Soll den Feuerländern, ich meine, denen, die dort leben, Sitte und Anstand beibringen. Übles Völkchen, sage ich Ihnen. Mehr Tier als Mensch. Na, Sie werden's ja selbst erleben.« Mit einem Blick zu dem Mädchen und seinen zwei Begleitern fügte er hinzu: »Der Kapitän erlaubt normalerweise nur bei Dunkelheit, dass sie an Deck kommen. Das einzige Mädchen unter lauter Männern, Sie verstehen ...« Wieder nestelte er umständlich an seiner Mütze herum. »Obwohl York Minster sowieso niemanden an sie heranließe. Hat Kräfte wie ein Bär, der Kerl. Brutaler Bursche, reizbar und gewalttätig. Möchte ihm im Dunkeln nicht allein begegnen. Der lange, Jemmy Button, ist nett. Wenn er ausnahmsweise mal ohne die anderen zwei ist, kann er richtig freundlich und zugänglich sein. Lacht sogar bisweilen. Außerdem ist er eitel wie ein Pfau. Putzt sich ständig die Schuhe, schmiert sich massenweise Frisiercreme in die Haare und läuft am liebsten mit weißen Handschuhen herum.«

»Und das Mädchen?«

»Versteckt sich immer hinter ihren Kumpanen. Spricht mit niemandem, ausgenommen vielleicht mit dem Kapitän. Scheint ziemliche Angst zu haben. Kein Wunder, bei den vielen Männern.«

Plötzlich erschien ein breites Grinsen auf Sullivans Gesicht. »Wenn ich Sie wäre, würde ich heute früh zu Bett gehen. Kraft tanken für morgen.«

»Was wollen Sie damit sagen? Kraft wofür?«

»Morgen geht's über den Äquator. So wie's aussieht, in aller Herrgottsfrühe.«

»Ja, und?«

»Warten Sie's ab.«

Darwin hatte das Gefühl, gerade eingeschlafen zu sein, als ihn lautes Hämmern an die Kabinentür aus dem Schlummer riss. Erschrocken öffnete er das linke Auge und sah zur Dachluke hinauf, wo das Dunkel der Nacht im Begriff war, in milchiges Grau überzugehen. Es musste zwischen vier und fünf Uhr morgens sein. Die *Beagle* hob und senkte sich in einer gleichförmigen Dünung, sanft schaukelte die Hängematte hin und her. Ein Blick zur Seite zeigte ihm, dass er allein in der Kabine war. Stokes hatte offensichtlich Deckswache.

Krachend wurde die Tür aufgerissen, und herein kamen zwei Männer, mit nichts weiter als einem fleckigen Lendentuch bekleidet, den Körper über und über in grellen Farben bemalt. »Wir sind die Wachen Neptuns«, riefen sie im Chor. »Der Gott der Meere schickt uns.«

Zwei muskulöse Arme griffen nach Darwins Hängematte und schwenkten sie mit einer Bewegung nach oben, als wollten sie einen Korb ausleeren. Mit lautem Poltern stürzte er zu Boden.

»Los, auf!«, rief eine finstere Stimme, die ihn unwillkürlich an seinen Lateinlehrer in Dr. Butlers Internat erinnerte. Einer der beiden Männer riss ihn gewaltsam auf die Füße. »Neptun mag es gar nicht, wenn man ihn warten lässt.« Er bog Darwin den Arm auf den Rücken und zerrte ihn aus der Kabine.

Ein heftiger Stoß zwischen die Schulterblätter ließ ihn einen Niedergang hinunterstolpern. Gleich darauf fand er sich im unteren Deck wieder. Dort waren sämtliche Ladeluken geschlossen, nur ein paar flackernde Kerzen sorgten für eine schummrige Beleuchtung. Es war heiß wie in der Hölle. Und roch auch so. Angestrengt versuchte Darwin, im trüben Dämmerlicht etwas zu erkennen, und war im selben Augenblick auch schon von oben bis unten durchnässt. Jemand musste einen Kübel Wasser über ihn ausgeschüttet haben. Ein zweiter und gleich darauf ein dritter folgten. Dann stieß ihn einer der Männer ein Stück nach vorne, wo er ein weiteres Mal begossen wurde, diesmal mit einer dunklen, stinkenden Brühe. Automatisch schloss er die Augen, konnte jedoch nicht verhindern, dass ihm ein Schwall der ekligen Flüssigkeit in den Mund geriet. Keuchend und würgend spuckte er aus.

Als er die Augen wieder aufbekam, sah er im trüben Halbdunkel Neptun höchstpersönlich vor sich stehen. Ein kräftiger Mann mit einem gewaltigen grauweißen Bart, der ihm vom Kinn bis auf die Brust hing. In einer Hand hielt er einen mächtigen Dreizack, in der anderen einen Pinsel von der Art, wie ihn Seeleute zum Bemalen des Schiffes verwenden. Den tauchte er in flüssiges Pech und schäumte Darwin, während muskulöse Arme seinen Kopf wie Schraubzwingen festhielten, das Gesicht ein. Ein anderer Mann, von oben bis unten mit blauen und gelben Kreisen bemalt, trat vor. Er hielt Darwin ein rostiges Stück Flacheisen vor die Augen und begann, ihn damit zu rasieren. Kratzend schabte das Metall über seine Gesichtshaut, fuhr ihm in die Lippen, schlitzte sein Kinn auf und riss ihm Teile des Backenbarts von den Wangen.

Er versuchte, die Prozedur mit zusammengebissenen Zähnen über sich ergehen zu lassen, konnte jedoch zwei, drei Schmerzensschreie nicht unterdrücken. Etwas Warmes lief ihm über die Wange und tropfte in seinen Mund. Er schmeckte, dass es Blut war. Dann führten ihn die Männer zu einem riesigen hölzernen Bottich in der Ecke, wo ihm jemand einen nach Urin riechenden Knebel in den Mund stopfte. Bevor er ihn ausspucken konnte, fühlte er sich hochgehoben und stürzte gleich darauf mit lautem Klatschen in eine warme, klebrige Flüssigkeit. Der beißende Gestank nahm ihm den Atem.

Ein Hüne von einem Mann, die nackte Brust voll roter und weißer Flecken, rief dröhnend »Äquatortaufe!«. Dann drückte er den Kopf seines Opfers mit aller Kraft nach unten. Krampfhaft schloss Darwin Augen und Mund und schlug in Panik wild um sich. Doch der Mann kannte kein Erbarmen. Wie ein dicker Ast lag sein Arm auf Darwins Nacken. Der fühlte, dass er in der nächsten Sekunde ersticken würde, und schickte noch schnell ein Stoßgebet gen Himmel. Da krallte sich eine Hand in sein Haar und riss ihn nach oben. Keuchend schnappte er nach Luft und schluckte dabei eine Menge Wasser, das jemand über ihn ausgegossen hatte. Endlich ließen sie ihn los. Mit letzter Kraft zog er sich aus der Wanne, bat krächzend um eine weitere Dusche und taumelte wie ein von Schrotkugeln getroffener Fasan zu Boden.

Erst jetzt wurde ihm bewusst, dass an der gegenüberliegenden Seite des Decks ein Leidensgenosse dabei war, die gleiche brutale Prozedur über sich ergehen zu lassen. Ein paar Minuten später führte man sie gemeinsam nach draußen. Röchelnd legte Darwin seinen Arm um die Schultern des anderen, und der tat umgekehrt dasselbe. Derart vereint, stolperten sie schwankend den Niedergang hinauf. Oben angekommen, stießen sie auf eine Gruppe von Männern, die mit groben Stricken an Armen und Beinen gefesselt waren. Denen stand die Taufe offenbar noch bevor.

Brasilien

Nicht ganz einen Monat später lief die *Beagle* im Schatten von Zuckerhut und Corcovado in den Hafen von Rio de Janeiro ein. Die milde Luft roch nach Wald und Blumen. Im Gewirr der Takelage stritten sich lautstark ein paar Möwen. Darwin stand an der Reling und konnte sich an der Pracht gar nicht sattsehen. Die brasilianische Hauptstadt breitete sich jenseits einer von bewaldeten Hügeln gesäumten weiten Bucht aus. Irgendwo hatte er gelesen, dass ihr Entdecker sie Anfang des 16. Jahrhunderts an einem ersten Januar für die Mündung eines mächtigen Flusses gehalten hatte. Deshalb hatte er der Stadt, die sich an ihrem Ufer erstreckte, den Namen »Fluss des Januar« – Rio de Janeiro – gegeben.

Als sie näher kamen, erkannte er eine breite, von herrschaftlichen Bürgerhäusern gesäumte Uferpromenade, Türme unterschiedlicher Höhe und im Zentrum die imposante Kathedrale. An der Pier lagen Schiffe aus aller Herren Länder. Kapitän Fitz-Roy hatte erhebliche Mühe, einen Platz zu finden, wo die Brigg festmachen konnte. Überall herrschte reges Treiben. Junge und Alte, einige halb nackt, andere in grellbunter Bekleidung, liefen scheinbar planlos hierhin und dorthin. Reiter kamen und gingen, Gespanne standen sich gegenseitig im Weg. Wohin man blickte, schlichen, trotteten und lagen Hunde aller denkbaren Größen, Formen und Farben.

»Man kann kaum glauben, dass die alle zur selben biologischen Art gehören«, sagte Darwin zu Usborne, der neben ihn an die Reling getreten war.

»Die Leute?«

»Nein, die Hunde. Schauen Sie nur: Der dort drüben mit seinem zottigen Fell, und der gleich daneben mit einem, das aussieht wie rasiert. Der vor der Kutsche hat Schlappohren und bei dem, der gerade das Bein hebt, sind sie aufrecht und spitz …«

Usborne blickte ihn eine Weile nachdenklich an, knetete ausgiebig sein Kinn und fragte, was er damit sagen wolle.

»Nun«, antwortete Darwin, »wenn man zulässt, dass die Tiere sich nach Belieben paaren, kommen die verrücktesten Mischungen heraus.«

Das sei, sagte Usborne, mit Verlaub, keine ganz neue Erkenntnis.

Darwin lachte. »Sicher nicht. Aber denken Sie andererseits an Windhunde. Vom Körperbau her perfekt geeignet, schnell zu laufen. Oder an Pointer. Bei der Jagd suchen sie weiträumig das Gelände ab und spüren mit ihrer fantastischen Nase jedes Rebhuhn und jede Wachtel im Umkreis von mehreren Meilen auf.«

Usborne kratzte sich am Hinterkopf. Er wisse, ehrlich gesagt, noch immer nicht, worauf Darwin hinauswolle.

»Ja, sehen Sie, Windhunde sind ebenso wie Pointer das Ergebnis einer langen und konsequenten Zucht. Sie sind dadurch entstanden, dass Menschen immer wieder Rüden und Hündinnen miteinander gekreuzt haben, bei denen ein bestimmtes Merkmal ausgeprägter war als bei anderen. Man muss nur lange genug dafür sorgen, dass sich aus einer bestimmten Anzahl von Hunden stets diejenigen paaren, die besonders dünn und hochbeinig sind, die einen langen, spitzen Kopf haben und ausdauernder rennen als die anderen. Und von deren Nachkommen muss man auch wieder konsequent jene kreuzen, die exakt diese Eigenschaften besitzen. Dann entsteht der perfekte Windhund mit der Zeit ganz von selbst.«

Darwin wartete auf eine Antwort, doch Usborne hörte nicht mehr zu. Mit sichtlichem Wohlgefallen betrachtete er eine langbeinige Brasilianerin, die anscheinend ohne Ziel und Absicht, rhythmisch die wohlgerundeten Hüften schwingend, die Pier entlangschlenderte.

»Hübsche Frau«, sagte Darwin. Usborne nickte abwesend. »Ich will Sie keinesfalls mit meinen abstrusen Gedanken belästigen.«

Er fühle sich durchaus nicht belästigt, entgegnete der Erste Offizier und ließ dabei keine Sekunde den Blick von der exotischen Schönheit. Die Sache mit den Hunden sei in der Tat höchst bemerkenswert.

»Die Frau zweifellos auch«, gab Darwin lächelnd zurück und begann, die Arme hinter dem Rücken verschränkt, an Deck auf und ab zu gehen.

Wenn sich Hunde wahllos paarten, nahm er seinen Gedanken wieder auf, kamen dabei die skurrilsten Mischungen heraus. Schöne und weniger schöne, kräftige und schwächliche, schnelle und langsame. Aber niemals, so lange man auch wartete, ein Pointer oder Windhund, so viel stand fest. Andererseits war es aber eine unleugbare Tatsache, dass die Mehrheit der auf der Erde lebenden Geschöpfe an die Bedingungen, unter denen sie lebten, optimal angepasst waren. Erst vor wenigen Stunden, kurz vor dem Einlaufen in den Hafen, hatte er fasziniert einer Gruppe Tümmler zugesehen, die in wilder Jagd vor dem Bug der *Beagle* hin- und herschossen. Keine Fische, wohlgemerkt, sondern Säugetiere. Und dennoch mit einer Gestalt, die für das Leben im Wasser besser geeignet war als jede andere, die man sich vorstellen konnte. Auch diese Tiere waren ganz offensichtlich das Ergebnis einer Art Zucht. Doch wer sorgte dafür? Wer oder was übernahm in der Natur die Rolle des Züchters?

Niemand, würde FitzRoy sagen. Darin zeige sich ja gerade die grenzenlose Allmacht Gottes, dass er sämtliche Kreaturen von Anfang an so geschaffen habe, wie sie seien: optimal an ihre Umgebung angepasst, in jeder Hinsicht perfekt konstruiert. Da bedürfe es keines gestalterischen Eingreifens. Und somit ebenso wenig eines wie auch immer gearteten Züchters.

Doch was war dann mit den Lebewesen, die seit den Tagen der Schöpfung ausgestorben waren? Deren fossile Überreste man in allem möglichen Gestein fand, von denen jedoch kein lebendes Exemplar mehr existierte? Hatte Gott irgendwann beschlossen, sie sterben zu lassen? Und falls ja, hatte er sie dann kurzerhand durch andere Modelle ersetzt? Oder lief alles darauf hinaus, dass die Erde irgendwann in ferner Zukunft entvölkert wäre? Doch wohl kaum. Wenn aber den zugrunde gegangenen Arten immer wieder andere folgten, bedeutete das dann nicht, dass die Schöpfung niemals zu Enge ginge? Dass Gott ständig damit beschäftigt wäre, neue Lebewesen anstelle der alten zu erschaffen?

Wenn Lyells Theorie zutraf, derzufolge die Erde einem fortwährenden Umbauprozess unterlag und sich permanent veränderte – und dafür sprach eine ganze Menge –, dann waren auch alle lebenden Kreaturen gezwungen, sich unablässig anzupassen und ihre Gestalt zu ändern. In gewaltigen Zeiträumen zwar, aber mit zwangsläufiger Stetigkeit. Das aber würde in letzter Konsequenz bedeuten, dass die Pflanzen und Tiere, auf deren Versteinerungen Geologen überall in der Welt stießen, deswegen ausgestorben waren, weil sie irgendwann nicht mehr in die veränderte Umwelt gepasst hatten. Ganz offenbar hatte jede Epoche der Erdgeschichte ihre eigenen Geschöpfe hervorgebracht. Und das würde bis zum Jüngsten Tag so weitergehen. Wenn das aber tatsächlich zutraf, dann musste Gott entweder immer wieder neue Varianten geschaffen haben, oder die alten hatten sich kontinuierlich in andere, besser geeignete verwandelt.

Darwin fühlte, wie ihm abwechselnd heiß und kalt wurde. War tatsächlich nicht nur die unbelebte Erde, sondern auch alles, was auf ihr wuchs und gedieh, einem nie endenden, über Jahrmillionen wirkenden Wandel unterworfen? Wenn er ehrlich war, kam er mehr und mehr zu dieser Überzeugung. Doch welcher Mechanismus steckte dahinter? Er wusste, dass sich vor ihm schon viele bedeutende Persönlichkeiten über dieses Phänomen Gedanken gemacht hatten, nicht zuletzt sein Großvater und der berühmte Astronom und Mathematiker John Herschel. Darwin gab sich einen Ruck. Er würde seinen Beitrag dazu leisten, das Geheimnis der Artentstehung wenigstens ein klein wenig zu lüften. Die Reise mit der *Beagle* bot dazu eine ideale Gelegenheit.

Zwei Tage später traf er Vorbereitungen für eine Expedition ins Landesinnere. Am Vorabend hatte FitzRoy während ihres gemeinsamen Dinners aus einer Schublade ein wertvoll aussehendes Kästchen hervorgeholt. Eine Art Miniaturschatztruhe aus glänzendem, dunkelbraunem Holz, mit feinen Messingbeschlägen und, soweit er erkennen konnte, einem hoch- komplizierten Schloss.

Der Behälter sei einem Bekannten namens Manuel Figuireda zu überbringen, erklärte er. Der lebe etwa drei Tagesritte entfernt im Landesinneren am Rio Macaé und warte schon lange darauf. Er halte Darwin – bei der Nennung des Namens hob er das Glas und prostete seinem Gast lächelnd zu – für den idealen Mann, das Präsent zuzustellen. Zu diesem Zweck werde er ihm zwei Männer, drei Pferde sowie ein Maultier mitgeben, das das Gepäck tragen solle. Da er selbst in Rio eine Menge zu erledigen und die Vermessung komplizierter Küstenabschnitte vorzubereiten habe, könne Darwin sich getrost eine Woche Zeit lassen. Ach was, eine Woche, seinetwegen sogar einen ganzen Monat! Auf dem Weg zu Figuiredas Fazenda und wieder zurück könne er nach Belieben Naturstudien betreiben, Tiere und Pflanzen sammeln und – das scheine ihm ja merkwürdigerweise am meisten Spaß zu machen – Steine klopfen. Auf diese Weise sei ihnen beiden gedient. Er, FitzRoy, hätte seinem Bekannten gegenüber endlich ein vor langer Zeit gegebenes Versprechen erfüllt, und Darwin könnte seine Forschungen in einer Gegend betreiben, wie sie an Pracht und Herrlichkeit auf Erden nicht ihresgleichen habe.

Mit diesen Worten zog er ein Blatt Papier hervor und reichte es Darwin. »Eine Art Landkarte, grob und ungenau zwar, aber wohl ausreichend, um einigermaßen den Weg zu finden. Halten Sie sich im Zweifelsfall immer südwestlich. Die Sonne scheint hier ja fast den ganzen Tag.«

Darwin lächelte. »Ich komme schon zurecht. Darf ich eine Bitte äußern?«

FitzRoy nickte. »Raus mit der Sprache.«

»Ich wäre Ihnen außerordentlich dankbar, wenn einer der zwei Männer, die mich begleiten, der junge Syms Covington wäre. Er hat mich vor Kurzem gefragt, ob er mir gelegentlich beim Sammeln und Präparieren helfen dürfe. Scheint sich für derlei Dinge ernsthaft zu interessieren. Außerdem ist er, wie er behauptet, ein ausgezeichneter Schütze. So einen könnte ich gut gebrauchen.«

»Ihr Anliegen überrascht mich nicht«, antwortete FitzRoy. »Covington hat sich in dieser Angelegenheit wohl auch schon an Usborne gewandt. Hat anscheinend gefragt, ob er Ihnen nicht hin und wieder zur Hand gehen dürfe. Als Gehilfe in der Kombüse sei er bei Weitem nicht ausgelastet. Und seiner Tätigkeit als Schiffsgeiger, der den Seeleuten von Zeit zu Zeit aufspiele, könne er ja weiter nachgehen.«

»Heißt das«, fragte Darwin erfreut, »Sie können ihn während meiner Abwesenheit entbehren?«

FitzRoy lächelte milde. »Nicht nur das. Ich werde ihn, Ihr Einverständnis voraussetzend, zu Ihrem persönlichen Assistenten abkommandieren. Das bedeutet allerdings, dass Sie künftig einen Teil seines Soldes aus eigener Tasche bezahlen müssen. In der Kombüse wird jemand anderes seine Aufgaben übernehmen, und fiedeln will er ja nach wie vor.« Er rückte sich umständlich den Dreispitz zurecht. »Einverstanden?«

Darwin nickte eifrig. Das sei außerordentlich großzügig. Was die Bezahlung angehe, müsse FitzRoy ihm nur den genauen Betrag mitteilen, das sei kein Problem. Und falls sich herausstellen solle, dass Covington doch häufiger an Bord gebraucht werde, könne man sich sicher arrangieren. Ihm sei ein persönlicher Assistent jedenfalls höchst willkommen.

»Dann würde ich sagen, der Bursche soll gleich mal herkommen. Wollen doch sehen, was er dazu meint.«

Kurz darauf trat Syms Covington, ein hoch aufgeschossener, breitschultriger Junge von etwa zwanzig Jahren, in die Kapitänskajüte. Er hatte ein nahezu rechteckiges, offenes Gesicht mit großen dunkelblauen Augen, eine auffallend schmale, leicht gebogene Nase und einen vollen Mund, um den

Darwin schon mehrfach ein verschmitztes Lächeln hatte spielen sehen. Jetzt war davon allerdings keine Spur zu entdecken. Vielmehr presste Covington die Lippen so fest aufeinander, dass sich tiefe Falten in seine Wangen gruben. Als Darwin einen Blick auf die hinter dem Rücken verknoteten Hände warf, sah er, dass die Knöchel weiß hervortraten. Darwin konnte sich vorstellen, wie dem Matrosen zumute war. Die Auspeitschungen – inzwischen hatte er drei weitere mit ansehen müssen – hatten ihn zutiefst aufgewühlt. Wenn FitzRoy an Covingtons Verhalten auch nur das Geringste auszusetzen hatte, genügte ein einziges Wort, um ihm auf dieselbe brutale Weise den Rücken zerfleischen zu lassen. Ob es für die Bestrafung einen begründeten Anlass gab, spielte dabei keine Rolle. Dass der Kapitän die ihm von der Admiralität gestellte Aufgabe hundertprozentig zu erfüllen gedachte und dabei einen geradezu fanatischen Eifer an den Tag legen würde, war jedem an Bord vollkommen klar. Und dass er seinen Offizieren und Mannschaften auch nicht den kleinsten Fehler durchgehen ließe, ebenfalls. Kein Wunder also, dass Covington zitterte.

Als der Kapitän ihm nun aber erklärte, mit seiner Tätigkeit als Kombüsengehilfe sei es vorbei und er könne sich fortan gleichsam als Mr. Darwins Angestellten betrachten, wich die Verkrampfung aus dem jugendlichen Körper. Die Wangenfalten verschwanden, die Augen strahlten begeistert.

»Das … das … ist eine große Ehre für mich«, stotterte Covington. »Ich weiß wirklich nicht, was ich lieber täte, als Mr. Darwin behilflich zu sein. Ich werde alles in meiner Macht Stehende tun, seine Erwartungen zu erfüllen. Mr. Darwin bei seinen naturkundlichen Exkursionen zu begleiten, kommt, mit Verlaub gesagt …« – er warf dem Kapitän einen verlegenen Blick zu – »… meinen Neigungen und Fähigkeiten sehr viel mehr entgegen als die Arbeit in der Kombüse.«

Am nächsten Tag machten sie sich zu dritt auf den Weg: Darwin, Covington und ein Fähnrich namens Philip King. Der übernahm mit Begeisterung sämtliche freiwilligen Aufgaben, wohl in der Hoffnung, während der Reise der *Beagle* endlich zum Leutnant befördert zu werden. Im Gegensatz zu Covington war er klein und gedrungen und wirkte mit seinen herabgezogenen Mundwinkeln stets ein wenig mürrisch. Auf FitzRoys Befehl hatte Sullivan in der Stadt drei Pferde und ein Maultier aufgetrieben, die er den Männern stolz präsentierte. Tatsächlich schienen die Pferde jung und kräftig zu sein. Dagegen handelte es sich bei dem Maultier zweifellos um ein reichlich betagtes und entsprechend ramponiertes Exemplar. Immerhin ließ sein glasiger Blick darauf schließen, dass es gewohnt war, sich den Launen ständig wechselnder Herren zu fügen. Und tatsächlich machte es, als es üppig mit Ausrüstungsgegenständen bepackt wurde, nicht die geringsten Anstalten zu bocken. Hin und wieder entledigte es sich knatternd einer Salve Darmgase, das war alles.

Nach einem kurzen Ritt durch erstaunlich kultivierte Ländereien ließen sie die Besiedelung hinter sich und tauchten auf einem sandigen, mit vertrocknetem Gras bewachsenen Pfad in dichten Wald ein. Obwohl es noch früh am Morgen war und sie sich in ihren Sätteln keinesfalls besonders anstrengten, sorgte die feuchte Wärme, die von überall her zu wehen schien, dafür, dass ihnen schon nach einer knappen Stunde der Schweiß aus allen Poren brach. Eine stille Düsternis umgab sie, nur gelegentlich drangen ein paar Sonnenstrahlen durch das verschlungene Blätterwerk. Doch das wenige Licht reichte aus, um die Farben der träge herumtorkelnden Falter wie Blitze aufleuchten zu lassen.

Darwin, der vorausritt, hob die Hand. »Stopp!«, rief er über die Schulter zurück. »Absitzen!«

Sie banden die Tiere an Baumstämmen fest, und gleich darauf stolperten King und Covington, mit Schmetterlingsnetzen bewaffnet, durch das Unterholz. Den Blick starr auf ihre flatternden Ziele gerichtet und angestrengt bemüht, sich nicht im Geäst zu verfangen, stürzten sie ein ums andere Mal über mächtige Wurzeln, die, gebogenen Rohren gleich, überall aus dem Boden ragten. Darwin war inzwischen damit beschäftigt, Blätter, Blüten und Früchte von Kräutern, Sträuchern und Bäumen zu pflücken und sie, säuberlich mit beschrifteten Zetteln versehen, in diversen Holzkästen zu verstauen. Die erbeuteten Falter verschwanden, gleichermaßen etikettiert, in ähnlichen Behältnissen.

»Weiter«, befahl Darwin und stieg wieder aufs Pferd. Doch schon nach wenigen Hundert Yards ließ er seine schwitzenden Begleiter erneut haltmachen. Gleich darauf zerkratzten sie sich im dichten Geäst der üppig wuchernden Vegetation die Arme, als sie versuchten, möglichst viele intensiv duftende Orchideenblüten von ihren Stängeln zu trennen. Wieder ein kleines Stück weiter krochen sie auf Darwins Geheiß auf allen vieren im Dreck des Waldbodens umher, um Käfer und Spinnen – dünne, dicke, einheitlich braune und in allen Farben des Regenbogens schillernde – sowie diverse Frösche, Kröten und Unken zu fangen. Kaum waren die verstaut, machten sie sich daran, Fettpflanzen, die es hier in geradezu fantastischer Fülle gab, sowie Pilze aller denkbaren Größen und Formen zusammenzutragen.

Von Darwins Eifer angestachelt, schossen sie mehr als dreißig Vögel, zogen Unmengen praller Würmer aus dem Boden, bekamen von schleimigen Schnecken glitschige Hände und versuchten, mit Netzen und bloßen Händen grellbunte Eidechsen zu erwischen. Darwin zerklopfte unterdessen jeden Stein, der irgendwo aus dem Boden ragte, in handliche Stücke. Wie alles andere, was er mitnahm, versah er die Splitter akkurat mit Datum und Fundort und packte sie anschließend in geräumige Kisten beiderseits des Maultierrückens. Als es Abend wurde, zeigte ein Blick auf die Karte, dass sie, seit sie im Wald unterwegs waren, kaum mehr als zwei Meilen zurückgelegt hatten.

Nach einer kurzen Nacht, in der zum einen die erstaunliche Kühle, zum anderen das unablässige Zirpen, Pfeifen, Schwirren und Brummen zahlloser Tiere sie kaum hatte zur Ruhe kommen lassen, ging es weiter. Auf Darwins Geheiß versuchten King und Covington, zwei junge Affen von den Zweigen zu schießen, auf denen sie übermütig herumturnten. Das erwies sich als überraschend schwierig, da die flinken Tiere gar nicht daran dachten, die Männer auf Schussweite herankommen zu lassen. Erfolg hatten sie erst, als King auf die Idee kam, sie einander mit Gebrüll zuzutreiben.

Dann umzingelten sie zu dritt eine wütend zischende, immer wieder ruckartig nach vorne schnellende Schlange, von der sie keine Ahnung hatten, ob sie giftig war. Als sie ihnen trotz aller Bemühungen, ihrer habhaft zu werden, am Ende doch entkam, gruben sie wütend ein Loch in den Boden. Das bedeckten sie mit dünnen Zweigen und losen Blättern. Und während sie mit ebenso großem Eifer wie mäßigem Erfolg pfeilschnellen Kolibris nachstellten, plumpsten tatsächlich zwei kaninchengroße, auffallend langschwänzige und offensichtlich dümmliche Tiere in die improvisierte Falle. Es dauerte eine ganze Weile, bis Darwin sie getötet, ausgenommen, penibel beschriftet und in Weingeist eingelegt hatte.

Dann kamen sie an einen ausgedehnten Tümpel – für Pferde und Maultier eine willkommene Gelegenheit, den Durst zu stillen. Zu gerne hätten die Männer, schmutzstarrend, wie sie waren, in dem warmen, modrig riechenden Wasser ein Bad genommen. Doch vermuteter Krokodile wegen verzichteten sie darauf. Stattdessen drehten sie am Ufer unzählige Steine um und fingen darunter massenhaft Skorpione, Blutegel sowie auffallend gelb-grüne Krebse, die aussahen, als bestünden sie aus Glas.

Während Covington mit zusammengepressten Lippen die Bisswunde einer Spinne an seinem Ellbogen aufschnitt und das Blut heraussaugte, war King unverdrossen damit beschäftigt, sich Schwärme grimmiger Moskitos vom Leib zu halten. Darwin ging unterdessen das Risiko ein, im ufernahen Wasser nach Muscheln zu suchen. Zwischendurch erlegten sie schnepfenartige Vögel und waren gerade dabei, mit Netzen Wolken von Wasserflöhen aufzuscheuchen, als ein hartes Platschen sie zusammenzucken ließ.

Wie auf Kommando fuhren ihre Köpfe herum, doch in der Richtung, aus der das Geräusch gekommen war, war nichts zu sehen als dichtes Schilf. In dieses kam plötzlich Bewegung. Die Halme bogen sich zur Seite, Wasser spritzte, und mit einem schnalzenden Geräusch erschien im Gewirr der grünbraunen Stangen ein massiger Schädel. Zwei kleine, weit auseinander liegende Augen starrten neugierig zu ihnen herüber. Unwillkürlich wichen King und Covington ein paar Schritte zurück.

Doch Darwin schien keineswegs beunruhigt. »Wasserschwein«, stellte er sachlich fest. »Auch Capybara genannt. *Hydrochoerus hydrochaeris* mit zoologischem Namen. Ausgesprochen kräftiger Bursche. Und reiner Pflanzenfresser. Also keine Angst.«

Während er mit seiner rechten Hand behutsam nach dem Gewehr tastete, ließ er den plumpen Nager nicht aus den Augen. Dann ging alles ganz schnell. Es knallte, und gleich darauf wälzte sich das Tier in einer rasch größer werdenden Blutlache. Ein lang gezogenes Grunzen entrang sich seinem breiten Maul, die stämmigen Beine zuckten, dann war es tot.

Erst jetzt wurde sich Darwin bewusst, dass sie sich die Mühe, den Koloss aus dem Wasser zu ziehen, sparen konnten, da sie keine Möglichkeit hatten, ihn mitzunehmen. Doch dann fiel ihm ein, dass das Fleisch von Wasserschweinen bei vielen Indios als ausgesprochener Leckerbissen galt. Ja, soviel er wusste, gab es hierzulande sogar professionelle Wasserschweinjäger, Carpincheros genannt. Außerdem hatte Henslow ihm mehrfach eingeschärft, für die zoologische Forschung seien auch die kleinsten und unscheinbarsten Proben in Südamerika heimischer Lebewesen, ganz besonders der im Regenwald lebenden Säugetiere, von eminenter Bedeutung. Also wuchteten sie die Jagdbeute ans Ufer, schnitten ihr ein Ohr, den Vorderkopf mit den mächtigen Nagezähnen, zwei mit Schwimmhäuten versehene Klauen sowie den kurzen, platten Schwanz ab.

Da ohnehin Mittagszeit war und sie mit ihren Vorräten sparsam umgehen mussten, zündeten sie am Ufer des Sees ein Feuer an. Sie zogen dem Tier das zottige Fell ab und hielten die fleischigen Keulen, auf Äste gespießt, in die Flammen.

Doch der strenge Geruch verhieß nichts Gutes. Tatsächlich schmeckte der Wasserschweinbraten nicht nur merkwürdig, sondern ausgesprochen übel. Als Covington davon kostete, verzog er angewidert das Gesicht und spuckte das Fleisch in hohem Bogen in die Flammen. Mit einem lauten »Pfui Teufel!« tat King es ihm nach.

Nur Darwin brachte es fertig, zwei, drei Bissen hinunterzuwürgen. Triumphierend grinste er seine beiden jungen Begleiter an. Wer in der Wildnis überleben wolle, erklärte er ihnen, dürfe nicht zimperlich sein. Dann griff er zum Wasserkrug und spülte kräftig nach.

Dass das Fleisch ungenießbar sein würde, hätte er ihnen gleich sagen können, erklärte King mit wichtiger Miene. Schließlich sei vorhin eine schwarze Schlange über den Weg gekrochen. Von links nach rechts. Er habe genau darauf geachtet. Habe sogar noch schnell mit den Fingern ein Kreuz geformt. Offenbar leider zu spät.

»Eine schwarze Schlange?«, wiederholte Covington.

»Genau. Schlangen allein bedeuten schon nichts Gutes. Dann noch eine schwarze. Und von links …«

Covington warf Darwin einen fragenden Blick zu.

Der zuckte mit den Achseln. »Ja dann.« Er lächelte nachsichtig. »Wenn Sie meinen.«

Nachdem sie bei brütender Hitze mehrere Stunden durch sumpfiges Gelände geritten waren und dabei lediglich vier mickrige Salamander, zwei Schnepfen und eine altersschwache Baumechse ohne Schwanz erlegt hatten, erreichten sie am Abend ein kleines Dorf namens Ithacaia. An dessen Rand befand sich eine Art öffentliche Gaststätte, von den Einheimischen »Venda« genannt. Sie war aus dicken, aufrecht stehenden Holzstämmen mit dazwischengeflochtenen Zweigen errichtet, wies mehrere schiefe, vermutlich als Fenster dienende Öffnungen auf und war erfreulicherweise komplett überdacht. Der vordere Teil bildete so etwas wie eine Veranda, auf der vier altersschwache Bänke einen wurmstichigen Tisch umstanden.

King und Covington nahmen den Pferden die Sättel ab, fütterten sie und das Maultier mit Mais und setzten sich dann neben Darwin, der geduldig auf den Wirt wartete. Doch niemand ließ sich blicken. Erst als Covington wie eine Ziege meckerte, erschien mit erschrockenem Gesichtsausdruck ein hagerer Mann unbestimmbaren Alters. Die dreckigen Kleider, in denen er steckte, hingen in Fetzen von seinem klapprigen Körper, die nicht minder knochigen Arme und das eingefallene Gesicht waren mit Sicherheit seit Wochen nicht mehr mit Wasser in Berührung gekommen.

Verwirrt sah er sich nach der vermeintlichen Ziege um, dann machte sich auf seinem Gesicht ein unterwürfiges Lächeln breit, und er erklärte, der Besuch der drei vornehmen Herren sei für ihn eine große Ehre. Womit er ihnen bitteschön dienen könne?

»Haben Sie etwas zu essen für uns?«, radebrechte Darwin. An Bord der *Beagle* hatte er in den letzten Wochen jede freie, das heißt nicht mit Sezieren, Mikroskopieren, Sortieren und Etikettieren verbrachte Minute dazu benutzt, mithilfe eines von FitzRoy ausgeliehenen Buches ein paar Brocken Portugiesisch zu lernen.

»Alles, was Sie wünschen«, antwortete der Wirt mit devotem Kopfnicken.

»Vielleicht ein wenig Fisch?«

»Nein, das nun nicht gerade.«

»Fleisch, Brot?«

»Leider auch nicht.«

»Dann womöglich etwas Suppe?«

Auch damit könne er bedauerlicherweise nicht dienen, erklärte der Hagere. Aber im Stall gebe es ein paar Hühner. Wenn die Herren so freundlich wären, zwei davon zu schlachten, könne er ihnen daraus gerne einen schmackhaften Braten mit ein wenig Mais und Bohnen zubereiten.

Was blieb ihnen anderes übrig? Rasch hatten sie mit ein paar herumliegenden Steinen zwei humpelnde Hennen erschlagen, die sich offenbar völlig darüber im Klaren waren, dass sie viel zu schwach waren, um zu fliehen, und sich daher widerstandslos in ihr Schicksal fügten. Etwa drei Stunden später brachte ihnen der Wirt dann endlich die versprochene Mahlzeit. Die kargen Portionen und der fettige Glanz um seinen Mund verrieten, dass er sich selbst bereits nach Kräften daran gütlich getan hatte. Es gab weder Messer noch Gabel. Die hölzernen Teller, auf denen die spärlichen Fleischstücke unter einer Handvoll Maiskörner und ein paar kümmerlichen Bohnen verschwanden, waren seit ihrer letzten Benutzung mit Sicherheit nicht gereinigt worden.

Für all das verlangte der Wirt einen unverschämten Preis, den er kurzerhand verdoppelte, als die Männer um die Erlaubnis baten, auf dem Boden der Veranda die Nacht zu verbringen. Erst als Covington betont langsam sein Messer aus dem Gürtel zog und begann, es in aller Ruhe am Leder der Scheide zu schärfen, wobei er den Alten keine Sekunde aus den Augen ließ, ging dieser mit seiner Forderung herunter. Mit zornrotem Gesicht murmelte er, er sei anscheinend missverstanden worden, und gab sich schließlich mit einer Summe zufrieden, die noch immer um mehr als das Zweifache überhöht war.

Drei Tage später, um die Mittagszeit, erreichten sie die Fazenda des Senhor Figuireda. Das Herrschaftsgebäude befand sich inmitten eines weitläufigen Parks, den man durch ein pompöses, halbrundes Tor betrat. Überall waren Schwarze mit der Pflege des Gartens beschäftigt. Apathisch vor sich hin stierend, schnitten sie Bäume, hackten Beete, entfernten Verblühtes und verscheuchten Katzen, die ihnen über die nackten Füße liefen.

»Samt und sonders Sklaven«, flüsterte Darwin dem neben ihm reitenden Covington zu.

Der nickte. »Arme Kerle. Wie es aussieht, alles andere als wohlgenährt.«

Erstaunlicherweise schien Senhor Figuireda sie bereits zu erwarten. Darwin hatte keine Ahnung, woher er von ihrem

Kommen wusste. Er war ein etwa sechzigjähriger, fülliger Mann mit stattlichem Bauch, rundem, vollständig kahlem Kopf und einer Nase gewaltigen Ausmaßes. Wenn man FitzRoys Ansicht Glauben schenkte, wonach ein knolliges Riechorgan ein Kennzeichen mangelnder Energie und Entschlusskraft war, dann konnte es mit diesen Eigenschaften bei dem Gutsbesitzer nicht weit her sein.

Während in der Mittagshitze das letzte spürbare Lüftchen seinen Atem aushauchte, führte ein halb nackter Schwarzer die Pferde weg. Mit der zutreffenden Vermutung, sie würden sich gewiss erst einmal frisch machen wollen, geleitete Figuireda seine Gäste ins Haus. Das war außen und innen blendend weiß gestrichen, hatte ein Dach aus graugelbem Schilf und im Inneren einen dunkelbraunen Holzfußboden, auf dem goldfarbene Stühle mit Sitzflächen aus geflochtenem Stroh herumstanden.

Ein magerer Diener wies Darwin ein Zimmer im Obergeschoss zu, das von der Größe und barocken Ausstattung her jedem fürstlichen Palais zur Ehre gereicht hätte. Dann stellten ihm zwei junge, auffällig dunkle Männer unter fortgesetzten Verbeugungen mehrere Schüsseln mit warmem Wasser ins Zimmer. Nur unter Androhung von Gewalt konnte er verhindern, dass sie ihm beim Auskleiden halfen.

Figuireda nahm FitzRoys Holzschatulle ohne erkennbare Begeisterung entgegen und lud seine Gäste zu einem opulenten Mahl ein. Beiläufig stellte er ihnen seine Frau vor, eine füllige, goldbehangene Dame mit fettig glänzender Haut und einem Doppelkinn, das erfreulicherweise große Teile des faltigen Dekolletés verbarg. Mit sichtlichem Vergnügen kaute sie bereits schmatzend auf einem Stück fetttriefenden Fleisches herum, als Darwin, Covington und King noch dabei waren, sich die Teller zu füllen.

Dann forderte der Fazendero seine Gäste auf, von FitzRoy – »Immer noch so steif, der Gute?« – und von ihrer Reise mit der *Beagle* zu berichten. Während Darwin und Covington abwechselnd erzählten und King schweigend gebratenes Lamm,

Rind und Geflügel in sich hineinstopfte, als gelte es, sich einen Vorrat für die nächsten Monate anzufressen, hörten sie plötzlich zwei-, dreimal einen harten Knall, gefolgt von einem dumpfen Aufschrei.

Gleich darauf flog die Tür auf, und herein trat eine junge Frau, eher noch ein Mädchen, von vielleicht sechzehn bis achtzehn Jahren, deren üppige Formen ihre hautenge Kleidung auf eine harte Zerreißprobe stellten.

»Inês, mein Engel«, flötete Senhora Figuireda mit vollem Mund und verspritzte großzügig ein paar Tropfen Soße. »Du hast dich verspätet.«

Die Dralle winkte ab, klatschte sich mit der Reitpeitsche ein paarmal gegen den eng behosten Unterschenkel und ließ sich erst, nachdem sie lautstark »Unverschämte Kreatur!« gebellt hatte, dazu herab, Darwin und seine Gefährten mit einem lässigen »Olá« zu begrüßen.

Gleich darauf schien sie mit ihrem Vater einen wortlosen Wettkampf um die größtmögliche Nahrungsaufnahme pro Zeiteinheit zu veranstalten. Verbissen schob sie sich Fleisch, Fisch, Käse, Brot, Früchte und vor allem Schokoladenkuchen in den Mund und machte erst Schluss, als Figuireda längst aufgegeben hatte. Zufrieden schmatzend wischte sie sich mit einer blütenweißen Serviette das Fett von Mund, Kinn und Hals.

Nach dem Essen gab es Cognac, Kaffee und noch einmal Cognac. Dezent rülpsend verkündete Figuireda, man werde jetzt eine zweistündige Siesta einlegen, danach beabsichtige er, Mr. Darwin die Fazenda zu zeigen.

Gehorsam legte der sich zur Ruhe. Doch an Schlaf war nicht zu denken, da Senhorita Inês offenbar beschlossen hatte, der unverschämten Kreatur noch vor ihrem Nickerchen eine Abreibung zu verpassen und dies im Zimmer unmittelbar neben dem seinen zu erledigen. Scharf klang das Klatschen der Peitsche und schrill das Kreischen der gezüchtigten Sklavin durch die Wand. Einen kurzen Augenblick war Darwin geneigt, seinem ehemaligen Schuldirektor Dr. Butler dessen rigide Erziehungsmethoden zu verzeihen. Denn im Vergleich zu dem, was er gerade schaudernd mitanhören musste, waren Butlers Hiebe zweifellos ein mildes Streicheln gewesen. Endlich schien die Tochter des Hauses sich an ihrer Zofe abreagiert zu haben. Kurz darauf kündigte sonores Schnarchen davon, dass sie fest schlief.

Als Darwin zur vereinbarten Zeit aus dem Haus trat, hatte die Hitze des Tages offenbar ihren Höhepunkt erreicht. Grelles Sonnenlicht blendete seine Augen, die Luft flirrte, das Atmen fiel ihm schwer. Selbst die Katzen hatten sich verkrochen. Nur die Schwarzen waren unermüdlich bei der Arbeit. Figuireda erwartete ihn schon. Auf zwei krummrückigen Pferden unternahmen sie einen Ausritt durch die weitläufigen Besitzungen. Überall stießen sie auf Herden von Rindern, Ziegen und Schafen, die ihnen teils von umfriedeten, dem Urwald durch Rodung und Brand abgetrotzten Weiden, teils frei umherlaufend stumpfsinnig nachglotzten. Der Weg führte durch dichte Waldungen, in denen tief hängende Äste das Vorankommen erschwerten. Tukane mit gewaltigen Schnäbeln und blau schimmernde Bienenfresser veranstalteten einen unvorstellbaren Lärm.

Danach ging es durch ausgedehnte Bananenplantagen und Haine mit Orangenbäumen bis zum Horizont. An einigen Stellen säumten gepflegte Kieswege malerische Gewässer, an anderen zogen sich matschige Trampelpfade, kaum als solche erkennbar, durch schilfbestandene Sümpfe. Dazwischen immer wieder Baracken, heruntergekommen und baufällig, mit löchrigen Dächern und gänzlich ohne Fenster. Die Wohnungen der Sklaven. Den Gedanken an Flucht erstickten rostige Stacheldrahtzäune, Mauern, aus denen spitze Glasscherben ragten, und weiße, mit riesigen Hüten gegen die Sonne geschützte Wächter im Keim. Die waren teils beritten, teils zu Fuß, und allesamt von gewaltigen Hunden begleitet, die selbst im angeleinten Zustand keinen Zweifel an ihrer Beißlust aufkommen ließen.

Figuireda fing Darwins entsetzten Blick auf. »Wenn man den Schwarzen auch nur die geringste Freiheit lässt«, erklärte der mit bösem Lächeln, »hat man mit ihnen nichts als Schereien. Die Burschen sollten dankbar sein, dass sich jemand um sie kümmert, ihnen Nahrung, Kleidung und Unterkunft gibt. Doch stattdessen sind sie unablässig darauf aus, sich vor der Arbeit zu drücken und gegen ihren rechtmäßigen Herrn aufzubegehren. Dass der eine Menge Geld für sie ausgegeben hat, ist ihnen egal. Im Grunde ist es mit ihnen wie mit Pferden und Hunden. Nur wenn man ihnen nichts, aber auch gar nichts durchgehen lässt und ihnen pausenlos klarmacht, wer das Sagen hat, hat man sein Auskommen mit ihnen.«

In einer weitläufigen Plantage, wo halb nackte Frauen im Schlamm kniend damit beschäftigt waren, ominöse Früchte von niedrigen Sträuchern zu pflücken, sah Darwin, was Figuireda meinte. Mit scharfen Gertenhieben trieb ein Aufseher einem Mädchen, das offenbar versucht hatte, zwischendurch ihr Baby zu stillen, gründlich ihr Vorhaben aus. Und als sie an einem Fluss entlangritten, musste er mit ansehen, wie zwei Weiße den Kopf eines jungen Farbigen unter Wasser drückten. Als sie ihn endlich losließen, hatte er kaum noch die Kraft, nach Luft zu schnappen.

Ob er das gesehen habe, fragte Figuireda und grinste seinen hinter ihm reitenden Begleiter über die Schulter hinweg an. So müsse man es machen. Im Grunde seines Herzens sei er nämlich gegen jegliche Brutalität. Der Schwarze fürchte sich vor Wasser, ein Bad wie das soeben gesehene beeindrucke den Kerl mehr als die Nilpferdpeitsche. Der tue in Zukunft, was man ihm sage, darauf könne Darwin Gift nehmen.

Darwin spürte, wie ihm auch ohne Gift übel wurde. Er musste sich unbedingt ablenken. Also versuchte er, vom Pferd herab Eidechsen, Schnecken, Spinnen, Falter und Käfer zu erwischen. Dazu sammelte er so viele Blumen, Farne und Kräuter, wie er konnte. All das beschriftete er an Ort und Stelle und verstaute es säuberlich in Holzkästen diverser Größe. Das hielt den Brechreiz in Schach.

Am nähesten dran, ihm nachzugeben, war er, als ihn zwei Stunden später ein muskelbepackter Sklave auf Figuiredas Geheiß über einen der vielen Seen ruderte, wo er mit nackten Angelhaken in kürzester Zeit mehr als zwanzig Fische fing. Bei dem Versuch, sich dem Mann, der offenbar weder Spanisch noch Portugiesisch sprach, durch besonders lautes Reden sowie heftiges Gestikulieren verständlich zu machen, berührte er mit den Händen versehentlich dessen Kopf. Der Schwarze zuckte zusammen, als hätte er einen Peitschenhieb erhalten. Offenbar rechnete er fest mit einer Tracht Prügel. Doch anstatt sich zu wehren oder zumindest seine Arme schützend vors Gesicht zu halten, ließ er diese ergeben sinken und erwartete mit halb geschlossenen Augen das scheinbar Unvermeidliche. Ohne große Mühe hätte er Darwin niederringen und über Bord werfen können. Doch die Erniedrigung war ihm derart eingetrichtert worden, dass er wie ein winselnder Hund bereit war, die Bestrafung seines Herrn über sich ergehen zu lassen.

Wenn Darwin später an die Nacht auf der Fazenda zurückdachte, fragte er sich, ob alles von langer Hand vorbereitet gewesen war. Dass sich die Tür seines Zimmers nicht abschließen ließ, dass sein Bett breiter und mit edlerer Wäsche bezogen war als die Schlafstätten von Covington und King, dass ein feiner Duft nach Lavendel in der Luft hing und überall im Raum Kerzen standen. Er wachte davon auf, dass jemand diese Kerzen entzündete. Erschrocken fuhr er hoch und griff nach dem Messer im Gürtel. Erst als er ins Leere fasste und sich bewusst wurde, dass er in einem Seidenpyjama steckte, fiel ihm ein, wo er war. Wozu auch ein Messer? Jemand, der ihm ans Leben wollte, würde wohl kaum erst umständlich Licht machen.

Eine Frau in wallendem Nachtgewand trat an sein Bett und hob die Decke. Als sie sich neben ihn legte, fragte er sich, ob er sich das mit dem Nachtgewand nur eingebildet hatte; die Frau war unzweifelhaft nackt. Er wollte etwas sagen, doch bevor ihm einfiel, was, hatte sie auch ihn mit flinken Fingern entkleidet. Er fühlte die Wärme ihres Körpers, die Weichheit ihrer Haut, die drängende Prallheit ihrer Brüste.

»Nein«, flüsterte er und hoffte im selben Moment, sie möge es überhören. Kurz bemühte er sich, an Fanny zu denken, wusste aber im selben Moment, dass es zwecklos war.

Sie schien zehn Hände zu haben. Überall an seinem Körper spürte er ihre Finger, zart und erkundend zunächst, dann drängend, fordernd, schließlich zielgerichtet zupackend. Noch einmal sagte er sich, dass er es nicht gewollt habe. Dann schob sich zornig der Gedanke in den Vordergrund, er sei schließlich ein gesunder Mann und keine Maschine, die man mit einem Knopfdruck abstellen könne. Danach sagte er sich gar nichts mehr.

Und als zuerst ihre Lippen, dann ihre Brüste und schließlich sie selbst auf ihm lagen, war Fanny weit, weit weg und diese Frau, die ihm merkwürdige Töne entlockte, herrlich nah. Sie schaukelte auf ihm, er auf ihr, und als er in einer Pause benommen zur Decke blickte, löste nicht einmal der exotische Nachtfalter, der dort verführerisch seine bizarren Flügel ausbreitete, irgendein Verlangen in ihm aus.

Am nächsten Morgen beim Frühstück überlegte Darwin, ob es Zufall war, dass Figuireda ihn nicht fragte, wie er geschlafen habe, sondern wie die Nacht gewesen sei.

Weil er dachte, dass es nicht schaden könne und zudem unverfänglich sei, einfach mit »Danke, gut« zu antworten, erwiderte er: »Danke, gut.«

Das freue ihn, sagte Figuireda und schob sich ein weiteres Stück Leberwurst zwischen die gelben Zähne. Er habe sich vielleicht missverständlich ausgedrückt. Ob sein geschätzter Gast mit der Nacht zufrieden gewesen sei?

»Durchaus.« Mittlerweile war Darwin sich sicher, dass Figuireda sich für die Qualität seines Schlafes allenfalls in zweiter Linie interessierte.

Der Hausherr zwinkerte ihm zu. Er sei doch ein kräftiger junger Mann, und dazu noch aus gutem Hause. Wohlsituiert und nicht darauf angewiesen, seinen Lebensunterhalt von früh bis spät durch Arbeit zu verdienen. Vielmehr müsse ihm doch daran gelegen sein, auf Dauer ein weitaus angenehmeres Dasein zu führen. Eines, das bei überschaubarem Einsatz ein Höchstmaß an Wohlbefinden, an Selbstverwirklichung, ja, er schäme sich nicht, es auszusprechen, an Lebensfreude gewährleiste.

Auf einmal hatte Darwin das Herumgedruckse satt. »Sie spielen auf Ihre Tochter an«, erklärte er unverblümt. »Machen mir das Angebot, sie zu ehelichen und damit Ihre Besitzung zu übernehmen. Habe ich recht?«

Figuireda nickte so eifrig, dass seine dicken Wangen wie Wackelpudding zitterten. »Ich freue mich, dass wir uns verstehen.«

Nun ja, entgegnete Darwin, von verstehen könne nur insofern die Rede sein, als er glaube, begriffen zu haben, was sein Gastgeber ausdrücken wolle. Er selbst – Figuireda möge ihm nicht böse sein – sehe seine Zukunft keinesfalls in der Rolle eines brasilianischen Plantagenbesitzers. Obschon diese, das habe er ja mit eigenen Augen gesehen, durchaus ihre Reize habe. Vielmehr dränge es ihn, als Naturforscher fundamentale Prozesse des Lebens zu entschlüsseln. Unter anderem die Frage, warum er hier auf der Plantage Schnecken gefunden habe, die ihm, wiewohl offenbar resistent gegen Kälte und Niederschlag, auf den Britischen Inseln noch niemals begegnet seien.

»Was wollen Sie damit sagen?«, wunderte sich Figuireda und reinigte sich mit seiner Gabel ungeniert die Fingernägel. »Was hat meine Tochter mit Schnecken zu tun?«

»Ach, nichts«, sagte Darwin ausweichend. »Doch so sehr mich Ihr großzügiges Angebot auch ehrt und mich allein schon der Gedanke an Senhorita Inês in Entzücken versetzt, so sehr drängt es mich, meine Fahrt mit der *Beagle* zu einem erfolgreichen Abschluss zu bringen. Ich habe mich nicht zu dieser Reise entschlossen, um irgendwo eine neue Existenz zu beginnen, sondern um möglichst viele Lebewesen auf den unterschiedlichen Kontinenten zu studieren. Ich brenne darauf, meine Forschungsergebnisse eines Tages in mehreren Büchern – wohlgemerkt in englischer und nicht in portugiesischer Sprache – der Öffentlichkeit zugänglich zu machen.«

Schreiben könne man auch auf einer Fazenda, entgegnete Figuireda, sehr gut könne man das sogar. Unter den Sklavinnen gebe es einige, die des Umgangs mit der Schrift in erstaunlichem Maße mächtig seien. Die würden mit Freuden sämtliche Finger einer Hand dafür opfern, anstatt in verseuchten Sümpfen herumzukriechen, seine Worte zu Papier zu bringen. Frauen übrigens – in seine Augen trat der melancholische Glanz unwiederbringlicher Erinnerungen –, die auch sonst zu allem bereit seien, was man von ihnen verlange. Er wisse schon, was er meine.

»Gewiss«, sagte Darwin und überlegte, ob es in Brasilien tatsächlich Frauen gab, die nach dem Opfern von fünf Fingern noch leserlich schreiben konnten. »Aber ich empfinde mich noch als zu jung, um mich dauerhaft zu binden. Auch in England gibt es liebenswerte, vielleicht weniger glutäugige, dafür aber mit dem Lebensstil eines britischen Gentlemans vertraute Frauen. Wobei ich, das sage ich offen, speziell an eine ganz besondere Dame denke.«

Figuireda, der sich gerade eine dick mit Butter und Marmelade bestrichene Scheibe Toast in den Mund geschoben hatte, hörte so abrupt auf zu kauen, als hätte ein Blitzschlag seine Gesichtsmuskulatur lahmgelegt. »Sie … Sie sind verheiratet?«

Das nun nicht gerade, antwortete Darwin. Aber gleichsam fest versprochen. Figuireda könne sich denken, was er damit sagen wolle.

»Durchaus«, bestätigte dieser und setzte nach einer Pause intensiven Nachdenkens lächelnd hinzu: »Aber das hat doch nichts zu sagen. Jeder leistet hin und wieder einen Treueschwur. Bisweilen sogar in ernster Absicht. Was hat das schon für Konsequenzen? Man trennt sich wieder, jeder geht seinen eigenen Weg und findet früher oder später einen anderen Menschen, dem er den Kopf verdreht. Liebe ist nun einmal sowohl vom geistigen als auch besonders vom körperlichen

Aspekt her vergänglich. Doch während der akkurate Brite das im Allgemeinen nicht wahrhaben will und seinen Stolz dareinsetzt, der einmal Angetrauten auch dann noch widerwillig die Treue zu halten, wenn sie ihm schon längst nichts mehr bedeutet, sieht man das hier in Südamerika ganz anders.«

Er schob reichlich Toast nach, kaute eine Weile schweigend, dann dozierte er weiter: »Weiber, auch die eigenen Ehefrauen, diese sogar besonders, haben in erster Linie ihrem Mann zu gehorchen. Und wenn er ihrer überdrüssig wird und sich zwei, drei wohlgestaltete Sklavinnen mit strafferer Haut und festeren Brüsten ins Bett holt, hat sie dankbar zu sein, dass er sie nicht zum Teufel jagt. Keine Sekunde hat sie zu erwägen, Ansprüche an ihn zu stellen.« Während er von einer Blutwurst ein mächtiges Stück abschnitt, sah er Darwin ernst an. »Vielleicht haben Sie ja tatsächlich Glück und entdecken etwas, das die wissenschaftliche Welt in Erstaunen versetzt. Vielleicht werden Sie sogar berühmt und dürfen vor Sturköpfen irgendwelcher naturkundlicher Gesellschaften trockene Vorträge halten. Doch was haben Sie davon? Ihr Name wird in Fachblättern genannt, Organisationen, die niemand kennt, preisen Ihren Ruhm, und vor lauter Streben, diesen hochzuhalten, vergessen Sie zwangsläufig zu leben.«

Ja, das Leben, sinnierte Darwin gedankenversunken und schaufelte gebackene Bohnen über sein Spiegelei. Das sei wohl der entscheidende Punkt. Im Übrigen müsse er dringend zur *Beagle* zurück, Kapitän FitzRoy erwarte ihn und seine Gefährten gewiss schon voller Ungeduld.

Figuireda nahm einen kräftigen Schluck Gin, wischte sich mit der Linken den Mund ab, während er mit der Rechten neu einschenkte, und fragte: »Ach ja, FitzRoy. Ist der eigentlich noch immer so schrecklich steif?«

Das sei Ansichtssache, erwiderte Darwin augenzwinkernd. Mit Sicherheit jedoch weit mehr den gesellschaftlichen Konventionen verhaftet als die – das sage er ehrlich und ohne irgendwelche Hintergedanken – überaus reizende Tochter des Gastgebers.

Am nächsten Morgen verließ er mit Covington und King die Fazenda. Als er die Gefährten fragte, wie es ihnen auf dem Besitz des Senhor Figuireda gefallen habe, warfen sie einander vielsagende Blicke zu und erklärten, der Chef einer Expedition habe ja wohl besondere Privilegien, das liege in der Natur der Sache.

»Aber, bei allem Respekt, einfach war es nicht«, fügte King hinzu.

»Was?«, murmelte Darwin abwesend und zeichnete aus dem Gedächtnis Linien in die Landkarte, von denen er sich fragte, ob sie bei all dem Staub und Matsch wohl als Pfade zu erkennen sein würden.

»Allein im Bett liegend den Geräuschen aus dem Nachbarzimmer ausgesetzt zu sein«, sagte King. »Und sich, ob man will oder nicht, permanent vorzustellen, was dort vor sich geht.«

Covington nickte zustimmend. Ja, das sei in der Tat hart gewesen. Und er sei daher wirklich froh, dass sie wieder unter sich seien. Das empfinde er als besonders angenehm auf einem Schiff wie der *Beagle*, dass man nur von Männern umgeben sei und kein Weib das friedliche Miteinander störe.

Darwin hörte nur mit einem Ohr zu. Im anderen klangen noch immer die ekstatischen Laute der drallen Senhorita nach. Und als er sich mit der Zunge über die Lippen fuhr, war er überzeugt, sie zu schmecken.

Zum Glück hatte es in der Nacht geregnet, sodass die morastigen, stellenweise grundlosen Wege ihre ganze Aufmerksamkeit in Anspruch nahmen. Einmal rutschte das Maultier ein paar Fuß ab, und nur indem Covington von vorne zog, King von hinten schob und Darwin dem Tier massive Prügel androhte, gelang es ihnen, das störrische Biest wieder auf den Pfad zurückzuzerren. Es war wie in einer Waschküche: überall zäher, warmer Dampf, der ihnen die Sicht nahm, sodass sie den ohnehin kaum erkennbaren Weg bestenfalls erahnen konnten. Mehr als einmal verliefen sie sich, und als sie zum dritten Mal am selben Ameisenhaufen vorbeikamen, beschlossen sie, dort die Nacht zu verbringen und auf klareres Wetter zu hoffen.

Doch ihr Wunsch erfüllte sich nicht. Am nächsten Morgen stolperten sie halb blind weiter, gingen vorsichtshalber rechts herum, wenn ihnen nach links zumute war, und hofften inständig, den vermaledeiten Haufen nicht noch ein viertes Mal vor sich auftauchen zu sehen. Als sie schon gar nicht mehr damit rechneten, lichtete sich der Wald, und sie traten auf ein weites, sonnendurchglühtes Feld. Das grelle Licht zwang sie, sich die Hände vor die Augen zu halten. Sie waren aus einer Waschküche in einen Backofen geraten. Darwin hatte keine Ahnung, wo sie sich befanden und in welche Richtung sie weitermarschieren sollten. Als er seine Begleiter fragte, war er nicht überrascht, dass es ihnen genauso ging. Er drehte die Landkarte hin und her, besah sie von allen Seiten, schließlich sogar mithilfe seines Taschenspiegels. Doch nirgends fand er eine an einen Wald grenzende Fläche von auch nur annähernd der Form, die sie vor sich sahen.

Nach Osten könne nicht verkehrt sein, sagte er und warf einen Blick auf den Kompass. Dort sei das Meer.

»Das Meer ist weit«, gab Covington zu bedenken. »Was wir finden müssen, ist weniger das Wasser als vielmehr die *Beagle.*«

Ja, das sei das eigentliche Problem, stimmte King zu. Also dann nach Süden.

»Warum gerade Süden?«, fragte Covington.

King errötete. Er habe Steine geworfen. Das Ergebnis sei allerdings nicht eindeutig gewesen. Süden oder Südosten, auf keinen Fall Norden.

Norden habe niemals zur Debatte gestanden, bemerkte Covington. Dann marschierte er widerspruchslos in die von Darwin angegebene Richtung. Irgendwo müsse man ja hin.

Tatsächlich erreichten sie nach Stunden eine Stelle, die ihnen bekannt vorkam. Hier, nein, genauer gesagt dort drüben war ihnen auf dem Hinweg die Schlange entwischt.

»Dann müssen wir bald an den Tümpel kommen«, sagte Darwin. »Ihr wisst schon, das Wasserschwein.«

King leckte sich die Lippen. »Ein Braten wäre nicht verkehrt.«

Covington stimmte zu: »Selbst wenn er muffig schmeckt. Fleisch ist Fleisch.«

Als hätte eine höhere Macht sie erhört, kroch gleich darauf eine mächtige Anakonda aus dem Gebüsch und schickte sich an, auf der gegenüberliegenden Seite des Pfades wieder im Unterholz zu verschwinden. Darwin wollte noch »Achtung!« rufen, da hatte Covington sie schon mit einem gezielten Schuss ins Jenseits befördert.

»Anakondas sollen ein Leckerbissen sein«, machte er den Gefährten Mut.

In der Tat gab die fleischige Schlange, in Scheiben geschnitten und knusprig gebraten, eine leidlich schmackhafte und vor allem reichliche Mahlzeit ab. Von der Fazenda hatten sie in kluger Voraussicht etwas Salz, Pfeffer und ein ominöses, dunkelgrünes Gewürz mitgenommen, mit dem Figuiredas schwarzer Koch angeblich sogar nicht mehr ganz frischem Fleisch eine pikante Note verlieh.

Als sie sich satt und erfrischt wieder auf den Weg machten, dauerte es nicht lange, bis ein intensiver Geruch nach Fäulnis und Verwesung sie zu der Stelle führte, wo die Überreste des getöteten Wasserschweins lagen. Von Unmengen Fliegen, Maden und Käfern bedeckt, schmorte der Kadaver in der prallen Sonne.

Während Covington und King sich angewidert die Nase zuhielten, zupfte Darwin mit spitzen Fingern drei Exemplare jeder Insektenart von der vermodernden Leiche. »Unglaublich, wie viele Spezies sich von verwesendem Fleisch ernähren«, sagte er, griff beherzt in das Innere des toten Tieres und hielt King gleich darauf eine Handvoll fetter Würmer unter die Nase.

Der machte einen Satz nach hinten. »Iih, pfui Teufel!«

»Saprozoen«, erklärte Darwin milde lächelnd. »Tiere, die von verfaulendem Gewebe leben. Auch Sie, King, werden ihnen dereinst als Nahrung dienen.«

Das sei ein erschreckender Gedanke, bemerkte Covington, die Finger noch immer fest um die Nase geschlossen. King spuckte kräftig auf den Waldboden.

»Wie man's nimmt«, entgegnete Darwin. »Weh tut's ja nicht. Und auf diese Weise ist man selbst als Toter noch zu etwas nütze.«

Darauf könne er getrost verzichten, sagte King und schickte seinem Speichelfladen einen weiteren hinterher. Er hege, ehrlich gesagt, die Hoffnung, nach dem Tod schlicht und einfach zu Staub zu zerfallen. Genauso, wie es in der Bibel stehe. Oder seinetwegen auch zu Asche, das sei ihm egal.

»An einem solchen Kadaver«, dozierte Darwin, »erkennt man deutlich, dass gut und schlecht, prächtig und abscheulich ganz und gar subjektive Empfindungen sind. Zweifellos finden die Insekten den Geruch in höchstem Maße anziehend.«

Da sei er aber froh, dass er kein Insekt sei, meinte Covington. Doch Darwin verbesserte ihn, das könne man so nicht sagen. Denn als Insekt hätte er ja nicht eine verwesende Leiche, sondern eine schmackhafte Mahlzeit vor sich. Eine, bei der ihm, wie man so schön sage, das Wasser im Mund zusammenlaufe.

»Pfui Teufel!«, rief King noch einmal. »Können wir jetzt endlich weiter?«

»Man müsste ein totes Tier wie dieses einmal ein paar Wochen lang beobachten«, spann Darwin den Gedanken weiter. »Sicher sind die Insekten, die sich derzeit darauf tummeln, ganz andere als diejenigen, die den Kadaver aufgespürt und als Erste besiedelt haben. Bei einer menschlichen Leiche ist das natürlich kein bisschen anders. Vermutlich wird man eines Tages sogar in der Lage sein, den Todeszeitpunkt eines Mordopfers anhand der Art der darauf lebenden Maden exakt zu bestimmen.«

»Tot ist tot«, befand Covington. »Was hat man davon, wenn man es weiß?«

Darwin zuckte die Schultern. Das sei nur ein spontaner Gedanke gewesen. Wenn er wieder in England sei, werde er sich näher mit der Angelegenheit befassen.

»Tun Sie das«, sagte King, fasste das Maultier am Halfter und zog es mit sich fort.

Als sie auf eine weite Lichtung traten, stießen sie auf eine Herde Nandus. Das merkwürdige, fast brüllende Geräusch, das in der Tat wie ein lautes »Nan – du« klang, hatten sie schon von Weitem vernommen. Es mochten etwa fünfzehn bis zwanzig Tiere sein. Scheinbar planlos liefen sie hin und her.

»Sehen Sie sich das an, King«, flüsterte Darwin. »Die sehen fast aus wie Strauße in Afrika.«

»Viel größer«, sagte King.

»Wie?«

»Strauße sind größer. Ich habe schon ein paarmal welche gesehen. Sonst sind sie sich aber in der Tat verblüffend ähnlich.«

»Abgesehen von den Hälsen«, schaltete sich Covington ein. »Die sind bei Straußen nackt und bei den Gesellen hier dicht befiedert.«

Ob sie sich schon einmal Gedanken gemacht hätten, fragte Darwin, warum Vögel wie diese – auch die australischen Emus gehörten dazu und irgendwie natürlich auch die Pinguine – zwar Flügel hätten, sie aber nicht zum Fliegen verwendeten.

»Ja und nein«, antwortete Covington. »Es ist fraglich, ob man in diesem Fall überhaupt von Flügeln sprechen kann. Der Begriff leitet sich schließlich von ›fliegen‹ ab. Was nicht dem Fliegen dient, kann man mithin schwerlich Flügel nennen.«

King schüttelte unwillig den Kopf. »Wollen Sie damit sagen, dass das gar keine Vögel sind?«

»Doch, das schon«, erwiderte Covington. »Aber eben ohne Flügel.«

Daran, dass es sich bei Nandus, Emus und Pinguinen um Vögel handele, sagte Darwin nachdrücklich, bestehe nicht der geringste Zweifel. Der Körperbau – er selbst habe sich während seiner Zeit in Cambridge gründlich mit derlei Dingen beschäftigt – spreche eine eindeutige Sprache. Und dennoch seien die Tiere nicht in der Lage zu fliegen. Pinguine benützten ihre Flügel als Schwimmflossen. Und Nandus sogar als Segel, um sich beim schnellen Laufen vom Wind schieben zu lassen.

»Wie praktisch.« King pfiff anerkennend durch die Zähne. »Vom Schöpfer weise eingerichtet.«

Darwin kaute gedankenverloren an seinem Daumennagel. »Genau das ist die Frage. Hat Gott, als er die Welt erschuf, tatsächlich die Flügel dieser Vögel so konstruiert, wie wir sie heute vor uns sehen? Oder hatten Nandus, Pinguine und Emus in grauer Vorzeit Urahnen, die sich in die Luft erheben konnten? Wie sich das für einen richtigen Vogel nun einmal gehört.«

Das könne er sich nun wirklich nicht vorstellen, widersprach King und zupfte eine fette Fliege aus der Mähne seines Pferdes. Was Gott damit bezweckt haben solle? Außerdem sei es müßig, über derlei Fragen zu spekulieren.

Darwin sah King, dann Covington eine Weile schweigend an. »Vielleicht«, erklärte er gedehnt, »findet man ja eines Tages das Fossil eines Nandus mit viel größeren Flügeln. Eines, das beweist, dass die Tiere früher tatsächlich fliegen konnten und diese Eigenschaft erst im Laufe der Zeit verloren haben.«

»Bei allem, was recht ist«, rief King und trat seinem Pferd in die Seite, dass es erschrocken aufschrie, »aber es gefällt mir nicht, was Sie da sagen! Das heißt nichts anderes, als dass Sie dem Schöpfer seine göttliche Allmacht absprechen. Ich mag so etwas nicht hören!«

Er habe nur laut nachgedacht, versuchte Darwin seinen Begleiter zu beschwichtigen. Aber wenn man die Vielfalt der Lebewesen allein hier in Südamerika betrachte, kämen einem die merkwürdigsten Ideen …

Weiter kam er nicht, denn in diesem Augenblick landete ein riesiger Schmetterling auf der Satteltasche von Covingtons Pferd und breitete angeberisch seine Flügel aus: grün-blau schillernd mit dunkelroten Augenflecken.

Einen Falter dieser Art hatte Darwin noch nie gesehen, und von einer Sekunde auf die andere war sein Jagdinstinkt erwacht. »Psst«, zischte er Covington zu. »Nicht bewegen. King, Ihr Netz!«

Doch der Junge hatte das prächtige Insekt offenbar ebenfalls entdeckt und holte schon zum entscheidenden Schwung aus. Gleich darauf zappelte das Tier in den Maschen.

»Gut gemacht«, lobte Darwin. Mit spitzen Fingern zog er den Schmetterling aus seinem Gefängnis und gab ihn in eine metallene Trommel. Dort würde ihn chemikaliengetränkte Watte schnell und schmerzlos ins Jenseits befördern.

Beim Weiterreiten wandte er sich an Covington: »Warum sind die Falter nur so prachtvoll gefärbt?« Er drehte den Kopf. King war zu weit entfernt, um das Gespräch belauschen zu können.

»Ich weiß nicht. Warum wohl?«

Eigentlich, fuhr Darwin fort, sei es für Schmetterlinge doch höchst ungünstig, so auffällig durch die Gegend zu flattern. Vögel und sonstige Feinde entdeckten sie auf diese Weise viel schneller. Da aber in der Natur – das scheine ihm mittlerweile festzustehen – nichts ohne Sinn sei, müsse die Farbenpracht für die Tiere ja irgendeinen Vorteil mit sich bringen. Worin der wohl liegen könne?

»Nun«, sagte Covington und tätschelte seinem Pferd gedankenverloren den Hals, »ich könnte mir vorstellen, dass sie so für einen Geschlechtspartner attraktiver sind. So wie sich Frauen zurechtmachen, um den Männern zu gefallen.« Er grinste Darwin breit an. »Und natürlich umgekehrt.«

»Ausgezeichnet«, lobte Darwin. »Ich bin exakt derselben Ansicht. Der Vorteil, sich rascher und zuverlässiger fortzupflanzen, wiegt offenbar den Nachteil auf, leichter zur Beute von Feinden zu werden. Wäre es nicht so, gäbe es längst keine bunten Schmetterlinge mehr. Das ist genau dasselbe wie die Sache mit dem Geweih beim Rothirsch: unpraktisch, aber für die Weiblichkeit offenbar höchst attraktiv. So hat eben alles zwei Seiten.«

Das Unglück begann ausgesprochen fröhlich. Zuerst hörten die Männer merkwürdige Schreie aus den hohen Baumkronen, dann ein anschwellendes Rascheln, Knacken und Krachen. Schließlich sahen sie sich von einer Gruppe skurriler Tiere umringt. Von denen hatte Darwin zwar schon einmal gehört, aber von Angesicht zu Angesicht gesehen hatte er bislang noch keines. Vom Kopf bis zur Spitze ihrer langen Schwänze mochten sie etwa zwei bis drei Fuß messen. Die Körper waren tiefschwarz, die Köpfe ein wenig heller, mit weit auseinander stehenden Augen und von einer mächtigen rotblonden Mähne umrahmt.

»Goldkopflöwenäffchen«, sagte Darwin entzückt. »*Leontopithecus chrysomelas*, wenn mich nicht alles täuscht.«

»Aha«, murmelte Covington und trat mit dem rechten Fuß nach einem Affen, der sich anschickte, das Bein seines Pferdes hinaufzuklettern.

Die Tiere schienen über den unerwarteten Besuch begeistert zu sein. Übermütig sprangen sie um die Pferde und das Maultier herum, zupften an den Kleidern der Männer, griffen ihnen in die Jackentaschen und versuchten, ihre Gewehre zu stehlen. Kreischend hüpften sie von Pferd zu Pferd, zogen an Mähnen und Schwänzen und machten sich voller Eifer an der Ladung des Maultieres zu schaffen. Ein paar besonders vorwitzige machten sich einen Spaß daraus, Darwin und seinen Begleitern die Hüte zu entreißen und in die Luft zu werfen. Und einer, offenbar der Anführer des Rudels, riss King das Messer aus dem Gürtel und stach ihm damit durch die Hose in den Oberschenkel.

»Mistvieh!«, brüllte der, konnte sich des Angreifers aber nur mit bloßen Händen erwehren, da das Messer weg und das Gewehr in Gefahr war, dem Tier in die Hände zu fallen. An Schießen war nicht zu denken. Krampfhaft hielt er mit der rechten Hand den Lauf umfasst, während er mit der Linken den Affen vom Rücken seines Pferdes boxte.

Der quittierte die Attacke mit einem durchdringenden Kreischen, woraufhin ihm unverzüglich zwei Kumpane zu Hilfe eilten. Emsig gingen sie daran, die Satteltaschen der Pferde zu öffnen, in denen sie offenbar schmackhafte Leckereien vermuteten. Als Covington, der sich etwas Luft verschafft hatte, einem der beiden den Kolben seines Gewehrs über den Schädel drosch, ging der nicht etwa k. o., sondern verzog sein Gesicht nur zu einer bösartigen Fratze. Der andere fauchte wie ein in die Enge getriebener Kater.

Auch Darwin war auf seinem Pferd schon eine ganze Weile nicht mehr allein. Er wandte sich kurz um und blickte aus nächster Nähe in die weit aufgerissenen Augen eines Affen, der ihm mit hochgezogenen Lefzen seine Respekt einflößenden Eckzähne entgegenbleckte.

»Bloß weg hier!«, stieß er hervor und griff, ohne zu überlegen, nach dem frechen Burschen. Doch der Affe wich geschickt aus. Als Darwin einen zweiten Versuch unternahm, den ungebetenen Mitreiter loszuwerden, biss der ihm kraftvoll in den rechten Arm.

Von jähem Schmerz durchzuckt, stieß Darwin einen Schrei aus, der wiederum den Affen in Panik versetzte. Zeternd schnellte er in die Höhe, und als er wieder auf dem Rücken des Pferdes landete, bäumte sich dieses mit lautem Wiehern auf. Um die Zügel besser fassen zu können, riss Darwin seinen Arm nach vorne. Das nutzte der Affe aus, um erneut zuzubeißen. Diesmal ein Stück weiter oben und noch viel kräftiger als beim ersten Mal. Dann schien ihm die Sache mulmig zu werden. Er hechtete in das tief hängende Blättergewirr eines Baumes, ließ ein letztes durchdringendes Kreischen hören und war, gefolgt von seinen Kumpanen, im nächsten Moment verschwunden.

Covington besah sich die Wunde. »Sieht eigentlich nicht übel aus. Das bisschen Blut ist mithilfe eines stramm angezogenen Verbandes rasch gestillt. Tut's weh?«

Darwin biss die Zähne zusammen und schüttelte den Kopf. Der Schreck sei schlimmer als der Schmerz, stieß er keuchend hervor. Nie hätte er gedacht, dass die kleinen Teufel so aggressiv werden könnten. Der ganze Vorfall sei höchst erstaunlich gewesen, wert, ihn präzise aufzuzeichnen. Schade, dass er in der Überraschung vollkommen vergessen habe, einen der Affen zu erlegen. Das Gebiss hätte er sich gerne einmal näher angesehen.

»Vielleicht kommt uns ja noch einer in die Quere«, sagte Covington grinsend und fragte, ob Darwin sich in der Lage fühle, mit dem verletzten Arm die Zügel zu halten.

»Kein Problem«, antwortete der und zog hörbar die Luft ein. »Es gibt weiß Gott Schlimmeres.«

Die Schmerzen kamen in der Nacht. Zuerst ein leises Pochen, das sich auf die nähere Umgebung der Wunden beschränkte. Dann fühlte es sich an, als ob jemand den Arm von oben nach unten durchknetete, und schließlich entzündete sich eine Flamme, deren Glut sich rasend schnell ausbreitete. Die Flamme wurde zum lodernden Feuer, der ganze Arm schien zu verbrennen.

Darwin stöhnte. Als er den verletzten Körperteil betastete, erschrak er. Im Dunkel der Nacht war er auf das Doppelte seines normalen Umfangs angeschwollen.

»Sehr schlimm?« King entzündete eine Kerze und inspizierte die Bisswunde. »Oha! Das sieht böse aus.«

Inzwischen war aus dem begrenzten Feuer ein Flächenbrand geworden. In mächtigen Wogen strömte der Schmerz durch Darwins Körper. Er keuchte. So musste sich die Hölle anfühlen. Er hatte Angst, das Bewusstsein zu verlieren, und hoffte es zugleich inständig. Aus einem Bach, den sie kurz vor ihrem Nachtlager überquert hatten, holte Covington Wasser. Doch als er es über den verletzten Arm laufen ließ, war es, als hätte er mit einem Eimer versucht, einen Waldbrand zu löschen.

Am Morgen, als Sträucher und Bäume im schwachen Licht der Dämmerung allmählich wieder grün wurden, war Darwin nicht mehr ansprechbar. Er erkannte weder Covington noch King und verstand nicht, was sie sagten. Er merkte nicht, dass sie ihn auf sein Pferd hoben und festbanden, spürte nicht, wie sich das Tier in Bewegung setzte, und nahm nicht einmal sein eigenes Röcheln wahr, als der Gaul ihn schaukelnd durch den Wald trug. Von Zeit zu Zeit verlangte er stöhnend nach Wasser. Aber auch das wurde ihm nicht bewusst.

Später konnte er sich an überhaupt nichts mehr erinnern. Nicht daran, dass sie durch ein Eingeborenendorf kamen, wo eine alte Frau heißes Öl über den Arm goss und ihn in stark riechende Kräuter wickelte. Nicht daran, dass er mehr als einmal vom Pferd rutschte und, nur von ledernen Gurten gehalten, wie tot an dessen Flanke baumelte. Nicht daran, dass sie irgendwann das Meer und schließlich auch den Hafen von Rio fanden. Und zum Glück auch nicht daran, dass Bynoe bei seinem Anblick einen Schreckensruf ausstieß und auf FitzRoys besorgte Frage antwortete, da sei wohl nichts mehr zu machen.

Eilig ließ der Kapitän einen Geistlichen herbeirufen, der Darwin den christlichen Segen spendete. Noch bevor er damit fertig war, spülte er hastig die Übelkeit, die – er bitte um Nachsicht – vom Anblick und Gestank des brandigen Armes in ihm aufgestiegen sei, mit etlichen doppelten Whiskys hinunter. Bynoe säuberte die Wunden, sorgte mit geschickten Schnitten dafür, dass der Eiter abfloss, setzte Batterien von Blutegeln an und bedeckte das geschwollene Gewebe mit einem kamillegetränkten Verband, den er stündlich wechselte. Darwin schien von alldem nichts mitzubekommen. Er hatte die Augen geschlossen, sein Körper glühte. Gelegentlich entrang sich ihm ein gurgelndes Stöhnen.

Feuerland

Während der Segelmacher an Darwins Körper Maß nahm, um einen passenden Sack für ein Seebegräbnis anzufertigen, lichtete die *Beagle* Anker. Geräuschlos glitt sie aus der Bucht von Rio de Janeiro und nahm Kurs auf die äußerste Spitze Südamerikas. Während FitzRoy eine Flut knapper Kommandos hervorstieß und Bynoe mehrfach erwog, den hoffnungslosen Kampf gegen die Krankheit seines Patienten aufzugeben, versuchte Covington sich das, was er während der Expedition über den Umgang mit pflanzlichen und tierischen Präparaten gelernt hatte, ins Gedächtnis zurückzurufen. In einer Mischung aus Trauer, Wut und grimmigem Eifer machte er sich daran, die mitgebrachten Blüten, Blätter, Rindenstücke, Wurzeln, Samen und natürlich auch Schmetterlinge, Käfer, Würmer, Maden sowie Teile aller möglichen Säugetiere zu sortieren und gewissenhaft zu konservieren. Er spießte Insekten auf, häutete Vögel ab, entfernte das Fleisch von den Knochen und besprühte alles sorgfältig mit Gift gegen Ungeziefer. Unter dem mitleidigen Grinsen und den sarkastischen Kommentaren seiner Kabinengenossen schichtete er in der Ecke seiner Kajüte die Steinsplitter auf, die das Maultier geschleppt hatte, und legte eine Liste an, in die er, so gut es ihm die Erinnerung erlaubte, sämtliche Funde in chronologischer Reihenfolge eintrug.

Am Abend des dritten Tages, nachdem sie Rio verlassen hatten, konstatierte Bynoe zu seinem Erstaunen, dass der Zustand seines Patienten sich kaum verändert hatte. Nach wie vor atmete Darwin, nach wie vor schlug sein Herz, wenn auch schwach, nach wie vor quoll Eiter aus seinen Wunden. Die massive Schwellung schien sogar ein wenig zurückgegangen zu sein.

Eine knappe Woche später – die *Beagle* segelte, von einer Gruppe übermütiger Delfine begleitet, bei mäßig bewegter See auf Südkurs die Küste von Patagonien entlang – schlug Darwin die Augen auf. Mit einiger Mühe erkannte er, dass die Hängematte, in der er sanft hin- und herpendelte, nicht in der Kajüte hing, die er mit Stokes teilte. Durch die Dachluke flutete helles Licht in den Raum, draußen schien offenbar die Sonne. Etwas Außergewöhnliches musste vorgefallen sein. Doch so sehr er sich auch anstrengte, er kam nicht darauf, was. Wahrscheinlich war er wieder einmal seekrank geworden und jemand hatte ihn aus einem unerfindlichen Grund in diese, ihm fremde Hängematte verfrachtet.

Dann spürte er den Schmerz. Er schien in gleichmäßigen Wogen von seiner rechten Körperhälfte auszugehen, so genau konnte er das nicht feststellen. Dafür sprach, dass sein Arm in einen dicken Verband gewickelt war. Sicher war er sich erst, als er versuchte, ihn anzuheben und damit ein Gefühl auslöste, als würde sich ein Nagel durch das Fleisch bis ins Innere des Knochens bohren. Er stieß einen Schrei aus, lauter und durchdringender, als er jemals geschrien hatte. Sofort öffnete sich die Kabinentür, und er erkannte verschwommen das freundliche Gesicht Bynoes, der sich über ihn beugte.

»Können Sie mich hören?«, fragte der Arzt sanft.

Darwin, mit geballten Fäusten und zusammengekniffenen Lippen verzweifelt bemüht, weitere Schmerzenslaute zu unterdrücken, nickte schwach. Auch als Bynoe wissen wollte, ob ihm etwas wehtue, ob er etwas trinken wolle und ob er schon versucht habe, den Arm zu bewegen, nickte er. Doch als der Schiffsarzt sich erkundigte, ob er sich daran erinnere, was mit ihm vorgefallen sei, schüttelte er matt den Kopf.

Das habe er vermutet, sagte Bynoe, er werde es ihm später erzählen. Im Moment solle er einfach nur glücklich sein, dass er noch lebe.

Also doch, dachte Darwin. Keine Seekrankheit.

»Ich werde jetzt den Verband wechseln. Kein allzu schöner Anblick. Besser, Sie drehen den Kopf zur Seite.«

Darwin gehorchte und wandte sich ab. Als Bynoe sich an seinem Arm zu schaffen machte, wurde er von einer Woge jäher Pein überschwemmt. Dann von einer zweiten, mächtigeren, schließlich von einer dritten, die ihm den Atem nahm. Danach spürte er nichts mehr.

Es dauerte fast zwei Tage, bis er wieder erwachte. Und diesmal war alles erträglicher. Selbst als er vorsichtig den Arm hob, war das möglich. Es gelang ihm sogar, wenn auch mit zusammengebissenen Zähnen, den Schrei, der ihm in die Kehle stieg, zu einem leisen Stöhnen abzumildern. Mit Bynoes Hilfe würgte er ein paar Löffel einer fad schmeckenden Suppe hinunter. Und am Abend desselben Tages leerte er bereits einen Teller mit wässrigem Haferschleim.

Langsam kehrte die Erinnerung zurück. Die Affen fielen ihm wieder ein, und dass er einen davon hatte vom Pferd herunterstoßen wollen. Der hatte ihn, wenn er sich nicht täuschte, gebissen. Mehr gab sein Gedächtnis nicht her.

Drei Tage später stieg er, gestützt von Bynoe und Covington, aus der Hängematte und ging ein paar Schritte im Gang vor der Kabinentüre auf und ab. Als der Arzt am nächsten Morgen den Verband entfernte, durfte er zum ersten Mal die Bisswunden an seinem Arm ansehen. Erschrocken stöhnte er auf.

»Sieht richtig gut aus«, sagte Bynoe mit verkniffenem Lächeln. »Ganz anders als noch vor wenigen Tagen. Es grenzt an ein Wunder, dass Sie überlebt haben.«

Dann zog er aus der Jackentasche drei Briefe hervor und legte dazu noch ein voluminöses Päckchen auf den Kajütentisch. Die Sendungen habe die *Emulous,* ein englisches Postschiff, im Hafen von Rio überbracht. Mit einem Auge zwinkernd, lächelte er Darwin zu. »Sicher wollen Sie gleich lesen, was drinsteht. Ich lasse Sie allein.«

Der erste Brief – nur etwas mehr als vier Monate alt – war von Elizabeth. Zu Hause sei alles in Ordnung, schrieb sie. Dem Vater und den Geschwistern gehe es gut, und sie hätten alle schreckliche Sehnsucht nach ihm. Dann berichtete sie von ein paar belanglosen Ereignissen aus dem Bekanntenkreis, sprach die Hoffnung aus, er fühle sich wohl, ermahnte ihn, gut auf sich aufzupassen, und schloss mit den besten Wünschen für die weitere Reise.

Auch seine Kusine Emma hatte geschrieben. Sie berichtete von Maer. Ihr Vater, sein Onkel Jos, der ihm ja letztlich zu der Reise verholfen habe, mache sich immer häufiger Gedanken, ob er richtig gehandelt habe. Darwin möge alles in seiner Macht Stehende tun, um diese Bedenken zu zerstreuen. Vor allem dürfe er um Gottes willen nicht krank werden oder sich verletzen, das müsse er ihr versprechen. Ihr Vater würde es nicht verwinden. Ansonsten gebe es in Maer nichts Neues. Alle ließen herzlich grüßen und wünschten ihm für den Rest der Reise das, was auch er sich davon verspreche.

Den letzten Brief hatte er sich bewusst für den Schluss aufgehoben. Er war von Fanny. Als er den rosafarbenen Umschlag öffnete – er duftete noch immer leicht nach ihrem Lieblingsparfum –, konnte er nicht verhindern, dass seine Finger zitterten. »Mein über alles geliebter Charles«, schrieb sie, »ich vermisse Dich schrecklich. Natürlich ist mir vollkommen klar, was die Expedition für Dich bedeutet, aber ohne Dich auszureiten, ist eben nur der halbe Spaß, egal, wie schön das Wetter ist und wie traumhaft die Landschaft. Wobei gemeinsame Ausritte ja nur eines von vielen Vergnügen sind, auf die ich ohne Dich schweren Herzens verzichten muss; Du weißt schon, was ich meine. Auch mein Vater spricht oft von Euren Jagdausflügen und wie sehr er sich darauf freut, wieder mit Dir zusammen Rebhühner und Fasanen zu schießen. Übrigens hat mich der junge James Biddulph – Du erinnerst dich bestimmt an ihn: der älteste Sohn des Pferdehändlers, hinter dem hier alle Frauen her sind – ganz überraschend zu einem Picknick eingeladen. Natürlich habe ich abgelehnt – niemals würde ich mit einem anderen Mann ausgehen als mit Dir. Ich hoffe, dass auch Du mir treu bist. Gewiss gibt es in den Häfen der Welt genügend Mädchen, die nur darauf warten, den Seeleuten den Kopf zu verdrehen. Aber ich habe volles Vertrauen zu Dir und sehne den Tag herbei, an dem ich Dich wieder in die Arme schließen kann.«

Darwin ließ den Brief sinken. Er spürte Übelkeit in sich aufsteigen. Vergeblich versuchte er, das Bild der nackten Inês Figuireda aus seinem Kopf zu verscheuchen und stattdessen an Fanny zu denken. Doch die Brasilianerin war stärker.

Um sich abzulenken, öffnete er das Päckchen, das auf den ersten Blick keine Absenderangabe aufzuweisen schien. Doch dann entdeckte er, unter der Verschnürung halb verborgen, Henslows Namen. Welch freudige Überraschung! Er schicke ihm anbei Herschels *Einführung in das Studium der Naturphilosophie* – wirklich sehr lesenswert! – sowie den zweiten Band von Lyells *Prinzipien der Geologie*, schrieb der Professor. Letzteren in der Gewissheit, dass er wohl unterscheiden könne, was gesichertes Wissen und was, wenn auch scheinbar einleuchtend, reine Spekulation sei. Im Übrigen seien sämtliche Präparate wohlbehalten in England angekommen. Nicht nur er selbst sei davon in höchstem Maße entzückt, sondern auch andere namhafte Experten wie der Ornithologe Gould, besagter Lyell und nicht zuletzt der weit über England hinaus berühmte Zoologe Richard Owen. Der habe sich unverzüglich darangemacht, die Säugetiere zu sezieren, und sogar schon ein paar Aufsätze über Darwins Entdeckungen veröffentlicht.

Dann folgten ein paar Ratschläge, wie Darwin Pflanzen und Tiere, ganz besonders Vögel und Fische, künftig noch besser präparieren solle, damit auf keinen Fall Teile der wertvollen Sammlung Schaden nähmen. Er möge, wo immer möglich, komplette Pflanzen und nicht nur Teile davon schicken, außerdem solle er bei den übersandten Vogelbälgen Ort und Umstände des Fangs auf einem um die Füße gebundenen Schildchen vermerken. Henslow schloss mit den unvermeidlichen Glückwünschen für die weitere Expedition und versicherte Darwin schließlich seiner unverbrüchlichen Hochachtung und Freundschaft.

Noch immer geisterte die dralle Tochter des Senhor Figuireda durch Darwins Gedanken. Widerwillig gestand er sich ein, dass die Vorstellung ihm durchaus angenehme Empfindungen bescherte. Er seufzte und nahm Lyells Buch zur Hand. Und tatsächlich gelang es ihm, sich derart in die faszinierenden Gedanken des weltweit führenden Geologen zu vertiefen, dass das Bild der über und unter ihm stöhnenden Brasilianerin nach und nach denjenigen von Steinen, Bergen, Gletschern und Fossilien Platz machte.

An einem Sonntagmorgen erschien Darwin zum ersten Mal nach seiner Begegnung mit den Affen wieder an Deck. Die Sonne war hinter hohen Schleierwolken nur wie durch Milchglas zu erahnen, eine milde nordwestliche Brise schob das schräg im Wasser liegende Schiff gleichmäßig vor sich her. Die Segel knarrten ihr monotones Lied. Ab und an spritzte schaumige Gischt über das Schanzkleid. FitzRoy begrüßte ihn überschwänglich, Sullivan klopfte ihm grinsend auf die Schulter. Usborne drückte ihm gleich beide Hände, und ein paar mit dem Fieren von Schoten beschäftigte Matrosen klatschten laut Beifall.

Prescott, der Bootsmann, trat auf ihn zu. Mit ihm hatte sich Darwin schon mehrmals eingehend über die Tier- und Pflanzenwelt Südamerikas unterhalten. Mit wichtiger Miene hielt er ihm ein Glas vors Gesicht. »Hier, sehen Sie mal.«

Darwin warf einen Blick auf das Gefäß. Darin trieb in einer trüben Flüssigkeit, vermutlich Weingeist, eine tote Schlange. »Eine Natter?«

Prescott strahlte. »Und was für eine!« Er öffnete das Glas, zog mit spitzen Fingern ein etwa zehn Zoll langes Reptil, bleistiftdünn und von graubrauner Farbe, heraus.

»Und?«

»Schauen Sie mal genau hin.«

Darwin griff nach der Tierleiche und inspizierte sie gründlich. »Hinterbeine!«, rief er lauter als beabsichtigt. »Eine Schlange mit Füßen! Stummelartig zwar, aber unverkennbar Füße.«

Er habe das Reptil während des Aufenthaltes der *Beagle* in Rio gefangen, verkündete Prescott strahlend. Gar nicht weit vom Hafen entfernt. Die Schlange habe versucht, unter dichtem Gesträuch zu entkommen, aber er sei schneller gewesen.

»In der Tat bemerkenswert«, sagte Darwin. »Wahrscheinlich eine Art Brückentier.«

Prescott bohrte mit dem Zeigefinger im Ohr, förderte etwas Krümeliges zutage, besah es kurz und schnippte es weg. »Eine Art was?«

»Eine Übergangsform zwischen zwei Tiergruppen. In diesem Fall zwischen einer Eidechse und einer Schlange.«

»Und das bedeutet?«

»Dass die Schlangen irgendwann aus den Echsen hervorgegangen sind. Dass sie ...«

Eine scharfe Stimme in seinem Rücken ließ ihn verstummen. »Reden Sie doch keinen Blödsinn, Mann!«

Er fuhr herum und blickte in FitzRoys wutverzerrtes Gesicht. Warum spazierte der nicht, wie sonst immer um diese Zeit, auf dem Achterdeck auf und ab?

»Nun ja«, stammelte Darwin verlegen. »Ist ja nur eine Vermutung.« Er zupfte sich am Ohrläppchen und sah FitzRoy ernst an. »Oder wie sehen Sie die Sache?«

»Totaler Quatsch! Echsen sind Echsen, und Schlangen sind Schlangen.«

»Und die hier?« Darwin hielt dem Kapitän das tote Reptil direkt vors Gesicht.

FitzRoy wich einen Schritt zurück. Seine Kiefer mahlten. Das sei eben eine ganz besondere Echse. Oder eine besondere Schlange. Ganz wie er wolle.

»Und wozu sollen die mickrigen Beinchen Ihrer Meinung nach gut sein?«

»Das dürfen Sie mich nicht fragen. Als Gott das Tier geschaffen hat, hat er sich mit Sicherheit etwas dabei gedacht.«

Darwin zuckte die Schultern. »Wenn Sie meinen ...« Jetzt bloß keinen Streit, ermahnte er sich und wandte sich ab.

Doch FitzRoy ließ ihn nicht gehen. »Sie genießen auf diesem Schiff mehr Freiheiten als jeder andere, Mr. Darwin«, stieß er mit zusammengezogenen Brauen und einem Schnarren in der Stimme hervor, das nichts Gutes verhieß. »Sie beanspruchen eine Menge Platz und bringen, mit Verlaub, das Bordleben ganz schön durcheinander. Aber dagegen will ich nichts sagen; schließlich war ich es selbst, der die Admiralität um einen naturkundlich bewanderten Begleiter ersucht hat. Und im Grunde sind Sie kein übler Kerl. Aber in letzter Zeit kommen mir da Dinge zu Ohren, die mir nicht gefallen.« Er räusperte sich ausgiebig. »Ganz und gar nicht gefallen sogar!«

Wie ein von seinem Vater getadelter Sohn blickte Darwin zu Boden. »Sie meinen ...?«

FitzRoys Stimme wurde schrill. »Sie wissen verdammt genau, was ich meine! Ich dulde nicht, dass auf meinem Schiff gotteslästerliche Parolen verbreitet werden. Merken Sie sich das! Der Herr hat die Erde geschaffen und alles, was auf ihr lebt. Und das auf eine wahrhaft wundervolle Weise, die uns mit Demut und Dankbarkeit erfüllen sollte. Wenn er diesem Tier zwei kleine Beine gegeben hat, dann aus seinem göttlichen Ratschluss heraus. Den haben wir Menschen nicht zu kommentieren und schon gar nicht zu kritisieren, sondern schlicht und einfach zu akzeptieren. Verstanden?«

Darwin nickte wortlos.

»Forschen Sie, so viel Sie wollen«, fuhr FitzRoy fort, immer noch so laut, dass alle Umstehenden jedes Wort verstehen konnten. Erst jetzt wurde Darwin sich der Stille bewusst. »Zerschneiden Sie Tiere und Pflanzen, wie es Ihnen beliebt. Von mir aus bedecken Sie jedes freie Eckchen mit Ihrem Gestein. Gegen all das habe ich nichts einzuwenden. Aber verschonen Sie mich und die Männer auf dieser Brigg gefälligst mit Ihren abstrusen Gedanken!«

Darwin wusste nicht, was er antworten sollte. FitzRoy war der Kapitän und damit unumschränkter Herrscher an Bord, daran war nicht zu rütteln. Ein Wort von ihm, und er befände sich schon morgen auf einem Schiff zurück nach England. Dort müsste er dann Henslow, Sedgwick und – viel schlimmer – seinem Vater unter die Augen treten. Das wollte, das durfte er nicht riskieren.

Er schluckte, nahm unwillkürlich Haltung an und zischte durch zusammengebissene Zähne: »Aye, aye, Sir.« Ruckartig wandte er sich ab und verließ, ohne sich noch einmal umzublicken, das Deck.

Von diesem Tag an war es mit der guten Beziehung zu FitzRoy vorbei. Er legte seine Mahlzeiten so, dass er sie alleine einnehmen konnte, und wenn es sich gar nicht vermeiden ließ, gemeinsam mit dem Kapitän an einem Tisch zu sitzen, schlangen beide ihr Essen in sich hinein, ohne auch nur ein einziges Wort miteinander zu wechseln. Mehr als einmal erwog Darwin, die *Beagle* zu verlassen, doch die Angst vor dem Spott seiner ehemaligen Professoren, seines Onkels Jos und seines Vaters war stärker als die Furcht vor dem Kapitän.

Der schien seit Neuestem sogar Spitzel einzusetzen. Wo immer Darwin sich mit einem der Offiziere oder Matrosen unterhielt, schlich in nächster Nähe auffällig unbeteiligt ein Mann herum, dessen Bemühen, möglichst viel von dem Gespräch aufzuschnappen, offenkundig war. Darwin vermied es fortan, sich zu Fragen zu äußern, die sich auf Tiere, Pflanzen oder Steine bezogen. Und in Lyells Buch las er nur noch, wenn er allein in seiner Kajüte war. Zwar vertraute er Stokes nach wie vor, aber sicher war sicher.

Der Einzige, dem er sich in seiner Not anvertraute, war Covington. Seit FitzRoy ihm den Jungen als persönlichen Assistenten an die Seite gestellt hatte, hatte der sich als vollkommen loyal und zuverlässig erwiesen. Dass Darwin mit dem Kapitän Streit gehabt hatte, war ihm natürlich nicht verborgen geblieben. Seither war er noch mehr als sonst bemüht, ihm jeden Wunsch von den Augen abzulesen.

»FitzRoy meint es nicht so«, erklärte er in wenig überzeugendem Tonfall. »Was Gott und die Bibel angeht, ist er nun einmal schrecklich stur. Da lässt er nicht mit sich reden, auch nicht über eine einzige Silbe.«

Darwin seufzte. »Ich hätte es wissen müssen.«

Eines frühen Morgens – die Dämmerung lag wie grauer Nebel über dem Meer – bekamen sie Land in Sicht. Wenige Stunden später liefen sie in die Magellanstraße ein. Hier sollte die *Beagle* Stokes zufolge umfangreiche Vermessungen vornehmen. Jedes Yard der Küste galt es kartografisch zu erfassen, die Größe jeder Insel, und sei sie noch so klein, exakt zu bestimmen. Untiefen waren auszuloten, Strömungen zu beschreiben und der Meeresboden in sämtlichen Buchten auf seine Eignung als Ankergrund zu überprüfen.

»Es dauert Monate, bis wir damit fertig sind«, sagte Stokes und fingerte einen Batzen Kautabak aus der verbeulten Dose, ohne die er nicht einmal aufs Klo ging. Von morgens bis abends arbeitete er nun an seinen Karten, und selbst nachts hörte Darwin ihn von Meerengen, Untiefen und Strömungsgeschwindigkeiten palavern.

Die nächsten Wochen lag die *Beagle* fast ständig vor Anker und änderte nur alle paar Tage einmal geringfügig ihren Standort. Im unablässig seine Richtung wechselnden Wind schwojete sie hin und her. Darwin, dessen Arm nur noch wehtat, wenn er nachts zu lange darauf lag, stellte zu seiner Freude fest, dass Covington bei der Konservierung und Katalogisierung der gesammelten Exponate hervorragende Arbeit geleistet hatte. Er selbst beschäftigte sich den größten Teil des Tages damit, an diversen selbst konstruierten Angelhaken Fische erstaunlicher Größen, Formen und Farben aus dem Meer zu ziehen und sie anschließend in stundenlanger Arbeit akribisch in ihre Bestandteile zu zerlegen. Er vermaß ihre Köpfe, Flossen und Kiemen, inspizierte den Inhalt ihrer Mägen – wobei so mancher Wurm in eines seiner Gläser wanderte –, beschrieb ihren Geruch sowie, roh und gekocht, ihren Geschmack. Er beschriftete Batterien gläserner und blecherner Behälter, in denen er ihre Augen, Herzen, Lebern und Därme aufbewahrte, und kritzelte seitenweise Aufzeichnungen in seine Notizbücher.

FitzRoy ging er nach wie vor aus dem Weg. Wenn sich einer der Männer an Bord nach seiner Arbeit erkundigte, tat er so, als sei er schrecklich in Eile. Er schrieb Briefe an seine Schwestern, an Henslow, Sedgwick, Onkel Jos und immer wieder an Fanny. Da er sich nicht sicher war, ob FitzRoy die Umschläge vor ihrer Übergabe an ein Postschiff vielleicht öffnete und den Inhalt kontrollierte, vermied er jedwede Andeutung auf die Frage, die ihm wie keine andere im Kopf herumging, die ihn tagsüber in stundenlanges Grübeln verfallen ließ und ihm nachts den Schlaf raubte: Wie hatte sich die ungeheure Vielfalt an Pflanzen und Tieren, an Land, zu Wasser und in der Luft, entwickelt?

Mitte Dezember 1832 verließ die *Beagle* die Magellanstraße in östlicher Richtung und durchsegelte zwei Tage später die Meerenge von Le Maire. Nur einige Meilen entfernt, zu ihrer Linken, erkannten die Männer im Dunst die zerklüfteten Felsen der Isla de los Estados und zur Rechten Feuerland, den südlichsten Zipfel Amerikas. Am frühen Morgen des folgenden Tages warfen sie in der Bay of Good Success Anker, jener Bucht, wo rund sechzig Jahre zuvor der berühmte Abenteurer James Cook auf seiner ersten Südseereise Station gemacht hatte. Obwohl hier, nicht weit von der Antarktis entfernt, Hochsommer herrschte – die Sonne stand jetzt um kurz nach vier schon hoch am Himmel –, war es bitterkalt. Zwei bis drei Grad Celsius höchstens, schätzte Darwin und zog sich die Fellmütze tiefer ins Gesicht.

Über die kargen, mit grobem Gras und niedrigen Büschen bewachsenen Hügel blies ein böiger Westwind Wolkenfetzen aufs Meer hinaus. Weiter im Landesinneren erkannte man dichte Laubwälder, aus denen runde, von Wind und Regen glatt geschliffene Felsrücken ragten. Hier hatte FitzRoy vor sechs Jahren die drei Feuerländer – York Minster, Jemmy Button und Fuegia Basket – an Bord genommen. Und hier wollte er sie, zusammen mit Matthews, dem Missionar, jetzt wieder an Land setzen.

»Rauch«, verkündete Sullivan, der mit dem Fernrohr die Küstenlinie absuchte. Er deutete schräg voraus. »Da, wo sich der Wald den Berg hinaufzieht, brennt etwas.«

Eine Stunde später saß Darwin zusammen mit dem Zweiten Offizier, Covington, Matthews und den drei Feuerländern im Boot. Noch nie war er York Minster so nahe gekommen. Der hatte sich schützend vor Fuegia Basket gesetzt. Mit dem Gesichtsausdruck eines gereizten Gorillas starrte er die Männer der *Beagle* an. Als sie sich dem Ufer näherten, erkannten sie, dass sie erwartet wurden. Auf nackten, mit graugrünen Flechten gesprenkelten Steinen, die immer wieder von heranrollenden Wellen überspült wurden, stand eine Gruppe von etwa acht bis zehn Männern, wie Darwin noch keine gesehen hatte.

Abgesehen von einem über die Schulter geworfenen, mit einem Band um den Hals gehaltenen Robbenfell waren sie splitternackt. Vorne reichte ihnen der Umhang nicht einmal bis zum Nabel, hinten knapp bis zur Mitte des Rückens. Einer trug zusätzlich noch eine Art Lendenschurz aus schmutzig grauen Pflanzenfasern, der mehr erkennen ließ als er verbarg. Die groben, von platten Nasen beherrschten Gesichter verschwanden fast vollständig hinter einem Wust fettiger schwarzer Haare. Ohne im Geringsten so etwas wie eine Frisur erkennen zu lassen, hingen sie fransengleich rings um den Schädel herab. Als einer der Männer seine Mähne ein wenig zur Seite schob, erkannte Darwin zwei breite Streifen, die sich quer über das Gesicht zogen: einer hellrot, der andere gelblich weiß. Sein Nachbar, mager und krumm, schien sich den Kopf mit Asche eingerieben zu haben. Ein weiterer war über und über mit schwarzer Farbe – Ruß, vermutete Darwin – bemalt.

Kaum waren Darwin und seine Begleiter aus dem Boot gestiegen, als die Eingeborenen auch schon begannen, heftig zu gestikulieren. Dabei stießen sie glucksende Laute aus, ähnlich denen, die manche Menschen beim Hühnerfüttern von sich geben, um das Federvieh anzulocken. Sullivan zog vorsichtshalber seine Pistole aus dem Gürtel, Covington und Darwin taten es ihm nach. Doch obwohl ihnen die Feuerländer mit Gesichtern entgegenblickten, in denen sich Neugierde und Überraschung mit unverhohlener Wut und Angriffslust mischten, und obschon jeder von ihnen, deutlich sichtbar, eine Steinschleuder bei sich trug, machten sie keine Anstalten, handgreiflich zu werden. Offenbar hatten sie auf den ersten Blick ihre Landsleute erkannt. Der Mann mit dem Lendenschurz – vermutlich so etwas wie der Anführer – trommelte sich mit der Faust mehrmals auf die nackte Brust. Ohne den Mund zu öffnen, gab er ein tiefes Brummen von sich. Dann trat er auf York, Jemmy und Fuegia zu und überschüttete sie mit einer Flut grunzender Laute, wie gereizte Wildschweine sie ausstoßen.

Sullivan wandte sich an Jemmy: »Was will er?«

Der Junge zuckte die Schultern. »Ich nicht verstehen. Nicht von mein Stamm.«

»Matthews, geben Sie ihnen die Geschenke«, befahl Sullivan.

Der Missionar nickte. »Aye, aye, Sir.«

Unter seiner Jacke zog er ein Bündel roter Tücher hervor und reichte es dem ihm am nächsten stehenden Feuerländer. Der war sofort von seinen Landsleuten umringt. Mit lauten Ausrufen rissen sie ihm die Stoffbahnen aus der Hand und wickelten sie, sichtlich entzückt, um ihre Köpfe. Sullivan schenkte jedem zwei glitzernde Uniformknöpfe, die sie sich – offenbar hielten sie sie für Leckereien – unverzüglich in den Mund stopften. Schließlich verteilte Darwin noch großzügig Kupfernägel, die FitzRoy zufolge bei den Eingeborenen besonders hoch im Kurs standen. Tatsächlich erschien auf einigen Gesichtern so etwas wie ein Lächeln. Ohne lange zu überlegen, stachen sie die Nägel, Broschen gleich, durch ihre Robbenfelle und stolzierten damit wichtigtuerisch auf und ab.

Inzwischen hatten ein paar Feuerländer Yorks, Jemmys und Fuegias kupferfarbene Haut einer gründlichen Inspektion unterzogen und sie definitiv als Landsleute identifiziert, über die sie nach Gutdünken verfügen durften. Wortlos packten sie sie, drehten ihnen die Arme auf den Rücken – bei York Minster waren dazu drei kräftige Kerle erforderlich – und zerrten sie mit sich fort. Die Proteste der *Beagle*-Männer überhörten sie kurzerhand. Gleich darauf waren sie hinter dichtem Gebüsch verschwunden.

»Los, Matthews«, rief Sullivan. »Ihnen nach! Oder kneifen Sie jetzt, wo es ernst wird?«

Matthews nahm seinen Strohhut vom Kopf und schüttelte die rotblonde Mähne. Nein, das komme überhaupt nicht infrage. Umständlich drückte er seinen Begleitern einem nach dem anderen die Hand. Also, dann wolle er mal. Er räusperte sich und zog geräuschvoll die Nase hoch. Dann setzte er sich entschlossen den Hut wieder auf, packte die Behälter mit seinen Utensilien und stapfte hinter den Eingeborenen her.

»Nun ja«, sagte Sullivan, »das war schließlich der Zweck des Ganzen. Er hat es selbst so gewollt. Spätestens, wenn wir wieder an Bord sind, haben wir ohnehin keinen Einfluss mehr darauf, was sie mit ihm machen.«

Darwin nickte. »Ich würde gern mit Covington einen kurzen Ausflug ins Landesinnere unternehmen. Da gibt es mit Sicherheit jede Menge interessanter Tiere und Pflanzen, vom Gestein gar nicht zu reden. In den Bergen vielleicht sogar etwas Fossiles.«

»Kommt überhaupt nicht infrage!« Sullivan schüttelte energisch den Kopf. »Nicht ohne FitzRoys ausdrückliche Genehmigung.«

»Also gut, dann zurück zur *Beagle*«, brummte Darwin mürrisch. Der Gedanke an die bevorstehende Begegnung mit dem Kapitän stimmte ihn alles andere als heiter.

Doch dann war alles nur halb so schlimm. Zwar empfing FitzRoy ihn nicht gerade freundlich und schon gar nicht mit der Liebenswürdigkeit vergangener Tage, doch er verhielt sich korrekt und vorschriftsmäßig. In starrer Haltung hörte er sich Darwins Anliegen an, nickte ein paarmal wortlos und erteilte dann seine Erlaubnis, an die er zwei Bedingungen knüpfte: Ein dritter Mann musste mit, und alle drei hatten mit einem Gewehr und zwei Pistolen bewaffnet zu sein.

»Gefährliche Gesellen hier«, sagte er knapp. »Umarmen dich vorne und rammen dir hinten ein Messer zwischen die Rippen. Passen Sie gut auf sich auf.«

Na immerhin, dachte Darwin und überlegte, woher die Eingeborenen Messer haben mochten. Er bedankte sich und fragte King, ob er wieder mitkommen wolle. Der schien ehrlich erfreut, und zwei Stunden später ließen Darwin, Covington und King sich von vier Matrosen an Land rudern. Die See war ruhig wie ein Dorfteich, sodass Darwin nicht, wie sonst, einige Zeit brauchte, um seinen Schwindel zu überwinden.

Diesmal war das Ufer menschenleer. Auch als sie vorsichtig auf morastigem Torf ins Landesinnere vordrangen, begegnete ihnen keine Menschenseele. Auf Feuerländer stießen sie erst drei Stunden später, als sie nach Umrunden eines steil aufragenden Berges – Katers Peak, wie Darwin der grob gezeichneten Karte entnahm – auf eine mit lockerem Gesträuch bewachsene Ebene traten.

Schon aus einiger Entfernung vernahmen sie die glucksenden Geräusche, die ihnen von ihrem ersten Zusammentreffen mit den Eingeborenen her vertraut waren. Die Töne schienen hinter einer Hecke hervorzukommen, und als sie näher kamen, erkannten sie auch eine dünne Rauchfahne. Tatsächlich stand da eine Art Hütte, in Form und Größe einem Heuschober nicht unähnlich. Ihr Aufbau konnte nicht mehr als ein paar Stunden gedauert haben. Sie hatte einen annähernd quadratischen Grundriss von etwa vier mal vier Yards und Wände aus abgebrochenen, lieblos in die Erde gesteckten Ästen, zwischen die ein paar dünne Zweige mit vertrockneten Blättern geflochten waren. Nicht minder einfach konstruiert war das Dach. Darwin bezweifelte, dass es die Insassen bei Regen – hierzulande wahrlich keine Seltenheit – mehr als ein paar Minuten trocken hielt. Es gab keine Fenster und keine verschließbare Tür, nur einen schmalen Einlass auf der windabgewandten Seite.

Offenbar hatte ein Wachposten ihr Kommen gemeldet. Ein Mann unbestimmbaren Alters, der Darwin bekannt vorkam, trat ins Freie. Seinem gleichmütigen Gesichtsausdruck zufolge hatte er mit dem Auftauchen der weißen Männer gerechnet. Als sie auf seinen Wink näher traten, sahen sie, dass er um den Hals eine Art Schal trug, möglicherweise aus dem roten Stoff, den sie am Strand verteilt hatten. Allerdings war die Farbe vor lauter Schmutz nur zu erahnen. Vorsichtshalber schloss Darwin die Finger um den Griff der Pistole in seiner Tasche. Das Gewehr ließ er als Zeichen ihrer friedlichen Gesinnung auf dem Rücken.

Das Innere der Hütte war noch erbärmlicher als ihr Äußeres. Die ganze Einrichtung bestand aus einer dünnen Schicht verdorrten, im Moment jedoch vollkommen durchnässten Grases. Es roch intensiv nach Rauch, Urin und Exkrementen. In einer Ecke kauerten neben einem mickrigen Feuer, das im Begriff war, leise zischend zu verlöschen, fünf jämmerliche Gestalten: zwei Männer mit dem obligatorischen Robbenfell über der Schulter und drei Frauen, gänzlich nackt. Darwin blickte verschämt zu Boden, doch dann gab er sich einen Ruck und sah dem Elend tapfer ins Gesicht.

Die Haut der Frauen schien von rostroter Farbe zu sein, genau ließ sich das nicht erkennen. Beim Anblick der Besucher stießen sie ein jämmerliches Quaken hervor, das unwillkürlich an verängstigte Entenküken denken ließ, und rückten näher zusammen. Die Männer blieben, wo sie waren, und stierten trotzig vor sich hin. Offenbar hatten Darwin und seine Begleiter sie gerade bei einer Mahlzeit gestört, denn sie hielten Knochen in ihren Händen, von denen sie das rohe Fleisch abnagten. Auf dem Boden lag eine zerbrochene Muschel mit ein paar verschrumpelten Beeren darin.

Eine der drei Frauen – den tiefen Falten nach die älteste – schüttete drei Früchte in ihre schwielige Hand und streckte sie Darwin entgegen. Der lehnte dankend ab, murmelte, er habe gerade gefrühstückt – den Zusatz »reichlich« verkniff er sich taktvoll –, und schenkte jedem der Insassen einen blanken Kupfernagel. Der löste allgemeine Begeisterung aus. Stolz bohrten die Männer ihn in ihr Fell, und die Frauen steckten ihn sich kichernd in die verfilzten Haare.

King verteilte großzügig bunte Glasperlen, die ihm von den Feuerländern mit Lauten höchsten Entzückens aus der Hand gerissen wurden. Und auch Covington ließ sich nicht lumpen. Mit formvollendeter Verbeugung und einer feierlichen Miene, als handele es sich um teuerste, handgewebte Seide, überreichte er jeder der traurigen Gestalten ein paar Fetzen von einem ausgedienten Segel der *Beagle*.

»Erbärmliche Gesellen«, sagte Darwin zu Covington, als sie durch knöcheltiefen Morast dem nahen Wald entgegenwateten. »Hätte nie geglaubt, dass es derart primitive Menschen gibt. Schlafen auf der nackten Erde und lassen sich klaglos vom Regen durchnässen. Mir scheint, der Unterschied zwischen ihnen und unsereins ist größer als der zwischen einem wilden und einem domestizierten Tier.«

Covington schüttelte sich angewidert. »Gleichen eher Orang-Utans als Menschen. Nagen wie Hunde rohes Fleisch von Knochen. Ich bin sicher, wenn das Essen knapp wird, fressen sie sich gegenseitig auf.«

King nickte. »Wir müssen auf der Hut sein. Sonst landen wir am Ende noch im Kochtopf.« Er drehte sich um und ging ein paar Schritte rückwärts.

Covington zog die Stirn kraus. »Was wird das, wenn es fertig ist?«

»Ein Verhinderungszauber. Stammt von afrikanischen Buschmännern. Wenn man rückwärts geht und dabei ganz fest an etwas denkt, tritt es nicht ein.«

Darwin schüttelte irritiert den Kopf. »So was wie Kochtöpfe gibt's bei denen nicht. Vermutlich würden sie uns einfach in Stücke reißen und roh hinunterschlingen.« Er blieb stehen und starrte gedankenverloren ins Leere. »Man könnte glauben, die Eingeborenen wären bei der Entwicklung zum zivilisierten Menschen auf einer der untersten Stufen stehen geblieben.«

King runzelte die Stirn. Was er damit sagen wolle?

»Ach nichts.« Darwin winkte ab. »Nur so eine Idee.«

Ob er derlei Gedanken künftig vielleicht bei sich behalten könne, fragte King.

Im Wald kamen sie nur mit größter Mühe voran. Pfade gab es nicht, und überall versperrten ihnen Felsen und umgestürzte Bäume den Weg. Sie rissen sich an stacheligen Ranken die Hände blutig, verfingen sich in Wurzeln, die nach ihren Beinen zu schnappen schienen, und schlitterten glitschige Abhänge hinunter. Darwin war froh, dass sie keine Pferde dabeihatten. An den wenigen Stellen, an denen sie Halt fanden, füllten sie ihre Trommeln mit einer Fülle unterschiedlicher Pflanzen und all jenen Kleintieren, die zu träge oder zu arglos waren, um zu fliehen. Gegen Mittag erreichten sie den Fuß eines Berges.

»Da hinauf«, sagte Darwin und fragte sich im selben Augenblick, was er eigentlich oben wollte.

Gleich darauf verfluchte er seine Anordnung. Auf den steilen Rampen war der Matsch noch zäher und ganz besonders glitschig.

King keuchte. »Wie auf einem krängenden Schiff mit einem Deck voll Schmierseife.«

Selten gehend, oft auf allen vieren kriechend und einen Großteil des Anstiegs bäuchlings robbend, erreichten sie schließlich den Gipfel. Nachdem sie sich mit dem zum Trinken bestimmten Wasser notdürftig den Dreck aus den Gesichtern gewaschen hatten, blieb nur noch wenig übrig, um den Durst zu stillen.

»Schauen Sie mal, Mr. Darwin«, sagte Covington. Zwischen Daumen und Zeigefinger zerrieb er ein Stück porösen Gesteins. »Sieht aus wie Muscheln.«

»Sieht nicht nur so aus, sondern ist auch so.« Darwin stand auf und unterzog den Fels einer genauen Untersuchung, zerbröselte ihn zwischen den Fingern, roch daran und kaute ein kleines Stück zu Brei. »Eine Schicht Muscheln, offensichtlich mariner Natur, in dieser Höhe. Erstaunlich.«

»Wie sind die denn hierher gekommen?«, fragte King.

Die hat Gott in seinem famosen Ratschluss hochgeschleppt,

wollte Darwin schon antworten. Doch im letzten Moment biss er sich auf die Zunge. »Keine Ahnung. Ich werde auf jeden Fall einen Brocken mitnehmen.« Nachdenklich betrachtete er die Krümel in seiner Hand. »Fest steht, dass Muscheln nicht fliegen können. Also muss hier oben einmal Meer gewesen sein. Auf dessen Boden haben sie sich angesammelt, zu der dicken Schicht, die wir vor uns sehen.«

Covington runzelte die Stirn. »Können Sie mir erklären, welche Kraft das Gestein so weit angehoben hat?«

»Jedenfalls kein Vulkan. Sonst müsste es hier überall Lava geben. Und ein Erdbeben vermutlich auch nicht. Das hätte die Muscheln eher nach unten gesogen, sodass sie verschwunden wären. Offen gestanden, ich weiß es nicht. Ich werde das Gestein an Professor Sedgwick schicken und ihm schreiben, in welcher Höhe wir es gefunden haben. Vielleicht ist er ja schlauer.« Sorgfältig schlug er einen Brocken ab und ließ ihn vorsichtig in seinen Rucksack gleiten. »Was auch immer der Grund sein mag, dass die Muscheln hierher gelangt sind, sie liegen mit Sicherheit nicht erst seit gestern da.«

Wie er das zu verstehen habe? King klang misstrauisch.

»Wenn es um das Alter der Erde geht«, sagte Darwin, »dürfen wir nicht in Jahrtausenden, ja, nicht einmal in Jahrhunderttausenden rechnen. Sehen Sie sich doch einmal die Bergspitzen der Umgebung an. Bis Wind und Regen die dermaßen platt geschliffen haben, das dauert Jahrmillionen. Und bis die Muscheln hier oben angekommen sind oder das Meer da unten, sind mit Sicherheit auch mehr als ein paar Jahre vergangen.«

Plötzlich fiel Darwin auf, dass das Licht weg war. Auch Covington und King blickten erschrocken zum Himmel. Dicke Wolken, schwarz und bedrohlich, hatten die Sonne verdunkelt. Immer tiefer kamen sie herangesegelt, und gleich darauf konnte Darwin seine beiden Begleiter nicht mehr voneinander unterscheiden. Dann öffnete sich die Hölle. Nicht einmal zehn Sekunden hielt sich der Regen mit harmlosem Getröpfel auf, dann legte er richtig los. Aber was hieß schon

Regen? Was da über die Männer hereinbrach, war kein Guss, kein Wolkenbruch – das war ein Wasserfall. In weniger als einer Minute waren sie bis auf die Haut durchnässt. Ihre breitkrempigen Hüte erwiesen sich als nutzlos, da nur ein geringer Teil des Wassers von oben kam. Die weitaus größere Menge trieb ihnen ein wütender Wind horizontal entgegen. Wie Peitschenhiebe klatschten ihnen die Wassermassen ins Gesicht.

Von Wind konnte allerdings schon bald keine Rede mehr sein. Übergangslos verwandelte er sich in einen Sturm, dann in einen Orkan, einen Hurrikan.

»Verdammt!« Covington schrie laut auf. »Steine!«

Im selben Moment wurde auch Darwin von etwas Hartem an der Schulter getroffen. In den Regen hatten sich walnussgroße Hagelkörner gemischt. Geschossen gleich flogen sie heran und prallten den Männern mit Wucht gegen Kopf und Körper. Wie auf Kommando rissen sie die Arme hoch und pressten die Hände schützend vor ihre Gesichter.

»Die Dinger schlagen uns tot!«, brüllte King. »Los, hinter den Busch dort!«

Doch mit dem Schutz war es nicht weit her. Kamen sie den Zweigen zu nahe, schlugen die ihnen brutal ins Gesicht; hielten sie Abstand, besorgten das die Hagelkörner. Als Darwin sich das Wasser aus den Augen wischte, merkte er, dass er blutete. Auch seinen Gefährten strömten rote Bäche die Wangen hinab. Einen kurzen Augenblick glaubte er, den Höhepunkt des Unwetters überstanden zu haben, doch dann steigerten sich Wind, Regen und Hagel zu einem tosenden Inferno. Bäume knickten wie Schilfhalme, armdicke Äste flogen durch die Luft, und als King kurz über den Rand des Busches spähte, riss ihm eine mächtige Bö den Hut vom Kopf. Gleich darauf flogen die ersten Pflanzenbehälter davon, gefolgt von zwei Metalltrommeln mit seltenen Käfern und einem Fernrohr, von dem Darwin gedacht hatte, er hätte es fest an seinem Rucksack verzurrt.

Genauso plötzlich, wie er begonnen hatte, war der Spuk vorbei. Von einer Sekunde auf die andere war der Regen nur noch Wasser, der Sturm nur noch Wind. Die Wolken verzogen sich aufs Meer, die Sonne kehrte scheinheilig zurück, als ob nichts gewesen wäre. Die Männer wischten sich Dreck und Blut aus dem Gesicht. Sie kippten das Wasser aus ihren Stiefeln, entledigten sich ihrer Kleider, wrangen sie aus und stiegen wieder hinein. Dann suchten sie die Umgebung gründlich, aber erfolglos nach den verwehten Utensilien ab.

Beim Abstieg – weit mehr ein Rutschen als ein Steigen – stießen sie auf eine nahezu kreisrunde Lichtung von etwa achtzig Yards Durchmesser, die bis auf wenige grüne Stellen mit grauschwarzem Geröll bedeckt war. Es sah aus, als hätte sich ein Riese einen Spaß daraus gemacht, Felsen in Abertausende von Splittern zu zertrümmern. Die Spalten zwischen den Steinen hatte der Wind mit Erde gefüllt, in der ein paar spärliche Kräuter verzweifelt Halt suchten. Endlich einmal kein Matsch und Schlamm, dachte Darwin. Langsam richtete er sich auf und trat vorsichtig von einem Felsbrocken auf den nächsten.

Plötzlich blieb er stehen. »Was ist das?«

Aus dem Boden, zwischen zwei schwarz gesprenkelten Steinen, ragte etwas Helles. Er bückte sich und machte King und Covington ein Zeichen, ebenfalls anzuhalten. Behutsam schoben sie das Geröll um das merkwürdige Gebilde zur Seite und trugen mit ihren Messern ein wenig Erdreich ab. Zum Vorschein kam ein riesiger knöcherner Schädel, größer als jedes Fossil, das Darwin bislang gesehen hatte. Er war sicher über drei Fuß lang und etwa zwei Fuß breit, hatte eine gewaltige, wulstige Stirn, kohlkopfgroße, tief liegende Augenhöhlen und einen mächtigen Oberkiefer, in dem zwei Zähne von den Ausmaßen eines Ziegels steckten.

Das könne nur eines sein, stieß Darwin keuchend hervor: der Schädel eine Megatheriums.

»Eines was?« Mit der Messerspitze kratzte Covington klumpige Erde aus dem Hinterhauptsloch des Ungetüms.

»Megatherium, ausgestorbenes Riesenfaultier. War über zwanzig Fuß hoch. Aus meiner Zeit in Cambridge weiß ich, dass sich das einzige Exemplar, das man in Europa bestaunen kann, in der Königlichen Sammlung in Madrid befindet. In England gibt es bislang noch keines.« Er strich dem klobigen Schädel verzückt über die Stirn. »Vielleicht bist du ja das erste.«

Während Darwin das Fossil vorsichtig in eine tropfnasse Decke hüllte und mit kräftigen Bändern verschnürte, suchten Covington und King auf sein Geheiß hin die Umgebung nach weiteren Skelettresten ab. Stundenlang wälzten sie Steine beiseite, rissen Kräuter aus Felsspalten und buddelten im Dreck. Und tatsächlich: Nicht weit vom Fundort des Schädels stießen sie auf zwei mächtige Knochen, die sie auf den ersten Blick für verwitterte Baumstämme gehalten hatten. Dann fanden sie ein paar Rückenwirbel und würfelförmige Gebilde, die Darwin mit einigem Vorbehalt als Fußwurzelknochen identifizierte. Den Unterkiefer, auf den er es ganz besonders abgesehen hatte, entdeckten sie nicht.

An Bord wurden die Männer von Usborne empfangen. Misstrauisch wies er mit dem Kinn auf das große Paket, das Covington und King an Bord hievten. »Was ist da drin?«

Darwin lachte. »Ein Kopf. Wollen Sie mal sehen?«

Der Erste Offizier zog die Augenbrauen zusammen. Man möge ihn nicht veralbern. Er habe anständig gefragt und daher ja wohl das Recht auf eine anständige Antwort.

Wortlos entfernte Darwin die Decke. Gleich darauf war das mächtige Fossil von etwa zwanzig Männern umringt, die sich ebenso vergnügt wie erstaunt in die Seiten stießen.

»Der Schädel eines Megatheriums«, erklärte Darwin. »Eines riesigen Faultiers. Hat einst Patagonien und Feuerland bevölkert.« Er grinste Usborne spitzbübisch an. »Aber keine Angst. Es frisst nur Grünzeug. Außerdem fehlt ja ohnehin der Unterkiefer.«

»Schaffen Sie's weg!«, rief der Erste Offizier. »Und zwar auf der Stelle!« Die umstehenden Männer feixten.

»Aye aye, Sir.« Gemeinsam mit Covington schleppte Darwin den Schädel durch die Niedergangsluke nach unten.

Dort begegnete ihnen Matthews.

Darwin stutzte. »Sie hier?«

Der Missionar ließ seinen Blick über das Megatherium gleiten, sagte aber nichts dazu. Er schluckte krampfhaft und zupfte nervös an seinem Ohrläppchen. »Ja, Gott sei Dank.« Dann berichtete er, wie es ihm bei den Feuerländern ergangen war. Zuerst hätten sie ihm all seine Habseligkeiten abgenommen. Dann habe er sich nackt ausziehen müssen und nicht mehr als einen dreckigen Lappen zur Bedeckung seiner Blöße bekommen. Das alles habe er noch über sich ergehen lassen; schließlich habe er gewusst, worauf er sich einließ. Aber dann habe man ihn überall betastet – »Und wenn ich überall sage, meine ich überall« –, und er habe immer mehr das Gefühl gehabt, als saftiger Braten vorgesehen zu sein.

Wieder zog er ausgiebig an seinem Ohrläppchen. »Ich weiß, ein Christ darf nicht lügen. Aber es war meine einzige Chance. Ich habe ihnen erzählt, der größte Teil meiner Sachen befinde sich noch an Bord der *Beagle*. Ob sie mir helfen würden, das Zeug an Land zu holen. Und ob sie das wollten! Mir noch geschwind mein Hab und Gut zu stehlen, bevor ich gekocht oder gebraten würde, klang natürlich verlockend. Also haben sie mich hergerudert. Sie glauben nicht, wie froh ich war, wieder an Bord zu sein.«

Doch, das glaube er gerne, erwiderte Darwin. »Und Ihre Mission?«

»Die muss ich wohl als gescheitert betrachten. Keine zehn Pferde bringen mich noch mal da rüber. Lieber bleibe ich bis ans Ende meiner Tage ein einfacher Seemann.«

Einen knappen Monat später verließ die *Beagle* die Bay of Good Success. Unter halben Segeln umrundete sie ein schroffes Kap und warf wenige Stunden später ein Stück weiter westlich Anker, in einer schmalen, fjordähnlichen Bucht. Hier sollten die kartografischen Arbeiten etwa zwei Wochen dauern. Für Darwin eine willkommene Gelegenheit, jeden Zoll des urzeitlichen Schädels penibel zu reinigen, auszumessen und zu beschreiben. Mehr als einmal fluchte er. Warum konnte er nicht einmal einfache Strukturen so abzeichnen, dass man sie ohne zu raten erkannte? Seine Schwester Susan skizzierte mit wenigen Strichen einen Hund, ein Pferd oder einen Vogel, in jeder beliebigen Stellung und bei jeder denkbaren Tätigkeit. Und niemand fragte, was das denn sein solle. Gerne hätte er sich mit den gesammelten Pflanzen und Tieren beschäftigt, aber die hingen mitsamt ihrer Behältnisse irgendwo im Wald von Katers Peak. Also schrieb er einen langen Brief an Sedgwick, in dem er so präzise, wie es seine Erinnerung zuließ, die Umstände des Megatheriumfundes darlegte. Außerdem wies er auf die Muschelschicht hin, auf deren Lage so hoch in den Bergen er sich keinen Reim machen könne. Festzustehen scheine, dass sich entweder der Meeresspiegel gesenkt oder das Festland aus dem Wasser erhoben habe. Er kramte in seinem Rucksack und seufzte erleichtert, als er unter einem durchnässten Notizbuch noch einen Brocken des krümeligen Gesteins fand. Den würde er bei nächster Gelegenheit zusammen mit dem Schädel, den anderen Präparaten und nicht zuletzt den vielen Briefen, die sich in einem Holzkästchen stapelten, nach England schicken.

Eines Abends – er bemühte sich gerade, dem Geigenspiel seines Assistenten in der Fähnrichsmesse etwas abzugewinnen und beim Mitklatschen nicht ständig aus dem Takt zu geraten – hörte er, wie die Seeleute an Deck gerufen wurden. Zwei Boote kämen vom Festland herüber, hieß es gleich darauf.

»Nicht ausgeschlossen«, sagte Stokes, »dass sie es auf Matthews abgesehen haben.«

Als Darwin an Deck erschien, hatte FitzRoy bereits eine Reihe Scharfschützen an der Reling postiert und eine Kanone gefechtsklar machen lassen. Doch die Vorsichtsmaßnahmen erwiesen sich als unnötig. Als das vordere Boot auf Rufweite herangekommen war, erhob sich in seinem Bug ein Mann. Er war auffallend groß und hager und wie alle anderen von oben bis unten mit Dreck beschmiert. Sein struppiges schwarzes Haar hing ihm wirr um den Kopf, und außer dem obligatorischen Robbenfell trug er nichts am Leib.

Plötzlich stieß Bynoe einen erschrockenen Ruf aus: »Großer Gott! Das ist ja Jemmy! Himmel, wie sieht der ...« Er hielt mitten im Satz inne und sah ängstlich zu FitzRoy hinüber.

Der runzelte die Stirn. Den großen Gott und den Himmel verbitte er sich in diesem Zusammenhang. Ob das klar sei?

Bynoe nickte betroffen. Die Worte seien ihm in seiner Aufregung so herausgerutscht.

Ein paar Minuten hoffte Darwin, der Arzt habe sich getäuscht. Doch dann gab es keinen Zweifel mehr. Nach und nach erkannten auch die anderen Männer den jungen Feuerländer, der noch vor Kurzem, proper und wohlgenährt, kein Stäubchen auf seinen Schuhen geduldet und mit Vorliebe schneeweiße Handschuhe getragen hatte. Als Jemmy das Fallreep heraufstieg, schluckte Darwin krampfhaft. Was da an dem abgemagerten Körper des Jungen klebte, war zweifellos nicht nur Dreck, sondern auch jede Menge eingetrocknetes Blut. Dicke Striemen zogen sich über Bauch, Brust und Rücken.

»Meine Güte!«, rief Bynoe – gegen »Güte« konnte FitzRoy ja wohl nichts einzuwenden haben. »Was haben sie denn mit dir gemacht?«

Jemmy hielt sich die Hände vor die Blöße. Verlegen lächelnd zuckte er die Achseln. »Nicht schlimm.«

»Du blutest.«

»Paar Hiebe mit Stock, mehr nicht.« Nur zögernd ließ er sich zu einer Erklärung herab. Man habe ihm, York und Fuegia die Schuld an Matthews' Verschwinden gegeben. Habe ihn dafür bestraft. Jeden Tag Schläge, wochenlang. York Minster hätten seine Landsleute auch schlagen wollen, aber der habe dem ersten, der ihm zu nah gekommen sei, die Nase zertrümmert und dem zweiten einen Finger abgebissen.

»Und Fuegia?«, fragte Bynoe. Voller Abscheu betastete er Jemmys Striemen.

»Nur ein Tracht Prügel und drei Tag nicht essen. Geht wieder gut.«

»Du musst an Bord bleiben«, schaltete sich FitzRoy ein. »Ich kann nicht verantworten, dich zurückzuschicken. Deine Landsleute schlagen dich tot.«

»Nicht, wenn Matthews mitgehen«, sagte Jemmy. »Darum herkommen. Und weil Abschied für immer.«

»Herr Kapitän ... Sir ...«, stammelte der Missionar, der mittlerweile hinzugetreten war, und riss sich fast das rechte Ohrläppchen ab. »Bei allem Respekt, aber tun Sie mir das nicht an.«

FitzRoy warf ihm einen eisigen Blick zu und fragte schnarrend, ob Matthews ihn für einen Mörder halte.

Dann redeten alle auf Jemmy ein. Er habe sich doch an Bord wohlgefühlt. Und englisch spreche er auch ganz passabel. Wenn er sich anstrenge, könne man aus ihm mit Sicherheit einen tüchtigen Seemann machen. Er bekäme anständige Kleidung und stets reichlich zu essen. Und an Covingtons Gefiedel habe er doch auch immer viel Spaß gehabt.

Jemmy schüttelte den Kopf und deutete über die Bordwand auf eines der Boote. »Mein Frau. Bald. Ich nicht allein lassen.«

Alle Blicke richteten sich auf den klapprigen Kahn, der träge in der Dünung schaukelte. Tatsächlich kauerte auf dem Dollbord eine schmale Gestalt, unverkennbar zierlicher als die übrige Besatzung. Sie hielt ihr Gesicht abgewandt, aber Darwin war sich sicher, dass sie selbst, wenn sie heraufsähe, nicht eindeutig als weiblich zu identifizieren wäre.

»Mein Leute nicht glauben, Matthews mit mir kommen«, fuhr Jemmy stockend fort. »Mich deshalb bestimmt nur leicht hauen. Schnell vergessen. Dann ich heiraten. Später großer Mann.« Er schlug sich ein paarmal mit den Fäusten auf die Brust. »Weiß viel, was Feuerlandmänner nicht wissen. Ihnen zeigen, dann sicher bald Häuptling.«

FitzRoy zuckte die Schultern. »Ich kann Jemmy nicht gegen seinen Willen an Bord festhalten. Aber ich bestehe darauf, dass der Junge sich richtig satt isst, bevor er das Schiff endgültig verlässt.« Er zog geringschätzig die Mundwinkel herab. »Vielleicht das letzte Mal in seinem Leben.«

Galapagos

Beim Versuch, Kap Hoorn zu umsegeln, wurde die *Beagle* von einem Sturm gepackt, der an Wind und Seegang alles in den Schatten stellte, was Darwin bislang erlebt hatte. Vier Tage lang kämpfte sich die Brigg verzweifelt Richtung Westen, vier Tage wurde sie vom tosenden Orkan, der sich immer wieder mit seinen Riesenschultern gegen das Schiff stemmte, zurückgeworfen. Natürlich wurde Darwin seekrank. Doch daran hatte er sich mittlerweile gewöhnt. Als weitaus schlimmer empfand er, dass ein beträchtlicher Teil seiner Sammlung vom überall eindringenden Wasser durchweicht, verklebt, aufgelöst oder einfach über Bord gespült wurde.

Dennoch schleppten er und Covington im Hafen von Valparaiso zwölf Kisten auf das englische Postschiff *Duke of York*. Kisten mit Pflanzen, Tieren und Steinen, die er hatte retten können oder die inzwischen dazugekommen waren, dazu die Megatheriumknochen sowie mehr als dreißig Briefe. FitzRoy schickte der Londoner Admiralität seine Berichte und etliche neu angefertigte Seekarten, und Bynoe fügte eine Liste mit Gerätschaften und Medikamenten hinzu, die er dringend benötigte. Allerdings würde er das Gewünschte, wenn überhaupt, vor sechs, sieben Monaten ohnehin nicht bekommen.

Im Gegenzug wurde ein Postsack an Bord gebracht, und bald darauf war Darwin mit der Lektüre der vielen Briefe beschäftigt, die von seiner Familie, aber auch von Henslow und Sedgwick stammten. Einige hatten eine mehr als halbjährige Seereise hinter sich. Besonders freute er sich, dass sowohl Henslow als auch Fanny schrieben, er sei in England mittlerweile eine berühmte Persönlichkeit, seine Sammlungen erregten größte Aufmerksamkeit und es gebe keine Ausgabe der *London Times*, in der sein Wirken nicht in höchsten Tönen gepriesen werde.

In Concepción erlebte Darwin zum ersten Mal in seinem Leben ein Erdbeben. Und er hatte es allein der Geistesgegenwart des Kapitäns zu verdanken, dass er überlebte. Bei den ersten Erdstößen hatte der mit der *Beagle* unverzüglich den Hafen verlassen und war aufs offene Meer geflohen. Als sie zwei Tage später zurückkehrten, war die Stadt ein Trümmerhaufen. Das Beben hatte Schiffe, weit größer als die Brigg, wie Spielzeug an Land geschleudert, und die Lagerhäuser im Hafen waren nur noch ein Haufen zersplitterter Balken und Bretter. Im Inneren der Stadt stand kein einziges Gebäude mehr, nur ein Bogen und ein Stück Kirchenmauer hatten der Wucht der Erdstöße widerstanden. Wo man hinsah, schwelten Feuer; Tote wurden in aller Eile begraben, das Wimmern der Verletzten hallte durch die Straßen.

In Santiago wurde Darwin von einem harmlos aussehenden Käfer gebissen, vor dem ihn die Eingeborenen gewarnt hatten. Fasziniert beobachtete er das Insekt auf seiner Haut und fragte sich, wie lange es wohl von dem Blut leben konnte, das es aus der Wunde sog. Als er Papier hervorkramte, um eine ungefähre Berechnung vorzunehmen, wurde ihm schwindelig, und nachdem er die ersten Zahlen geschrieben hatte, wunderte er sich, dass er sie nicht lesen konnte. Dann hatte er das Gefühl, er müsse sich übergeben, wusste aber später nicht mehr, ob er es wirklich getan hatte. In den nächsten zwei Wochen war er vollkommen apathisch, aß kaum und wunderte sich über gar nichts mehr.

Als der Appetit allmählich zurückkehrte und er das, was er zu sich nahm, größtenteils wieder bei sich behielt, unternahm er von Antofagasta aus mit drei einheimischen Führern einen Ausflug in die Anden. Er ritt durch tiefe, von nackten Felswänden begrenzte Schluchten und kletterte in Höhen, die er bislang nur vom Hörensagen kannte. Selbst hier oben fand er noch Muschelgestein. In sein Notizbuch kritzelte er etwas von heftigen Erschütterungen des Erdmantels, die selbst die Schichten der höchsten Bergkuppen durcheinandergeschleudert hätten wie die Kruste eines bröckeligen Kuchens. Schon wenig weiter oben bekamen die Maultiere keine Luft mehr, die Männer halluzinierten, und Kreuze am Wegesrand erinnerten an Abenteurer, die es nicht bei Halluzinationen hatten bewenden lassen. Auf einmal war ihm klar, warum über ihnen seit Tagen Kondore kreisten.

Im peruanischen Callao beschloss er, sich zum Ausgleich für seinen kahler werdenden Kopf einen Bart wachsen zu lassen. Zwei Wochen später fragte er sich, ob sein verändertes Äußeres dafür verantwortlich war, dass er nach einer gemeinsam mit Covington durchzechten Nacht im Bett einer schokoladenhäutigen Frau mit kleinen, aber kugelrunden Brüsten aufwachte. Sie behauptete von sich, Maria zu heißen, und hatte sich offensichtlich emsig an ihm zu schaffen gemacht. Er wusste nicht, ob er sich aktiv beteiligt oder nur alles zugelassen hatte. Daher beschloss er, Fanny gegenüber kein schlechtes Gewissen zu haben, schließlich war er betrunken gewesen. Am nächsten Abend kam er wieder, und in der folgenden Nacht bestand an seinem Mitwirken kein Zweifel mehr. Lange konnte er sich an den Diensten der feurigen Peruanerin nicht erfreuen, denn im Morgengrauen des nächsten Tages verließ die *Beagle* den Hafen. Von da an sah er gespannt den Galapagosinseln entgegen, von denen er wusste, dass es dort bemerkenswerte Schildkröten und ansonsten jede Menge vulkanischen Gesteins gab. Eine knappe Woche später, am 17. September 1835, gab Kapitän FitzRoy östlich der Insel San Cristóbal Befehl, Anker zu werfen. Noch am selben Tag ließ sich Darwin, begleitet von Covington, an Land rudern.

Er hatte alles über den Archipel gelesen, was ihm in die Hände gefallen war. Unter anderem, dass er rund 650 Meilen westlich des südamerikanischen Festlandes im Pazifik lag, seit drei Jahren geografisch zu Ecuador gehörte und aus etwas mehr als einem Dutzend Inseln bestand, fünf davon größer. Seeleute berichteten von einer Fülle seltsamer Tiere, die sie nirgendwo sonst auf der Welt gesehen hätten.

Doch als Darwin am Strand von San Cristóbal aus dem Boot stieg, war er enttäuscht. Wohin er blickte, nichts als schwarzes Gestein, offensichtlich vulkanischen Ursprungs. Wenn er zu den Nachbarinseln hinübersah, erkannte er auf einigen kegelförmige Berge mit gewaltigen Kratern. Vermutlich war der ganze Archipel einst aus dem Meer aufgestiegen. Dafür sprach, dass sämtliche Vulkane auf der Südseite abgeflacht waren, also dort, wo die Passatwellen an Inseln prallen, die sich ihnen in den Weg stellen.

Darwin ließ den Blick schweifen. Zerklüftete Felder basaltischer Lava, in unregelmäßigen Wellen erstarrt, darauf verdorrte Äste und sonnenverbranntes Gebüsch. Sonst nirgends ein Zeichen von Leben. Die Luft flimmerte in der Mittagshitze; die vom Meer heranwehende Brise brachte kaum Abkühlung. Irgendwo, hoch oben, schrie ein Vogel.

»Trostlos«, ließ sich Covington vernehmen. »Wie in einem Backofen. Wozu haben wir die Sammelbehälter mitgebracht?«

In der Tat war außer dem kargen, größtenteils verbrannten Gesträuch weit und breit nichts Lebendiges zu sehen. Nirgendwo krabbelte ein Insekt, kein Reptil kroch über das schwarze Geröll, und der hohe Vogel war auch verschwunden. Um seiner Enttäuschung Herr zu werden, schlug Darwin verbissen Stein um Stein aus dem Felsen. Doch selbst das half nicht.

Endlich, nach langem Suchen, entdeckten sie in Spalten zwischen Lavabrocken ein paar mickrige Kräuter.

»Erbärmliches Zeug«, sagte Covington. »Würde besser in die Arktis passen als an den Äquator.« Lustlos zupfte er ein paar Blätter ab. Darwin fand sogar eine einzelne vertrocknete Blüte.

Sie drangen weiter ins Inselinnere vor, doch es änderte sich nichts. Überall Lava in dick aufgeworfenen Schichten, dazwischen hin und wieder ein Kraut, ein Busch und einmal sogar ein kümmerliches Bäumchen. Missmutig stiegen sie einen Hügel hinauf und standen still vor Staunen: Vor ihnen lagen Echsen, etwa zwei Fuß lang, grauschwarz gefleckt, nahezu bewegungslos und daher in der gleichfarbigen Umgebung erst aus nächster Nähe zu erkennen.

»Donnerwetter!«, entfuhr es Covington. »Das sind ja Hunderte.«

Darwin schüttelte den Kopf. Ach was! Nicht Hunderte, Tausende seien das!

Dicht an dicht bevölkerten die mürrisch dreinblickenden Reptilien – laut Covington »ekelhafte, schwerfällige Biester« – eine leicht ansteigende Klippe. Die Tiere schienen von den Männern überhaupt keine Notiz zu nehmen. Nicht eines machte sich die Mühe zu fliehen.

»Sie machen es uns wirklich leicht«, sagte Darwin. Kurz darauf landeten zwei respektable Exemplare in seiner Holzkiste. Sie umrundeten einen weiteren Krater und wähnten sich plötzlich in einer anderen Welt. Hier, wo die vom Meer herantreibenden Wolken ihr Nass abluden, war alles grün. Rasch hatten sie ihre Behälter mit Pflanzenteilen gefüllt; auch an Käfern, Schmetterlingen, Spinnen und anderem Getier herrschte kein Mangel.

Als sie genügend gesammelt hatten, begannen sie, Vögel zu schießen: krächzend im Geäst der Bäume und Sträucher umherhüpfende Finken und Spottdrosseln, aber auch Fregattvögel, Goldwandsänger und Tölpel. Selbst als schon etliche Schüsse und fast ebenso viele Vögel gefallen waren, dachten die restlichen gar nicht daran wegzufliegen. Darwin fing ein paar, indem er einfach seinen Hut darüberstülpte, und Covington erbeutete einen Falken dadurch, dass er ihn kurzerhand vom Baum schüttelte. Rasch waren sämtliche Behältnisse randvoll. Dann ging es zurück zur *Beagle*.

Am nächsten Tag brachten Ruderer Darwin und Covington nach Santa Cruz, einer fast kreisrunden Insel im Zentrum des Archipels. Auch hier das gleiche Bild: Lavagestein, wohin das Auge reichte, und überall Krater. Von einer Anhöhe aus zählten sie mehr als fünfzig, alle perfekt kreisförmig und kaum einer mehr als dreißig Fuß tief. Die Insel schien ein gigantisches, von unterirdischen Dämpfen durchlöchertes Sieb zu sein. An einigen Stellen war die Lava in mächtigen Blasen erstarrt, ein Stück weiter waren diese Gebilde eingestürzt und hatten runde, von steilen Wänden begrenzte Gruben hinterlassen.

Und dann, auf einer ebenen Fläche voller blattloser Sträucher, begegneten ihnen die ersten Schildkröten: riesige Tiere mit mächtigen, dunkelbraunen Rückenpanzern, ein jedes sicherlich über hundert Kilo schwer. Die eine schien sich durch die Eindringlinge in keinster Weise gestört zu fühlen und zerknabberte unverdrossen ein größeres Stück Kaktus. Die andere zog den Kopf ein, ließ ein tiefes Zischen hören und war offensichtlich enttäuscht, dass sie damit niemanden beeindruckte. Schon bald stießen sie auf weitere Schildkröten, die sich ebenfalls an Kakteen gütlich taten. Auch hier keine Panik. Zwar krochen ein paar Tiere gemächlich fort, die meisten machten jedoch keine Anstalten, ihre Mahlzeit vorzeitig zu beenden. Covington gelang es sogar, einem besonders großen Exemplar auf den Rücken zu klettern, doch als sich das Tier, empört schnaufend, in Bewegung setzte, verlor er das Gleichgewicht und kippte herunter.

Überall sammelten sie Pflanzen, Insekten, Spinnen und was ihnen sonst noch über den Weg krabbelte, hüpfte oder lief. Dazu wieder ein halbes Dutzend Vögel – Finken, Drosseln, Tölpel, Eulen und Fregattvögel – sowie einen plumpen, hellbraun gefleckten Leguan, bei dessen Anblick Darwin unwillkürlich ein paar Schritte zurückwich. In einem lichten Wald blühten Eiskraut- und Schwarzmundgewächse, dazu Passionsblumen, Opuntien und farbenprächtige Orchideen. Weiter oben entdeckten sie eine Quelle, von der aus ein glucksender Bach in verschlungenen Windungen abwärtslief. Am späten Nachmittag bildeten sich wie aus dem Nichts mächtige Wolken. Deren Feuchtigkeit schlug sich an den Spitzen der höchsten Bäume nieder und fiel in dicken Tropfen nach unten – eine willkommene Erfrischung.

So ging es die nächsten Tage weiter. Während die Männer der *Beagle* ihrer Vermessungsarbeit nachgingen und FitzRoy das Schiff nur hin und wieder von einem Ankerplatz zum nächsten dirigierte, besuchten Darwin und Covington eine Insel nach der anderen. Überall stießen sie auf nie gesehene Tier- und Pflanzenarten, auf bizarre Echsen, mächtige Schildkröten und gewaltige Heerscharen hellroter, gelber und grauweiß gesprenkelter Krabben. Mehr als einmal kam es Darwin vor, als ob es von einzelnen Tiergattungen unterschiedliche Varietäten gäbe. Jedenfalls würde er später, während sie den Pazifik überquerten, mit dem Sichten, Bestimmen und Präparieren der Fundstücke mehr als genug zu tun haben.

Seine Gedanken bekamen neue Nahrung, als Kapitän FitzRoy ihn etwa drei Wochen nach ihrer Ankunft auf den Galapagos – die *Beagle* lag seit einigen Tagen im Hafen von Santa Maria – mit Nicholas Lawson bekannt machte. Der war amtierender britischer Gouverneur, unglaublich dick und mit einem zerknitterten weißen Leinenanzug bekleidet, auf dem sich unübersehbare Schweißflecken ausbreiteten. An Bord war er offensichtlich nur deshalb gekommen, weil er es im Hinblick auf seine weitere Karriere für opportun hielt, dem Kapitän und der Mannschaft des englischen Schiffes einen offiziellen Besuch abzustatten.

Gleichgültig hatte er sich von FitzRoy durch die Brigg führen lassen und mit weitaus größerem Interesse anschließend gemeinsam mit dem Kapitän und seinem Ersten Offizier ein opulentes Dinner eingenommen. Jetzt schüttelte er schnaufend dem Mann die Hand, den FitzRoy ihm als »mir von der Admiralität zugeteilten Naturforscher« vorgestellt hatte.

Wie Darwin Flora und Fauna der Galapagos gefielen, wollte er wissen, während er sich schwungvoll einen Gin eingoss. Und ob er auch die berühmten Schildkröten gesehen habe.

Darwin bejahte: »Keine Frage, die Tier- und Pflanzenwelt ist in höchstem Maße beeindruckend. Und die Riesenschildkröten ganz besonders.«

»Wo haben Sie denn welche getroffen?«, fragte Lawson und stocherte zwischen zwei kräftigen Schlucken ungeniert mit dem kleinen Finger in einer Zahnlücke.

»Eigentlich überall. Zusammen mit meinem Assistenten habe ich sämtliche größeren Inseln des Archipels besucht. Auf jeder sind wir auf Schildkröten gestoßen.«

»Dann ist Ihnen sicher aufgefallen, dass sie sich voneinander unterscheiden. Ich meine, dass charakteristische Kennzeichen sie eindeutig einer bestimmten Insel zuweisen.«

Darwin, der gerade im Begriff war, sein Glas an die Lippen zu führen, erstarrte mitten in der Bewegung. »Wie meinen Sie das?«

Lawson trank aus, ließ sich von FitzRoy nachschenken und grinste verschmitzt. Wenn man ihm eine Schildkröte zeige, könne er mit Gewissheit sagen, von welcher Insel sie stamme. Ob dem Herrn Naturforscher die bemerkenswerte Tatsache entgangen sei, dass die Tiere keinesfalls alle gleich aussähen?

»Das nicht«, sagte Darwin. »Aber offen gestanden, habe ich die Unterschiede der normalen Variationsbreite zugeschrieben. Wie es unter allen Tieren solche und solche gibt.«

Lawsons Grinsen wurde breiter. Darwin hoffte, dass das am Gin lag. »Sicher gleichen sich die Schildkröten auch auf derselben Insel nicht wie ein Ei dem anderen. Zweifellos gibt es darunter größere und kleinere, dunklere und hellere. Und so weiter. Aber in charakteristischen Merkmalen stimmen sie vollkommen überein. Was man von Tieren verschiedener Inseln nun wirklich nicht behaupten kann. Ich selbst habe mich schon immer für die Natur interessiert, bin also mit Ihnen gleichsam wesensverwandt. Deshalb habe ich meine Versetzung auf den Posten eines Gouverneurs der Galapagos geradezu als Glücksfall empfunden. Seit dem Tag meines Amtsantritts beschäftige ich mich intensiv mit sämtlichen auf den Inseln lebenden Kreaturen.«

Lawson hatte die Säuberung seiner Zahnlücke abgeschlossen und goss sich schwungvoll den fünften oder sechsten Gin ein. Dass er dabei einen erheblichen Teil verschüttete, schien er nicht zu bemerken. Nachdenklich blickte er ins Leere. Er habe gerade überlegt, fuhr er dann leicht lallend fort, wie lange es bei ihm gedauert habe, bis ihm aufgefallen sei, dass auf jedem Eiland andere Tiere lebten. Und ehrlich gesagt, sei er zu dieser Erkenntnis auch erst nach einer ganzen Weile gelangt. Insofern müsse Darwin sich keinen Vorwurf machen. Eigentlich seien es gar nicht die Schildkröten gewesen, bei denen er die inselspezifischen Kennzeichen zuerst entdeckt habe, sondern vielmehr die Finken. Ob Darwin sich auch für die Vogelwelt der Galapagos interessiere?

»Gewiss. Ich habe auf jeder Insel eine größere Anzahl gesammelt und in meinen Notizbüchern detailliert beschrieben. Die schicke ich John Gould. Der wird Augen machen. Sie kennen doch Gould?«

»Offen gestanden, nein.« Lawson schüttelte bedauernd den Kopf und rülpste ungeniert. »Ein Orno ... Ornilo ...« Er holte tief Luft und machte einen neuen Anlauf: »Ein Vogelkundler?«

»Der beste, würde ich sagen. Sie sind also der Ansicht, die Finken kämen ebenfalls in inselspezifischen Varietäten vor?«

Daran bestehe nicht der geringste Zweifel, sagte Lawson mit glasigen Augen. Er schwankte heftig und ruderte mit den Armen. Endlich fand er Halt an der Tischkante. Wenn Darwin die Finken, die er gefangen habe, mit den Fundorten vergleiche, werde er ihm recht geben.

Darwin hatte Mühe, nicht laut aufzustöhnen. Verflucht nochmal! Er hatte zwar von sämtlichen Vogelarten mehrere Exemplare zusammengetragen, aber auf den Etiketten stets nur »Galapagos« und das Fangdatum notiert. Den Namen der jeweiligen Insel hatte er für entbehrlich gehalten. Nun aber, nach Lawsons Ausführungen, wurde ihm klar, dass genau das wichtig gewesen wäre.

Sobald die Höflichkeit es erlaubte, verabschiedete er sich und suchte Covington in der Fähnrichsmesse auf. Der hatte gerade eine Saite seiner Geige ausgewechselt und war dabei, das Instrument zu stimmen. Der intensive Geruch nach abgestandenem Essen schien ihn nicht zu stören.

Als Darwin eintrat, blickte er überrascht auf. »Sie hier? Um diese Tageszeit? Was gibt's Aufregendes?«

Darwin hielt sich nicht mit Vorreden auf. »Covington, wir haben einen blöden Fehler gemacht. Nein, ich allein habe den gemacht. Sie können nichts dafür.«

»Was für ein Fehler? Dass wir ein paar Echsen und Vögel geschossen haben? Davon stirbt gewiss keine Spezies aus. Tiere gibt es hier ja wohl mehr als genug.«

Darwin winkte ab. Stockend erklärte er den Sachverhalt. »Gould wird zweifellos von mir wissen wollen, ob sich die unterschiedlichen Echsen, Finken und Spottdrosseln jeweils den Lebensraum teilen oder, was tatsächlich der Fall zu sein scheint, ob sie auf getrennten Inseln leben.«

Covington kratzte sich ausgiebig am Hinterkopf. »Das ist in der Tat ein Problem. Daran hätte ich aber auch denken können.« Er verlegte sein Kratzen abwärts Richtung Kinn. »Dann bleibt uns ja wohl nur eines übrig.«

»Und das wäre?«

»Wir fangen noch mal von vorne an.«

Am Abend desselben Tages – Darwin haderte noch immer mit sich – klopfte Fuller an seine Tür. Ob der verehrte Mr. Darwin wohl die Güte habe, dem Herrn Kapitän in seiner Kabine einen Besuch abzustatten? Der habe den dringenden Wunsch geäußert, ihn zu sprechen.

Eine Viertelstunde später stand Darwin FitzRoy gegenüber. Was hatte er jetzt wieder verbrochen? Hatte er sich nicht penibel an die Anweisung gehalten, keine »gotteslästerlichen Parolen« mehr zu verbreiten? Er spürte, wie seine Knie zitterten. Doch FitzRoy schien nicht im Mindesten die Absicht zu haben, ihm Vorhaltungen zu machen. Im Gegenteil. Verbindlich lächelnd reichte er seinem Gast die Hand, bat ihn mit großzügiger Geste, doch Platz zu nehmen, und fragte, ob er ihm etwas anbieten könne.

Darwin lehnte ab. Noch immer war ihm mulmig zumute. Was ihm denn die Ehre verschaffe?

»Nun«, sagte FitzRoy und zwirbelte einen Uniformknopf zwischen den Fingern, »ich komme am besten gleich zur

Sache. Unser Disput an Deck, Sie wissen schon, tut mir aufrichtig leid. Ganz besonders, dass ich Sie vor versammelter Mannschaft abgekanzelt habe. Das gehört sich nicht. Ich bitte Sie um Verzeihung.«

Darwin wusste nicht, was er sagen sollte. Woher der plötzliche Sinneswandel? Er traute der Sache nicht. Da gebe es nichts zu verzeihen, entgegnete er vorsichtig. Er habe die religiösen Empfindungen des Herrn Kapitän verletzt, das sei unverzeihlich. Wenn einer den anderen um Vergebung bitten müsse, dann ja wohl er.

»Ach, ich bitte Sie, mein lieber Darwin, wir sind doch erwachsene Menschen. Sie haben Ihre Auffassung, ich meine. Wo ist das Problem? Vergessen wir die Sache und vertragen uns wieder. Einverstanden?«

Darwin nickte zaghaft. FitzRoy schien es tatsächlich ernst zu meinen. Er spürte, wie der Druck in seiner Brust allmählich nachließ. Eigentlich waren sie vor ihrem Streit an Deck doch recht gut miteinander ausgekommen. Sicher, über einige Dinge waren sie verschiedener Meinung, aber deswegen endlos streiten? »Natürlich bin ich einverstanden«, sagte er daher und nahm jetzt auch einen Brandy, den Fuller formvollendet servierte. »Ich freue mich sogar. Unsere Meinungsverschiedenheit hat mich sehr belastet.«

»Mich auch, mein lieber Darwin, mich auch. Also dann, zum Wohl.«

Eine Weile redeten sie über Belanglosigkeiten. Darwin erkundigte sich höflich nach den Fortschritten der Vermessungsarbeiten, und FitzRoy fragte, wie Darwin mit seinen Forschungen vorankomme.

Dann brachte der Kapitän die Rede auf Lawson: »Der Herr Gouverneur scheint sich ebenfalls sehr für die Natur und alles, was darin kreucht und fleucht, zu interessieren.«

»In der Tat, das tut er.« Bei der Erinnerung an sein Gespräch mit Lawson musste Darwin einen Fluch unterdrücken. »Er hat mich auf ein Versäumnis aufmerksam gemacht, für das ich mich ohrfeigen könnte.«

FitzRoy zog die Stirn kraus. »Von derlei Dingen verstehe ich nichts. Es gibt indes kaum einen Fehler, der sich nicht ausbügeln lässt. Kann ich Ihnen in irgendeiner Weise behilflich sein?« Ohne Darwins Antwort abzuwarten, kam er wieder auf Lawson zu sprechen: »Der Herr Gouverneur hat mir berichtet, dass Sie seit Beginn der Reise ein Tagebuch führen, in das Sie sämtliche bedeutsamen Ereignisse eintragen. Und zusätzlich Notizbücher, in denen Sie Ihre Experimente und Forschungsergebnisse festhalten. Trifft das zu?«

Darwin bejahte. FitzRoy nickte erfreut und leckte sich die Lippen. »Ich habe nämlich eine, wie mir scheint, ausgezeichnete Idee. Vielleicht haben Sie in den Briefen Ihrer Angehörigen und Kollegen gelesen, dass man in England, unserer geliebten Heimat, über unsere Expedition spricht. Wir sind gleichsam eines der Hauptthemen der britischen Presse. Daran haben Sie entscheidenden Anteil.«

Darwin wehrte ab. »Zu viel der Ehre. Der britischen Öffentlichkeit geht es in erster Linie um Sie und Ihre Vermessungen hier in Südamerika. England ist eine Seefahrernation, da stoßen derlei Dinge naturgemäß auf großes Interesse.«

»Nur nicht so bescheiden. Gewiss erregen die Karten, die ich der Admiralität gesandt habe und die die Küstenregionen Südamerikas in einer bisher nicht gekannten Präzision abbilden, bei bestimmten Leuten einiges Aufsehen. Die breite Öffentlichkeit interessiert sich aber weit mehr für Ihre Tiere und Pflanzen. Scheint ja wirklich höchst bemerkenswert zu sein, was Sie diesbezüglich nach England geschickt haben.« Plötzlich beugte er sich vor. Seine Stimme bekam einen einschmeichelnden Klang. »Fakt ist, dass in einflussreichen Kreisen offenbar der Wunsch besteht, über die Mission der *Beagle* und ganz besonders über die dabei gewonnenen naturkundlichen Erkenntnisse ein Buch zu veröffentlichen.« FitzRoy hielt kurz inne und ließ seine Worte wirken. Ein Buch, fügte er dann hinzu, dem man, ohne zu übertreiben, erhebliche Chancen auf dem Markt einräume. Kurz, ein Buch, mit dem Darwin eine Menge Geld verdienen könne.

»Das freut mich«, erwiderte Darwin lächelnd. »Ich habe ohnehin vorgehabt, die naturkundlichen und ganz besonders geologischen Schlüsse, die sich aus meinen Forschungen ziehen lassen, mit Unterstützung namhafter Experten früher oder später in Buchform zu veröffentlichen.«

»Sehr schön. Aber darum geht es im Moment nicht«, fiel FitzRoy ihm ins Wort und wurde endlich deutlich: »Ich persönlich beabsichtige, ein solches Buch zu schreiben, und bitte Sie hiermit förmlich, mir zu diesem Zweck Ihre Aufzeichnungen zur Verfügung zu stellen.«

Nur mit Mühe konnte Darwin verhindern, dass ihm sein Glas aus der Hand fiel. Er war wie vor den Kopf gestoßen. Was FitzRoy ihm da vorschlug, bedeutete nicht mehr und nicht weniger als die Absicht, seine, Darwins, Arbeit in klingende Münze zu verwandeln. Sicher würde er ihm, wenn er sich darauf einließe, eine Beteiligung anbieten. Aber es bestand kein Zweifel, dass FitzRoy derjenige wäre, dem der Hauptanteil an Ruhm und Geld zuflösse. Hinzu kam, dass er vom schriftstellerischen Talent des Kapitäns alles andere als überzeugt war. Die Befehle und Dienstanweisungen, die er von ihm gelesen hatte, waren in einem Stil verfasst, der einem Englischlehrer Schauer des Entsetzens über den Rücken gejagt hätte.

FitzRoy sah ihn erwartungsvoll an. Die Finger seiner rechten Hand trommelten auf die Tischplatte. Darwin räusperte sich ausgiebig. In seinem Kopf schienen Schwärme von Bienen zu summen. Er spürte, wie ihm übel wurde. Das sei zweifellos ein verlockendes Angebot, sagte er gedehnt. Und er wisse es weiß Gott – erschrockene Pause – er meine durchaus zu schätzen. Aber sowohl sein Tagebuch als auch die Notizbücher seien in einer Schrift abgefasst, die zu entziffern er dem verehrten Herrn Kapitän keinesfalls zumuten könne. Außerdem seien etliche Forschungsresultate und ganz besonders naturkundliche Gedankengänge in einer Art und Weise festgehalten, mit der der Herr Kapitän bei allem Respekt gewiss nichts anfangen könne. Er bitte daher um Nachsicht, wenn er nicht sogleich zusage. Gerade hier auf den Galapagos gebe es für ihn – nicht zuletzt infolge seiner bedauerlichen Unachtsamkeit – jede Menge zu tun. Sobald es seine Zeit erlaube, werde er sich daranmachen, seine Aufzeichnungen in eine les- und nachvollziehbare Form zu bringen, um sie dem Herrn Kapitän anschließend mit Freuden zu überreichen. So lange möge der sich, darum bitte er in aller Bescheidenheit, noch gedulden. Und jetzt, auch dafür bitte er um Nachsicht, müsse er sich leider verabschieden. Ihm sei nicht ganz wohl. Die vermaledeite Seekrankheit. Der Herr Kapitän wisse ja Bescheid.

Gleich darauf zog er die Tür zu FitzRoys Kabine hinter sich zu. Von Stund an hatte er ein Problem mehr.

Es dauerte fast drei Wochen, bis Darwin mit Covingtons Hilfe wieder genügend Tiere und Pflanzen zusammengetragen hatte. Diesmal achtete er peinlich darauf, nicht nur Tag und Uhrzeit des Fundes festzuhalten, sondern auch die jeweilige Insel, ja, sogar die geschätzte Höhenlage, den Abstand vom Meer und die geografische Ausrichtung des Hanges. In seiner Kajüte an Bord der *Beagle* widmete er sich anschließend der präzisen Untersuchung, inspizierte jedes Teil von allen Seiten, besah es durch Lupe und Mikroskop, maß, wog, betastete und beschrieb. Aufs Zeichnen verzichtete er schweren Herzens. Tatsächlich waren es vor allem die Finken, die sich von Insel zu Insel unterschieden. Zwar glichen sie in einigen Merkmalen allesamt einer Art, die Darwin auf dem südamerikanischen Festland gefangen hatte, doch bei anderen Kennzeichen zeigten sie deutliche Abweichungen, am auffälligsten in der Form des Schnabels. Der war bei einigen kurz und kräftig wie der eines europäischen Kernbeißers, bei anderen lang und gerade und bei einer dritten Spezies rotkehlchenartig filigran.

»Sehen Sie sich das an«, sagte Darwin zu Covington. »Was meinen Sie, woran liegt es, dass die Finken von Insel zu Insel derart unterschiedliche Schnäbel aufweisen?«

Covington überlegte einen Augenblick, nahm mehrere Vögel in die Hand und unterzog die Köpfe einer genauen Inspektion. »Ich vermute, an der Art der Nahrung.«

Er sei derselben Ansicht, stimmte Darwin zu. Zweifellos eigne sich die kräftige Schnabelform vorzüglich zum Knacken harter Samen, während Vögel mit zierlicheren Schnäbeln weitaus besser Insekten, Raupen und Würmer aufpicken könnten. Er gewinne, offen gestanden, immer mehr den Eindruck, dass alle dreizehn Finkenarten – wenn es denn tatsächlich separate Arten und nicht nur stark differierende Varietäten seien – aus einer einzigen Spezies, nämlich derjenigen des Festlandes, hervorgegangen seien und sich den jeweiligen Bedingungen entsprechend auseinanderentwickelt hätten.

Covington sah sich erschrocken um. »Seien Sie bloß still! Der Kapitän!«

»Ach was«, entgegnete Darwin, »zum Teufel mit dem Kapitän!« Mit irgendjemandem müsse er einfach darüber reden, sonst werde er noch verrückt. Wenn nicht mit seinem Assistenten, mit wem dann?

Covington nickte tapfer. »Dann mal los.«

»Können Sie sich vorstellen, dass Gott bei der Erschaffung der Welt für die paar öden Inseln hier eigene Tiere vorgesehen hat?«

»Ich weiß nicht. Der Ratschluss des Herrn ist unergründlich.«

»Mag sein. Aber es ist denkbar, ja, sogar höchstwahrscheinlich, dass die Galapagos seinerzeit noch gar nicht existierten. Hier leben Tiere und Pflanzen, die es sonst nirgends auf der Welt gibt. Ja, nicht nur das – jede Insel besitzt sogar ihre ganz speziellen Lebewesen, die sich klar von denen der Nachbarinseln unterscheiden. Wie soll Gott die erschaffen haben? Und wo hat er sie in der langen Zeit zwischen Schöpfung und Entstehung des Archipels verborgen? Oder hat er sich danach noch einmal an die Arbeit gemacht?«

Ein Lächeln glitt über Covingtons Gesicht. »Vielleicht hatte Gott daran ja ganz einfach seinen Spaß.«

Das sei denkbar, sagte Darwin, wenn auch wenig wahrscheinlich. Wer wisse schon, wie einem Schöpfer bei seiner Arbeit zumute sei. Aber falls dem tatsächlich so gewesen sei, warum habe der Herr dann nicht gänzlich neue Kreaturen erschaffen? Warum habe er sich dann diejenigen des Festlandes zum Vorbild genommen? Bei den Finken sei das doch mehr als offenkundig.

Covington zuckte die Schultern. »Steht es einem Menschen zu, Gottes Ratschluss zu hinterfragen?«

Darwin zog unwillig die Augenbrauen zusammen, auf seiner Stirn erschien eine tiefe Falte. »Das liegt mir fern. Aber es ist ja wohl eine Tatsache, dass der Galapagosarchipel, als er sich aus dem Meer erhob, vollkommen unbesiedelt war.«

Covington nickte. Davon könne man ausgehen.

»Dann sind irgendwann die ersten Lebewesen hierher gelangt. Vom Festland. Vielleicht auf einem Stück Treibholz. Oder vom Sturm herübergeweht. Wer weiß.«

»Das ist gut möglich. Und Sie meinen, weil es hier keine Konkurrenz, keine Feinde gab, konnten sie sich ungestört ausbreiten und vermehren?«

»Ganz genau. Aber nicht nur das. Sie konnten sich auch unbehelligt an ihre Lebensbedingungen anpassen. Und als ein paar von ihnen von einer Insel auf die nächste gelangten, passierte dort dasselbe. Natürlich nicht von heute auf morgen, sondern in sehr langen Zeiträumen. Daher die unterschiedlichen Finkenarten. Und die diversen Schildkröten. Zwar miteinander verwandt, aber doch zweifelsohne eigenständige Spezies.«

»Das heißt, wenn ich recht verstehe, Arten sind nichts Fixes, sondern wandelbar?«

Darwin schlug ihm herzhaft auf die Schulter. »Genau das, Covington, genau das.«

»Ja, aber ...«

Darwin ließ ihn nicht ausreden. »Ich weiß, was Sie sagen wollen: Wie ist dieser Prozess vonstatten gegangen? Welche Mechanismen stecken dahinter?«

»Richtig. Das scheint mir der springende Punkt zu sein.«

Darwin seufzte. Ja, das sei er zweifellos. Und ehrlich gestanden, habe er auf diese alles entscheidende Frage keine Antwort. Er hielt einen Moment inne und dachte nach. Nein, keine Antwort, wiederholte er gedehnt. Allenfalls eine vage Ahnung.

In dieser Nacht hatte er einen schweren Traum. Er stand als Gemeindepfarrer auf der Kanzel einer Dorfkirche, die von den gewaltigen Wellen eines tropischen Sturms hin- und hergeworfen wurde. Windböen heulten durch das Gotteshaus, rissen Blätter aus der vor ihm liegenden Bibel und ließen die Glocken im Turm dröhnend aneinanderschlagen. Ein ums andere Mal klatschten ihm mächtige Brecher ins Gesicht, in denen sich Fische, Quallen und Krebse tummelten.

Er predigte über den Text der Genesis, des Ersten Buch Mose: »In der Bibel steht, Gott habe die Erde und alles, was auf ihr lebt, in sieben Tagen erschaffen«, rief er der Gemeinde zu. Weiter kam er nicht, weil schon wieder eine schmetternde Wasserfontäne über ihn hereinbrach. Erst als er sich geschüttelt und in hohem Bogen einen glitschigen Fisch ausgespuckt hatte, konnte er fortfahren: »Doch dieser Zeitraum ist allenfalls ein Symbol. In Wirklichkeit …« Erneut schnitt ihm ein Brecher das Wort ab.

Aus den Reihen der Zuhörer, die auf den Bänken hilflos hin- und hergeschleudert wurden, klang unwilliges Murren. Ganz vorne, in der ersten Reihe, saß FitzRoy, ein zerlesenes Gesangbuch auf dem Schoß. Er hatte einen Arm um Fanny gelegt und den anderen um Inês Figuireda, die ihm einen schmachtenden Blick zuwarf. Weiter hinten erkannte er Usborne, Stokes, Sullivan und Bynoe. Der Arzt war gerade dabei, die Brust eines der vielen Elefanten abzuhören, die sich, ebenso wie riesige Schildkröten, in den Gängen drängten und offenbar immer mehr wurden. Irgendwo dazwischen tauchten von Zeit zu Zeit die Gesichter seines Vaters und seines Onkels Jos auf; vor dem Altar knieten seine Schwestern Susan, Elizabeth und Carolin und quiekten ihm wie kleine Ferkel zu.

»Tiere und Pflanzen«, rief Darwin und scheuchte eine blutrote Qualle beiseite, die ihm den Blick versperrte, »sind nichts

Fixes, einmal Geschaffenes, sondern unterliegen vielmehr einem steten Wandel.«

Das Murren der Zuhörer ging in gequältes Stöhnen über. FitzRoy schnarrte wütend, die Schwestern kreischten, und die Elefanten trompeteten mit solcher Lautstärke, dass sie mehrere Minuten lang sogar das Jaulen des Sturms übertönten. Ein Mann verließ schnaubend die Kirche; ob es Sullivan oder sein Vater war, konnte Darwin nicht erkennen.

In dem ganzen Tohuwabohu hatte er vergessen, was er sagen wollte, doch als er jetzt die vielen Hunde sah, die in allen Rassen, Farben und Formen durch die offene Tür hereinquollen, kam es ihm wieder in den Sinn. »Für die enorme Vielfalt gibt es eine einfache Erklärung«, rief er in die Menge. »Denn wenn ein Züchter nur dafür sorgt, dass sich stets Tiere mit bestimmten Merkmalen paaren, treten diese bei den Nachkommen mit der Zeit immer deutlicher hervor. Ganz ähnlich verhält es sich vermutlich auch mit den wild lebenden Geschöpfen.«

»Pfui!«, riefen Stokes und Sullivan wie aus einem Munde. York Minster, den Darwin erst jetzt erkannte, schlug mit einem einzigen, krachenden Schlag die Bank, auf der er saß, in Trümmer, und Bynoe ließ sogar von dem Elefanten ab, bei dem er gerade im Begriff war, die vollgesogenen Blutegel durch neue zu ersetzen. Mit hochrotem Kopf wandte er sich einem der Goldkopflöwenaffen zu, die schrill kreischend von der Decke des schwankenden Kirchenschiffs in die Menge gesprungen waren und nach allem bissen, was in ihre Reichweite kam. Einer von ihnen hatte FitzRoy den Dreispitz vom Kopf gerissen und versuchte damit in den hin- und herwogenden Wassermassen Fische zu fangen.

Das Auftauchen der Affen nahm Darwin zum Anlass, trotzig mit seiner Predigt fortzufahren: »Seht euch diese Tiere an. Wir können getrost davon ausgehen, dass sie vor langer Zeit noch nicht existiert haben und in ferner Zukunft auch wieder verschwinden und anderen Arten Platz machen werden.«

Bei diesen Worten schwoll der Sturm zu einem gewaltigen Orkan an. Grellweiße Blitze fuhren krachend ins Gebälk der

Kirche, die dadurch völlig aus den Fugen geriet, sodass Darwin kopfüber von der Kanzel geschleudert wurde und mit sämtlichen Gläubigen in den tosenden Fluten versank. Er ruderte wild mit den Armen, bekam Menschenschädel, Affenschwänze, Schildkrötenpanzer und Elefantenrüssel zu fassen und schnappte verzweifelt nach Luft. Endlich, als er schon eine ganze Weile sicher war, ertrunken zu sein, kam er prustend und eine Seescheide ausspuckend wieder an die Oberfläche.

Mit letzter Kraft füllte er seine Lungen und brüllte über das Inferno hinweg: »Das war doch alles nur Spaß! Natürlich ist es Gott allein, der in seiner grenzenlosen Allmacht und in absoluter Perfektion alles, was auf der Erde wächst und gedeiht, geschaffen hat.«

Schlagartig war es mit dem Chaos vorbei. Er stand in makellosem Ornat auf der Kanzel einer prächtigen, goldgeschmückten Kirche; vor ihm saßen sein Vater, sein Onkel und seine Geschwister, dahinter die Männer der *Beagle*. Mitten auf dem Altar stand Fanny, strahlte ihn mit glänzenden Augen an und warf ihm eine schmatzende Kusshand zu. Doch gerade, als er sie erwidern wollte, ertönte der scharfe Weckpfiff eines Wachoffiziers, und Stokes rief, wie jeden Morgen: »Aufwachen! Zeit, an die Arbeit zu gehen.«

Pazifischer und Indischer Ozean

Die *Beagle* verließ die Galapagosinseln an einem ungewöhnlich kühlen Oktoberabend. Von einer leichten Brise geschoben, segelte sie dem nächtlichen Dunkel entgegen. Der Pazifik machte seinem Namen alle Ehre: Der Wind schlief fast vollkommen ein und brachte nur noch Wellen zustande, die zu schwach waren, um die milchige Schleppe des Kielwassers zu zerreißen. Auch an den folgenden Tagen wehte allenfalls hin und wieder ein mildes Lüftchen. Selbst nachdem der Kapitän Leesegel hatte setzen lassen, kamen sie nur langsam voran.

Um zu verhindern, dass die öde Bordroutine die Männer träge machte, ließ FitzRoy jeden Zoll der Brigg auf Hochglanz bringen, abgeblätterte Anstriche und verschlissene Taue erneuern und Messingbeschläge so lange polieren, bis er sich darin spiegeln konnte. Zwischendurch setzte er überraschend Exerzierstunden an. Dann mussten die Matrosen nach der Stoppuhr wie Affen durch die Takelage turnen und immer noch schneller als beim letzten Mal Segel setzen, reffen und austauschen.

Darwin, von derlei Schikanen verschont, genoss das ruhige Dahingleiten des Schiffes. Ohne einen Gedanken an Übelkeit oder Brechreiz verschwenden zu müssen, war er von früh bis spät damit beschäftigt, die auf den Galapagos gesammelten Tiere, Pflanzen und Steine zu sortieren und zu konservieren. Besondere Mühe verwendete er darauf, die Unterschiede im Aussehen der Vögel zu beschreiben. Penibel vermaß er Schnäbel, schätzte deren Kraft beim Zubeißen und stellte Überlegungen zur bevorzugten Nahrung an. Er zählte Schwung- und Schwanzfedern, befingerte Körperöffnungen und fertigte Wachsabdrücke von Krallen an. Anschließend überprüfte er die Befestigung der Etiketten an den Beinen und breitete mit FitzRoys ausdrücklicher Erlaubnis sämtliche Präparate auf der steuerbordseitigen Laufplanke aus, um sie in der Sonne zu trocknen.

Seit den Galapagosinseln war das Deck ein ganzes Stück kleiner geworden. In der Nähe des Kombüsenkamins hatte der Schiffszimmermann einen quadratischen Verschlag errichtet, in dem sich vierunddreißig Schildkröten drängten – Frischfleisch für lange Tage auf See. Darwin beschrieb Größe und Zeichnung ihrer Panzer, ließ sie, von Grünzeug gelockt, exakt ausgemessene Strecken zurücklegen, berechnete ihre Geschwindigkeit und hielt sämtliche Werte in akribisch geführten Tabellen fest.

Vier Wochen später erreichte die *Beagle* im trüben Licht der Abenddämmerung Tahiti. Wie ein gigantisches Gebirge ragten die mit dunklem Regenwald bewachsenen Inseln aus dem Meer. Die Sonne sank in den blaugrauen Dunst des Horizontes, schäumend brandeten die Wellen an die Felsen. Am Ankerplatz in der Matavai-Bucht erwartete sie ein Empfangskomitee: eine Gruppe spärlich bekleideter junger Männer, bronzehäutig und athletisch. In den Händen trugen sie Speere unterschiedlicher Ausführung und Länge, die offensichtlich mehr als Rangabzeichen denn als Waffe dienten. Lautstark gestikulierend führten sie die Matrosen den Strand entlang zu einer geschützten Stelle, wo ein aufgespießtes Schwein über einem flackernden Feuer briet. Eine kräftige Brise riss die aufsteigenden Rauchschwaden in Fetzen, zischend tropfte Fett in die Flammen.

Die Offiziere bat man zu einem flachen Gebäude. Auf dessen weiträumiger Terrasse stellte ihnen ein in strahlendes Weiß gekleideter Zeremonienmeister eine Reihe uniformierter Herren vor, die sich in der ernsten Würde ihrer Blicke gegenseitig überboten. Auf einen Wink des am üppigsten mit Orden behängten Mannes nahmen sie an einem farbenfroh gedeckten Tisch Platz. Im warmen Wind flatterten riesige Schmetterlinge durch die Luft. In einem Bambuskäfig stritten lautstark zwei Papageien.

Das Essen – Fleisch, Fisch, Gemüse, Käse sowie eine Fülle unterschiedlicher Süßspeisen – dauerte Stunden. Als Darwin schon glaubte, keinen Bissen mehr hinunterzubekommen, stellten junge Mädchen Platten mit Brocken weißen Fleisches auf den Tisch. Dichte Dampfschwaden verbreiteten einen eigentümlich käsigen Geruch. Eine Spezialität des Landes, erklärte einer der Männer in gebrochenem Englisch. Man sei gespannt, wie es den Herren Offizieren munde.

Bevor Darwin es verhindern konnte, hatte ihm der an seiner Seite sitzende Tahitianer schon eine mächtige Portion auf den Teller gehäuft. Um nicht unhöflich zu sein, schnitt er ein Stück ab und schob es sich beherzt in den Mund. Zunächst schmeckte er gar nichts. Dann glaubte er, zähen Schmelzkäse zu zerkauen, und hatte schließlich das Gefühl, Wachs zwischen den Zähnen zu haben.

Unauffällig stieß er Usborne in die Seite. »Was ist das?«

»Tahitianisches Festtagsgericht. Kommt nur zu ganz besonderen Anlässen auf den Tisch. Fleisch eines ungeborenen Kalbes. Hab's schon einmal vorgesetzt bekommen.« Über sein Gesicht glitt ein verkniffenes Grinsen.

Darwins Kaumuskulatur erstarrte. Er spürte, wie Übelkeit in ihm aufstieg. »Ungeboren, sagen Sie?«

»Ja, sie schlachten das Muttertier und holen das Junge aus ihrem Leib. Etwa einen Monat vor der Geburt. Schmeckt eigenartig, nicht wahr? Wenn sie das Fleisch wenigstens durchbraten würden, aber so, nur leicht gedünstet ...«

Darwin schüttete sich einen kräftigen Schluck Wasser in den Mund, schloss die Augen und schluckte krampfhaft. Dann nahm er den noch auf seinem Teller liegenden Rest in die Hand, tat, als nage er das Fleisch von den Knochen, und steckte das Ganze in einem unbeobachteten Moment einem der herumlungernden Hunde zu. Ein kurzes Knacken und Schmatzen, dann war die Sache erledigt. Zum Glück gab es gleich darauf etwas Hochprozentiges, dessen Schärfe den faden Geschmack in seinem Mund überdeckte. Trotzdem bedurfte es später an Bord noch einen Viertelliters reinen Rums, bis er ihn ganz und gar los war.

Als Darwin die unappetitliche Episode auf der Weiterfahrt nach Neuseeland in seinem Tagebuch festhielt, hatte er einen Einfall. Noch immer wartete FitzRoy auf eine verständliche Fassung seiner Aufzeichnungen. Und noch immer sträubten sich ihm bei dem Gedanken die Haare, der Kapitän könne diese für seinen Reisebericht einfach abschreiben. Er legte drei seiner Notizbücher vor sich auf den Tisch und schlug sie an beliebigen Stellen auf. Dann nahm er einen Satz aus dem ersten und einen aus dem zweiten, vermengte das Ganze mit Anmerkungen aus dem dritten und hatte großen Spaß daran, den solcherart zusammengeschusterten Text mit selbst erfundenen Fachausdrücken – vorwiegend ekelerregender Art – zu würzen.

Er schrieb von pseudomelanotisch blaugrauem Gedärm spezieller Tintenfische bei den Kapverden, vom pestilenzoiden Foetor des Schleims brasilianischer Kröten und ließ sich über die muko-serös-purulente Konsistenz der Ausscheidungen warziger Baumechsen aus. Ausführlich schilderte er, wie er den Magen einer halb verwesten Ratte geöffnet hatte, und erläuterte weitschweifig die breiige Beschaffenheit und den Geruch des Inhalts. Den so entstandenen Text verflocht er zu seitenlangen Sätzen mit Einschüben, Rückgriffen und langatmigen Anmerkungen und fügte schließlich Fußnoten an, in denen er auf lateinisch betitelte Abhandlungen verwies, die es nicht gab. Bei alldem achtete er auf peinliche Schönschrift. Schließlich versah er das fertige Manuskript mit dem harmlosen Titel *Naturkundliche Anmerkungen zur Reise der Beagle unter Kapitän FitzRoy* und überreichte es demselben mit der Bemerkung, er möge verzeihen, dass die Ab- und Umschrift so lange gedauert habe. Aber es sei gar nicht so einfach, komplizierte wissenschaftliche Sachverhalte in einer allgemein verständlichen Sprache darzustellen, ohne dass sie dadurch an Relevanz und Präzision verlören.

FitzRoy bedankte sich überschwänglich und versprach, den Text noch am selben Abend einer aufmerksamen Lektüre zu unterziehen. Er habe mit der Abfassung seines Reiseberichtes bereits begonnen. Darwins gewiss höchst bemerkenswerte Ausführungen den seinen hinzuzufügen, sei für ihn ein ausgesprochenes Vergnügen und natürlich auch ein Zeichen großen Vertrauens. Aus naturkundlicher Sicht werde das Manuskript dadurch zweifellos erheblich aufgewertet.

Zwei Tage später erkundigte sich Darwin beim gemeinsamen Abendessen beiläufig, wie dem Herrn Kapitän seine Ausführungen gefielen und ob er auch sämtliche Einzelheiten verstehe. Das sei schließlich der Zweck der Überarbeitung gewesen. FitzRoy goss sich ein weiteres Glas Wein ein und antwortete, bisher sei er bedauerlicherweise nur dazu gekommen, den Text grob zu überfliegen. Soweit er beurteilen könne, sei er durchaus in verständlichem und nachvollziehbarem Stil abgefasst – dafür herzlichen Dank. Bei der Realisierung seines Projektes werde er ihm mit Sicherheit gute Dienste leisten.

Darwin stopfte sich rasch ein mächtiges Stück Pastete in den Mund und kaute verbissen darauf herum. Das freue ihn, sagte er, nachdem er heruntergeschluckt und seine Gesichtszüge wieder unter Kontrolle gebracht hatte. Ob der Herr Kapitän so freundlich sein wolle, ihn das Geschriebene, wenn es fertig sei, einmal lesen zu lassen? Nur der naturkundlichen Genauigkeit wegen. Nicht, dass er zu den diesbezüglichen Fähigkeiten des Autors kein Vertrauen habe, aber vier Augen sähen nun einmal mehr als zwei. Und dem Herrn Kapitän sei doch zweifellos daran gelegen, dem künftigen Verleger des Buches ein in jeder Hinsicht makelloses Manuskript zu liefern.

FitzRoy nickte kauend. Ja, das sei es. Er werde zu gegebener Zeit auf das freundliche Angebot zurückkommen.

Das war das Letzte, was Darwin über das Buch *Die Reise der Beagle* aus der Feder von Robert FitzRoy hörte.

Die Katastrophe ereignete sich in Neuseeland, im Hafen von Russell. Jetzt, im Dezember, herrschte dort Hochsommer mit tropischen Temperaturen. Der Wind, der noch vor Tagen kräftig geblasen hatte, war zu einer kaum spürbaren Brise abgeflaut. Über den Himmel trieben träge ein paar durchscheinende Wolken; schwülwarme, stickige Luft machte das Atmen schwer. Angetrieben von den Offizieren, waren die Männer der *Beagle* unermüdlich damit beschäftigt, Defektes zu reparieren, Vorräte zu ergänzen und Frischwasser aufzufüllen. Ihre Köpfe glühten, Schweiß strömte in breiten Bächen die Körper hinab. Auch Darwin fühlte sich, als hätte er in Öl gebadet. Seine Kleidung klebte an der Haut, das Haar hing ihm in fettigen Strähnen in die Stirn, aus seinen Schuhen stieg der Dampf in dichten Schwaden. Jedes nicht von Kleidung bedeckte Stück Haut war von blutrünstigen Mücken bedeckt, die erbarmungslos zustachen.

Am Spätnachmittag des zweiten Aufenthaltstages grummelte es von Westen her. Mächtige Böen wirbelten verdorrte Blätter und Straßendreck durch die Luft, letzte Sonnenstrahlen blitzten durch blutrote Wolkenfetzen. Dann entlud sich ein schweres Gewitter nach dem anderen. Donner dröhnte wie Geschützlärm, Blitze zerrissen den Himmel, dicke Tropfen verwandelten die Pier in schlammigen Morast. Plötzlich, von einem Moment auf den anderen, war alles vorbei. Die Sonne stach wieder vom Himmel, und die schwülwarme Luft kehrte zurück, als sei nichts geschehen.

Darwin sehnte sich nach Wasser, nach einem Bad in einem der zahlreichen Flüsse, die die Ankerbucht speisten. Doch man hatte sie gewarnt, alle umgebenden Gewässer seien verseucht. Wer daraus trinke, dem sei nicht mehr zu helfen, der müsse sterben, langsam und qualvoll. Da FitzRoy zudem entschieden Wert darauf legte, sämtliche Wasserfässer zu leeren und so zum erneuten Befüllen vorzubereiten, mussten sich die Männer notgedrungen mit der muffig-brackigen, von braunen Algen durchsetzten Flüssigkeit waschen, an die Darwin sich in all den Jahren an Bord nie hatte gewöhnen können. Schon beim Gedanken an die trübe Brühe wurde ihm regelmäßig übel. Wenn er sich damit den Dreck von der Haut spülte, fühlte er sich hinterher schmutziger als davor.

Den Abend verbrachte er zusammen mit Usborne, Stokes und Sullivan in einer der zahlreichen Hafenkneipen, in denen vorwiegend Walfänger ihre hart erarbeitete Heuer versoffen. Der Rauch unzähliger Zigaretten und Tabakspfeifen hing wie grauer Nebel über den Tischen und machte das Atmen schwer. Es roch nach Tran, Whisky und, da kaum einer der Betrunkenen sich die Mühe machte, zum Pinkeln nach draußen zu gehen, penetrant nach abgestandenem Urin.

Doch immerhin waren sie nach langer Zeit wieder einmal an Land. Es gab Bier im Überfluss, klare Schnäpse in verlockender Auswahl und immer wieder Whisky. Als die drei Offiziere der *Beagle* – trotz ineinander verhakter Arme heftig von einer Straßenseite zur anderen schwankend – die Spelunke verließen, war es draußen stockdunkel, aber immer noch drückend heiß. Katzen schlichen auf der Suche nach fauligen Fischabfällen durch die Gassen, ein lahmer Hund wühlte in einem Abfallhaufen, und über alldem surrten Stechmücken in ihrer nie erlahmenden Gier nach Blut.

Als die Männer auf ihrem Weg zurück in den Hafen eine schmale Brücke überquerten, klang gedämpftes Lachen zu ihnen herauf. Eine Handvoll Matrosen der *Beagle*, vermutlich nicht minder betrunken als ihre Offiziere, planschten übermütig im Wasser.

»Nicht!«, lallte Darwin mühsam.

Usborne versuchte vergeblich, einen zusammenhängenden Satz zustande zu bringen. Schließlich winkte er entnervt ab und nuschelte: »Das ist ein Befehl!«

Doch Sullivan war bereits dabei, sich das Hemd abzustreifen, und Stokes stand sogar schon in der Unterhose da. Ohne auf Dornen und Brennnesseln zu achten, torkelten sie fröhlich die Böschung hinab. Gleich darauf hörte Darwin undeutlich, wie einer der Seeleute förmlich mit »Guten Abend, Sir« grüßte.

Auch Usborne schien es sich nun anders zu überlegen. Offenbar war ihm entfallen, was er hatte befehlen wollen. Während er unablässig von Frechheit und Ungehorsam brabbelte, mühte er sich, die Kleider vom Leib zu bekommen. Das erwies sich als gar nicht so einfach, da er immer wieder verzweifelt versuchte, sich die Hose über den Kopf zu ziehen.

»Das Wasser!«, warf Darwin noch einmal ein und fragte sich im selben Moment, was er damit eigentlich sagen wollte.

»Wasser?« Usborne machte eine wegwerfende Handbewegung. »Warum Wasser? Eine Runde Whisky für alle!« Inzwischen hatte er sich mehr schlecht als recht vom linken Hosenbein befreit und plagte sich mit dem rechten herum. »Merken Sie sich eines«, murmelte er kaum verständlich. »Was ein Matrose der Königlich Britischen Marine kann, kann ein Offizier schon lange.« Mit einem letzten Ruck streifte er das widerspenstige Beinkleid ab. »Sehr lange sogar!« Er taumelte zwei Schritte nach vorne, stolperte über die eigene Hose und schlitterte laut kreischend den Hang hinunter.

Kurz darauf hörte Darwin ihn, unterbrochen von lautem Planschen, wiederholt etwas rufen, was er nicht verstand. Ihm war schwindelig. Er ließ sich rücklings gegen das Geländer der Brücke sinken und überlegte fieberhaft, warum man in dem verfluchten Fluss nicht baden durfte. Weil es ihm nicht einfiel und er sich zudem allein gelassen fühlte, begann er, mit zittrigen Fingern seine Schuhe zu öffnen, streifte sie ächzend von den Füßen und entledigte sich anschließend seines Hemdes und seiner Hose.

Als er gerade dabei war, seinen rechten Strumpf über den Fuß zu ziehen, kam Stokes zu ihm heraufgeklettert. Erstaunlich zielsicher spuckte er einen Schwall Kautabak auf Darwins Schuhe. Dann nuschelte er etwas von »kühl« und »prächtig«, zog Sullivans Hose verkehrt herum an und übergab sich mitten auf die Brücke.

Wenig später kehrten auch der Erste und der Zweite Offizier zurück. Ihnen sei kalt, murmelten sie, griffen nach den herumliegenden Kleidungsstücken und streiften sich über, was sie in die Finger bekamen. Sullivan erklärte lautstark, was für ein feiner Kerl Darwin sei, weil er auf ihre Sachen aufgepasst habe, und drückte dem so Gepriesenen in alkoholischer Rührung einen schmatzenden Kuss auf die Wange. Dann rutschte er auf Stokes' Erbrochenem aus und schlug sich mit Wucht den Kopf am Brückengeländer an. Er schrie kurz auf, betastete verdutzt seine Verletzung und erklärte, das wäre doch nicht nötig gewesen. Er wischte seine blutige Hand an Usbornes Hemd ab, das eigentlich Darwin gehörte, und intonierte aus vollem Hals die englische Nationalhymne. Die anderen fielen ein. Laut grölend machten sie sich auf den Weg Richtung Hafen.

Am nächsten Tag erschien Darwin als Einziger des nächtlichen Ausflugs an Deck. Usborne, Sullivan und Stokes wälzten sich stöhnend in ihren Hängematten. Und von den fünf Seeleuten, die das Gewässer als Erste entdeckt hatten, waren nur drei zur *Beagle* zurückgekehrt. Die Leichen der anderen zwei fand ein von FitzRoy ausgesandter Suchtrupp ein Stück weiter flussabwärts in den Strudeln eines Wehres.

Bynoe hatte alle Hände voll zu tun, doch seine Mittel waren begrenzt und seine Erfolge bescheiden. Die Kranken litten unter heftigem Brechdurchfall, hatten hohes Fieber und waren kaum ansprechbar. Was sie in den wenigen Momenten, in denen sie wach waren, auf Anweisung des Arztes mühsam hinunterwürgten, gaben sie gleich wieder stöhnend von sich.

Am schlimmsten hatte es Stokes erwischt. In der dritten Nacht nach dem Trinkgelage verfiel er in ein Delirium, aus dem er nur hin und wieder für einen kurzen Augenblick erwachte, um sinnloses Zeug zu stammeln und sich keuchend zu erbrechen. Zwei Tage später war er tot.

Die drei Leichen nähte der Segelmacher zusammen mit ein paar Kanonenkugeln in grobe Leinwand und befestigte darauf die britische Nationalflagge. Anschließend wuchteten Matrosen den solcherart geschmückten Sack auf eine breite Planke. Nachdem die *Beagle* Neuseeland verlassen hatte und weit und breit kein Land mehr in Sicht war, versammelten sich alle Mann auf dem Achterdeck. Auch Usborne, Sullivan und die drei erkrankten Seeleute waren inzwischen so weit genesen, dass sie an der Zeremonie teilnehmen konnten. Trommeln rasselten, Covington kratzte auf der Fidel eine traurige Melodie, und FitzRoy sprach schnarrend ein Totengebet. Dann erklärte er feierlich, er überantworte die Leichen der verstorbenen Gefährten nunmehr dem sich ewig verändernden, geheimnisvollen Meer. Auf seinen Wink hin kippten zwei Matrosen die Planke. Der Sack mit den Toten glitt über die Reling, klatschte ins Wasser und versank. Nicht einmal ein paar Luftblasen kündeten von der letzten Ruhestätte. Immerhin vernahm man schwach das Rollen fernen Donners.

Darwin versuchte nicht, seine Tränen zurückzuhalten. Auch Usborne und Sullivan rieben sich schniefend die Augen. Der Einzige, den das Geschehen offenbar nicht berührte, war FitzRoy. Den Blick in unendliche Fernen gerichtet und die Arme starr hinter dem Rücken verschränkt, stand er breitbeinig auf dem Achterdeck. Mit fester Stimme gab er das Kommando, wieder an die Arbeit zu gehen, räusperte sich ein paarmal und erklärte zu Usborne und Sullivan gewandt, die Aufgaben des Navigationsoffiziers werde für den Rest der Reise Philip King, seither Fähnrich, von heute an Leutnant, übernehmen. Mit entschlossen vorgeschobenem Kinn wartete er das obligatorische »Aye, aye, Sir« ab, dann stolzierte er, ohne noch einmal den Blick zu wenden, knallenden Schrittes zur Niedergangsluke und verschwand unter Deck.

King zog noch am selben Tag in Darwins Kabine ein. Herablassend lächelnd nahm er dessen Glückwünsche zur Beförderung entgegen und erklärte, er benötige im Gegensatz zu seinem Vorgänger den ganzen Kartentisch. Falls der Herr Naturforscher ihn zwischendurch einmal benutzen dürfe, werde er es ihn wissen lassen.

Darwin schluckte. Kaum war der Kerl Leutnant, da glaubte er schon, sich aufspielen zu können. Einen Augenblick erwog er, den jungen Bengel, der sich viel auf seinen christlichen Glauben einbildete, zu fragen, wie er es mit Demut und Nächstenliebe halte. Doch dann verzichtete er darauf. Der Bursche war abergläubisch, da gab es eine klügere Taktik.

»Das schränkt meine Tätigkeit leider erheblich ein«, entgegnete er scheinbar zerknirscht. »Aber wenn Sie darauf bestehen.«

Das tue er, sagte King, ganz entschieden sogar. Vermessungen und Kartenarbeit seien für die Mission der *Beagle* ja wohl erheblich wichtiger als Würmer zu zerschneiden und Vögel abzubalgen. Das habe er, mit Verlaub, von Anfang an als überaus abstoßend empfunden. Schließlich habe Gott, der Weltenherrscher, den Vögeln ihre Federn gegeben, um damit hoch hinauf in den Himmel zu fliegen und ihm nahe zu sein.

»Dann ist das Würmerzerschnippeln also weniger frevelhaft. Die Viecher sind ja eher der Hölle, mithin dem Teufel nahe.«

Auf Kings Stirn erschien eine steile Falte. Darwin möge ihm gefälligst nicht das Wort im Mund verdrehen. Er wisse verdammt genau, wie er es meine. Vögel, die Herrscher der Lüfte, könne man ja wohl schwerlich mit sich windendem, schleimigem Gewürm vergleichen.

»Wie man es nimmt«, erwiderte Darwin. »Bei den Menschen sind mir jedenfalls diejenigen, die auf dem Boden bleiben, lieber als andere, die meinen, abheben zu müssen.«

Ob sich das auf ihn beziehe, wollte King wissen.

Das beziehe sich auf jeden, erklärte Darwin, der glaube, etwas Besseres zu sein und mehr Rechte zu haben als andere. Zum Beispiel, weil man ihm ein lächerliches Amt übertragen habe.

»Unverschämtheit!«, bellte King. »Noch eine solche Bemerkung, und ich lasse Sie vor die Tür setzen.«

Darwin lächelte milde. Das solle er getrost versuchen. In diesem Raum seien diversen Körpern so viele Seelen entstiegen, dass der frischgebackene Herr Leutnant schon sehen werde, was er davon habe. Er möge dann des Nachts aber bitte nicht kommen und seinen, Darwins, Beistand erflehen. Was übrigens ohnehin nichts nutzen würde, da Seelen verstorbener Tiere, wie jeder Naturforscher bestätigen könne, extrem nachtragend seien und niemals vergäßen.

King schlug mit der Faust auf den Tisch. »Genug jetzt! Dann bleiben Sie in Gottes Namen hier.«

Gott könne man dabei getrost aus dem Spiel lassen, sagte Darwin. Wenn er selbst weiterhin in diesem Raum nächtige, dann allein deshalb, weil er den Herrn Leutnant nicht der Rache der verlorenen Seelen preisgeben wolle.

Er verließ die Kajüte und machte sich auf den Weg zum Zimmermann. Der war, wie fast immer, irgendwo auf dem Schiff unterwegs. So war es Darwin ein Leichtes, unbemerkt eine der zahlreich an der Wand hängenden Sägen zu entwenden. Jetzt galt es nur noch zu warten, bis King Wache hatte.

Das war bereits wenige Stunden später der Fall. In aller Ruhe verschwand Darwin in seiner Kabine. Er setzte die Säge an und spaltete die Platte des Kartentisches von unten her in zwei ungefähr gleich große Teile. Dabei gab er acht, dass der Schnitt nicht bis zur Oberfläche durchging. Dem unkundigen Betrachter musste sie vollkommen unversehrt erscheinen.

Als King nach Ablauf seines Decksdienstes in die Kajüte zurückkehrte, fand er den Tisch über und über mit Teilen von Pflanzen und diversem Getier bedeckt. Auf den wenigen freien Stellen lagen stapelweise dicht beschriebene Zettel. Darwin schien tief in die mikroskopische Betrachtung irgendwelcher Einzelheiten versunken.

Wie er erwartet hatte, platzte King der Kragen. »Weg mit dem Zeug!«, brüllte er. »Und zwar auf der Stelle! Bevor Sie meinen Arbeitsplatz mit Ihrem ekligen Kram vollpacken, haben Sie mich gefälligst um Erlaubnis zu fragen! Ich dachte, das hätte ich klar zum Ausdruck gebracht.«

Darwin ließ seine Augen am Okular des Mikroskops. »Gedulden Sie sich bitte einen kleinen Moment, Herr Leutnant. Ich bin gleich fertig.« Bedächtig drehte er an der Objektiveinstellung und tröpfelte aus einer Pipette farbige Flüssigkeit auf ein wurmähnliches Gebilde. »So dringend wird Ihre Arbeit ja wohl nicht sein.«

Die Bemerkung saß. Mit einer einzigen Armbewegung fegte King sämtliche Präparate, Utensilien und Chemikalien vom

Tisch. Nur mit scheinbarer Mühe konnte Darwin verhindern, dass er auch das wertvolle Mikroskop auf den Boden schleuderte.

Na gut, sagte er betont ruhig. Der Herr Leutnant müsse selbst verantworten, was er tue. Schließlich habe er den Herrn Leutnant gewarnt. Die Seelen der verstorbenen Tiere, er wisse schon.

»Hören Sie auf und gehen Sie mir aus dem Weg!« Polternd riss King einen der Wandkästen auf, zog eine großflächige Karte heraus und breitete sie auf dem Tisch aus.

Bevor er sich, wie es seine Gewohnheit war, mit vollem Gewicht auf beide Hände stützte, merkte Darwin noch an, er möge vorsichtig sein. Doch es war zu spät. Mit Getöse brach der Tisch mitten entzwei, das Papier rutschte über die Kante. King, des Gleichgewichts beraubt, stürzte krachend zu Boden. Dass er die Karte dabei in zwei Teile zerriss, empfand Darwin als unerwartete und daher besonders erfreuliche Zugabe, für die er den sich rächenden Seelen von Herzen dankbar war.

Je weiter nach Westen die *Beagle* vorankam, je näher der Tag rückte, an dem sie – nach fast fünfjähriger Fahrt – wieder in einen britischen Hafen einlaufen würde, desto schlimmer wurde Darwin von Heimweh gequält. Entdeckte er irgendwo ein Schiff auf dem Weg nach England, erfasste ihn heftige Beklemmung. Und bei dem Gedanken an die Landschaft um Shrewsbury und Maer stieg ihm ein dicker Kloß in die Kehle, der das Atmen schwer machte. Ganz besonders sehnte er sich nach Fanny. Weder die dralle Inês Figuireda noch die schokoladenbraune Peruanerin hatten es auf Dauer vermocht, sie aus seinen Gedanken zu verdrängen. In langen Tag- und noch längeren Nachtträumen sah er sie vor sich, fühlte ihre Haut, roch ihren Duft, schmeckte ihre Küsse.

Und dann, von einem Tag auf den nächsten, änderte sich alles.

Im Hafen von Port Louis auf Mauritius übernahm die *Beagle* von Bord des britischen Postschiffs *Devon* einen dicken

Stapel Schriftstücke, Päckchen und Pakete, darunter auch zwei Briefe für Darwin. Einer war von seinem Bruder Ras. Der teilte ihm mit, er habe in London eine schicke Wohnung bezogen und sei fast jeden Tag Gast auf irgendeiner Prominentenparty. Auf diese Weise versuche er, sich von den Gedanken an Gladys – kurz überlegte Darwin, ob er den Namen kennen müsse – zu befreien. Von der habe er sich nämlich getrennt, aber jetzt fehle sie ihm doch mehr, als er gedacht habe. Zum Glück gebe es in London jedoch genügend junge Mädchen, die für den Vorzug, auf einer Gesellschaft einflussreichen Leuten vorgestellt zu werden, zu allem bereit seien. Dennoch sei es mit den Frauen wie verhext. So sehr er sich auch bemühe, es zu vermeiden, immer wieder verliebe er sich. Wie gut es doch sein Bruder an Bord eines Schiffes habe, auf dem er ausschließlich von Männern umgeben sei. Darwin überflog den Rest, entschied, dass eine Antwort nicht erforderlich sei, und wandte sich dem zweiten Brief zu.

Den hatte seine Schwester Susan im Oktober 1835, also vor einem knappen halben Jahr geschrieben, und schon der erste Satz – »Lieber Charles, was ich Dir mitzuteilen habe, tut mir schrecklich leid« – verhieß nichts Gutes. Einen Augenblick dachte er, der Vater sei schwer erkrankt oder vielleicht gar gestorben. Aber dann traf ihn das, was er lesen musste, viel härter. Es war, als hätte er mit Wucht einen Schlag auf den Kopf bekommen. Der Schmerz war unbeschreiblich. Fanny Owen habe sich völlig überraschend mit James Biddulph verlobt, schrieb Susan, die Hochzeit finde Anfang Januar statt. Man munkle, sie sei schwanger.

Darwin ließ den Brief sinken. Eisige Kälte kroch ihm über den Rücken, er zitterte am ganzen Körper. Dann war Fanny also jetzt, wo er diese Zeilen las und fühlte, wie seine Augen feucht wurden, bereits die Ehefrau eines anderen. Ja, möglicherweise sogar schon Mutter eines Kindes, das jener andere gezeugt hatte. Kraftlos ließ er sich auf einen Stuhl fallen. Dass King dort eine seiner geliebten, in weiten Teilen neu gezeichneten Seekarten ausgebreitet hatte, beachtete er nicht. Erst als das wertvolle Dokument mit einem scharfen Ratschen zerriss, wurde ihm bewusst, was er angerichtet hatte. Doch es war ihm gleichgültig.

Fanny verheiratet! Keine gemeinsamen Ausritte mehr, nie mehr der Duft ihrer Haut, nie mehr die prickelnden Berührungen ihrer Hände, nie mehr ihre leidenschaftlichen Küsse. Er hatte gewusst, dass nach seiner Rückkehr vieles anders sein würde als vorher. Hatte sogar damit gerechnet, die eine oder andere geliebte Person vielleicht nie mehr wiederzusehen. Doch Fanny an einen anderen zu verlieren, seine geliebte Fanny, die ihm hoch und heilig Treue geschworen und in ihren Briefen immer wieder gefleht hatte, er möge sie um Gottes willen nicht vergessen – das war mehr, als er ertragen konnte. Er war wie in Trance. Merkte nicht, dass er laut aufstöhnte, dass ihm Tränen die Wangen hinabliefen, dass King hereinschaute und mit einem erschrockenen »Du meine Güte!« gleich wieder die Tür schloss. Ließ sich nicht beim Abendessen in der Kapitänskajüte blicken, irrte in der Nacht planlos durch das Schiff, ohne zu wissen, wo er hinging und was er wollte. Machte sich ob seiner Affären mit den südamerikanischen Frauen bittere Vorwürfe. Und sagte sich im selben Moment, dass er auch, wenn er Fanny treu geblieben wäre, ihren Entschluss, ihn zu verlassen, nicht im Geringsten geändert hätte.

Es dauerte eine knappe Woche, bis er wieder einigermaßen klar denken konnte. Taktvollerweise hatten weder FitzRoy noch ein anderer an Bord ihn seines offensichtlichen Kummers wegen angesprochen. Und selbst King machte ihm wegen der zerrissenen Seekarte keine Szene und wischte seine Entschuldigung mit einer Handbewegung beiseite. Das fasste Darwin als Zeichen auf, die Sache sei damit erledigt. Und er entschied, dasselbe müsse nun auch für das Thema Fanny Owen gelten. Also zerriss er ihre Briefe und warf die Schnipsel über die Reling. Dann kramte er seine Präparate und Aufzeichnungen hervor, machte sich verbissen an die Arbeit und beschloss, Fanny zu vergessen.

In Kapstadt wurden sie bereits erwartet. Kaum hatte die *Beagle* an der Pier festgemacht, da erschien auch schon ein hoch aufgeschossener Schwarzer an Bord, der sich mit Andy vorstellte. Er komme von Sir John Herschel. Wie ja wohl allgemein bekannt sei, residiere der noble Herr seit einigen Jahren in Kapstadt, um den südlichen Sternenhimmel zu studieren. Sir John lege entschieden Wert darauf, den Kapitän der Brigg kennenzulernen. Dazu Mister Charles Darwin, seinen naturkundlichen Begleiter, über den ganz England spreche. Ob er also bitten dürfe?

FitzRoy sah Darwin und dieser FitzRoy an. Dann nickten beide und folgten Andy zu einer offenen Kutsche, vor der ein scheckiges Pferd gelangweilt im Boden scharrte. Eine knappe Stunde später lenkte der Schwarze das Gefährt in einen geschotterten, von mächtigen Eichen und Tannen gesäumten Parkweg und hielt vor einem Backsteinhaus, das unverkennbar schon bessere Tage gesehen hatte.

Sir John Herschel kam ihnen mit ausgebreiteten Armen die breite, moosbewachsene Treppe hinab entgegen. Er mochte Mitte vierzig sein, war von stattlicher Statur und mit einem schwarzen, zerknitterten Gehrock bekleidet. Auch das längliche Gesicht war von tiefen Falten durchzogen. Die gleichermaßen zerfurchte Stirn verschwand am Hinterkopf unter krausem, früh ergrautem Haar. Er freue sich, erklärte er lautstark, dass die Herren seiner Einladung so bereitwillig nachgekommen seien. Wenn sie ihm bitte folgen wollten.

Verbindlich lächelnd geleitete er Darwin und FitzRoy in ein weiträumiges Wohnzimmer. Gleich darauf servierte eine farbige Dienerin Tee und knuspriges Gebäck. Mit allenfalls höflichem Interesse fragte Herschel FitzRoy nach den Erfolgen bei der Vermessung der südamerikanischen Küste und erkundigte sich anschließend mit umso größerer Begeisterung bei Darwin nach dessen naturkundlichen Forschungen. Welche Erkenntnisse und Schlussfolgerungen man denn nun daraus ziehen könne?

Darwin bemühte sich, seine Antworten möglichst wenig konkret zu formulieren. Auf keinen Fall wollte er eine erneute Auseinandersetzung mit dem Kapitän riskieren.

Doch Herschel – nach eigenem Bekunden zurzeit ausnahmsweise nicht mit der Lösung astronomischer Probleme, sondern mit der Übersetzung der Werke Homers ins Englische beschäftigt – ließ sich nicht mit Allgemeinplätzen abspeisen. Wenn er ihn recht verstehe, sei Darwin also der Ansicht, Tier- und Pflanzenarten seien nichts Fixes, einmal Erschaffenes, sondern unterlägen einer ständigen Um- und Weiterentwicklung? So wie Sternhaufen, die sich in den unermesslichen Weiten des Universums infolge der Schwerkraft aus Unmengen einzelner Objekte zu allen möglichen Formen zusammenballten? Ein niemals endender Prozess, der sich in extrem langen Zeiträumen abspielte?

Darwin warf einen ängstlichen Blick auf FitzRoy, doch der schien gar nicht richtig zuzuhören. »Zumindest deutet einiges darauf hin«, antwortete er ausweichend.

Herschel nickte eifrig. »In meinem Buch *Einführung in das Studium der Naturphilosophie* – kennen Sie es übrigens?«

Darwin bejahte. »Ich habe es während der Reise auf der *Beagle* gelesen. Mehrmals sogar. Höchst beeindruckend, das muss ich, ohne Ihnen schmeicheln zu wollen, ehrlich sagen.«

Über das Gesicht des Astronomen glitt ein Lächeln. »Das freut mich. Also, in besagtem Buch habe ich ja unter anderem meine eigenen Gedanken zur Entstehung neuer Arten formuliert.«

FitzRoy schnaufte vernehmlich. Herschel sei ihm doch gewiss nicht böse, wenn er ein wenig im prächtigen Garten umherspaziere? Im Hinblick auf naturkundliche Angelegenheiten sei er bedauerlicherweise nicht übermäßig bewandert. Da halte er es für besser, die beiden Spezialisten nicht zu stören.

»Sie stören keinesfalls, lieber Kapitän«, beeilte sich Herschel zu versichern. »Aber wenn Ihnen der Sinn eher danach steht, sich draußen ein wenig umzusehen …«

Ja, danach sei ihm sehr zumute, sagte FitzRoy, erhob sich und war gleich darauf zur Tür hinaus.

»Was hat er denn?«, fragte Herschel, als er mit Darwin allein war.

»Nun ja, das ist nicht sein Thema. Was die Entstehung von Tieren und Pflanzen angeht, glaubt er an die biblische Schöpfungsgeschichte. Wortwörtlich, mit Punkt und Komma. Da lässt er nicht mit sich reden.«

Herschel zog die Augenbrauen hoch. »Ach was! Ich hätte ihn eigentlich für aufgeschlossener gehalten. Durchaus modernen Gedanken zugetan.« Er nahm einen Schluck Tee und tupfte sich anschließend mit einer Serviette umständlich den Mund ab. »So kann man sich täuschen.«

Darwin zuckte die Schultern. »Um auf Ihr Buch zurückzukommen, genauer gesagt, auf die Entstehung neuer Arten. Eine Natur- im Gegensatz zu einer Wundererscheinung haben Sie den Prozess genannt.«

»Ganz richtig. Meiner Ansicht nach ein vollkommen natürlich ablaufendes Geschehen. Stetig und zwangsläufig. Stimmen Sie mir zu?«

»O ja, voll und ganz sogar. Auch ich komme mehr und mehr zu der Überzeugung, dass Arten ausnahmslos aus bereits bestehenden hervorgehen. Dass ausgestorbene Spezies durch neue ersetzt werden, sämtliche Lebewesen also gleichsam miteinander verwandt sind. Wenn ich auch den Mechanismus, der dafür verantwortlich ist, noch nicht verstehe.«

Wieder nickte Herschel eifrig. »Ja, das scheint der springende Punkt zu sein. Das Geheimnis aller Geheimnisse gewissermaßen.« Er hob sein Glas und prostete Darwin zu. »Vielleicht sind Sie ja der Beneidenswerte, der es entschlüsselt.«

Zweiter Teil

Die Idee

Shrewsbury

Als die *Beagle* im Jahr 1831 aus Plymouth fortgesegelt war, hatten davon allenfalls ein paar jammernde Seemannsbräute, -frauen und -kinder Notiz genommen. Als sie jetzt, im Oktober 1836, in Falmouth an der Südwestspitze Englands wieder einen britischen Hafen anlief, war dieser voll von Menschen. Zu Tausenden beobachteten sie durch den obligatorischen Nebel, wie die inzwischen berühmt gewordene Brigg an der Pier festmachte. Als die Seeleute von Bord gingen, erhob sich begeisterter Jubel.

FitzRoy dachte, der Applaus gelte ihm, warf sich in die Brust und winkte lächelnd in die Menge. Doch niemand beachtete ihn. Sofort gefroren seine Gesichtszüge, und er biss die Zähne zusammen, dass die Kaumuskeln scharf hervortraten. Scheinbar gelangweilt blickte er in die Ferne und tat so, als habe er einem Bekannten zugewinkt. Man wolle Darwin sehen, hörte er rufen, den jungen Naturforscher.

Der sah sich, kaum dass er die Pier betreten hatte, von einer dichten Menschenmenge umringt. Männer klopften ihm auf die Schulter, Frauen küssten seine Hände, Kinder streckten ihm Zeitungsartikel entgegen und bettelten um eine Unterschrift. Ein gemischter Chor sang von Stolz und Ehre, und ein älterer, feierlich dreinblickender Herr mit schwarzem Zylinder hielt eine Rede, von der man im allgemeinen Durcheinander kein einziges Wort verstand.

Es dauerte Stunden, bis Darwin sich von FitzRoy, den Offizieren und Matrosen und besonders von Syms Covington verabschiedet hatte. Der ging ihm ein letztes Mal zur Hand und half ihm, seine Ausrüstung und Sammlung von Bord zu schaffen und in der Kalesche zu verstauen, die sein Vater eigens für ihn nach Falmouth geschickt hatte.

Fast zwei Tage lang wurde er anschließend auf holperigen Wegen und löchrigen Straßen durchgeschüttelt. Nur hin und wieder fand er ein wenig Schlaf. Wenn er wach war, hatte er Hunger, aber vor Heimweh und Aufregung brachte er keinen Bissen hinunter. Dann war er endlich zu Hause. Er küsste seine Schwestern, kraulte dem grau gewordenen Retriever den Nacken und ließ sich von seinem Vater in die Arme schließen. Wort- und tränenreich versicherte ihm dieser, wie stolz er auf ihn sei.

Die nächsten Tage musste er erzählen. Musste der Familie sowie Verwandten, Freunden und Bekannten von seinen Erlebnissen auf allen fünf Kontinenten und den dazwischen liegenden Meeren berichten. Mit beiden Händen gestikulierend schilderte er die immer gleiche Routine, aber auch die brutale Strenge an Bord eines Segelschiffes, die Hektik, wenn Wind zu Sturm und Sturm zu Orkan wurde, die Langeweile, wenn tagelange Flauten jedes Vorwärtskommen unmöglich machten. Er nahm seine Zuhörer mit in die von Leben berstenden Urwälder der Tropen, in die eisigen Höhen der Anden und die trostlose Ödnis Feuerlands, wo primitive Kreaturen wie Tiere auf der nackten Erde schliefen und Fleisch von gefundenen Knochen nagten. Mit leuchtenden Augen erzählte er von der einzigartigen Tierwelt der Galapagosinseln und ließ auch den verhängnisvollen Affenbiss nicht aus, der ihn um ein Haar das Leben gekostet hatte.

Nur eines erwähnte er mit keinem Wort: die irritierenden Vorstellungen und Ideen, die ihm während der vergangenen fünf Jahre zur Geschichte der Erde und zur Wandelbarkeit der darauf lebenden Kreaturen durch den Kopf gegangen waren. Gedanken, scheinbar abwegig und fantastisch, mit denen er sich anfangs eher widerwillig beschäftigt hatte, die allmählich jedoch zur Gewissheit geworden waren. Auch die Schlussfolgerungen, die ein klar denkender Mensch zwangsläufig daraus ziehen musste, behielt er für sich: dass die Schöpfung, so wie die Bibel sie beschrieb, nicht stattgefunden haben konnte. Dass Gott allenfalls Erschaffer der ersten Lebewesen war, die sich fortan stetig weiterentwickelt und zu immer neuen Formen verändert hatten. Denn eines wollte er bis auf Weiteres unbedingt vermeiden: seinem Vater erklären zu müssen, dass es mit der Karriere als Landpfarrer endgültig vorbei war.

Doch die Rücksichtnahme erwies sich als unnötig. Schon am zweiten Tag nach seiner Ankunft nahm ihn der Vater beiseite. Wenn er recht verstanden habe, sagte er mit belegter Stimme, stehe die Laufbahn seines Sohnes als Naturforscher – bei dem Wort glaubte Darwin, sich verhört zu haben – ja erst ganz am Anfang. Es sei also noch Großes von ihm zu erwarten. Und das könne er schwerlich leisten, wenn er gleichzeitig eine Gemeinde zu betreuen und Predigten zu halten habe.

Das sehe er genauso, bestätigte Darwin. Deshalb sei es das Beste, er mache sich gleich an die Arbeit.

Doch damit musste er sich gedulden, denn die Zahl derer, die seine abenteuerlichen Berichte hören wollten, wuchs ständig. Gemeinden veranstalteten Vortragsabende, Gastwirte füllten mit der Ankündigung seines Auftritts ihre größten Versammlungsräume, und Theatersäle blieben leer, wenn er in einer nahen Kneipe von Brasilien, Chile und Patagonien erzählte. In immer weiterem Umkreis um seine Geburtsstadt machte er sich als fesselnder Redner einen Namen. Nur Woodhouse, die Heimat von Fanny Owen und Familie, ließ er links liegen. Die Briefe ihres Vaters, seines einstigen Jagdkumpanen, ließ er unbeantwortet. Und als Fanny selbst ihm einmal schrieb, warf er den Umschlag ungeöffnet ins Feuer.

Die wenige Zeit, die ihm sein voller Terminkalender ließ, verbrachte er am liebsten in Maer. Dort unterhielt er sich stundenlang mit seinem sichtlich stolzen Onkel Jos und beantwortete geduldig dessen Fragen. Doch mehr und mehr kam ihm zu Bewusstsein, dass es nicht der Onkel war, der ihn mit Macht anzog, sondern dessen Tochter, seine Kusine Emma. Wenn sie – schlank, braun gelockt, mit lebhaften dunklen Augen – neben ihrem Vater auf dem Sofa saß und seinen Worten lauschte, sprach aus ihrem Gesicht mehr als nur Interesse für seine Schilderungen. Bald unternahmen sie gemeinsame

Ausritte, die von Mal zu Mal länger wurden. Und irgendwann musste Darwin sich eingestehen, dass er sich verliebt hatte.

Vater und Schwestern hatten schon wiederholt mehr oder minder dezente Bemerkungen fallen gelassen, er habe ja nun ein Alter erreicht, in dem andere längst verheiratet seien. Und Emma sei zweifellos eine ebenso liebenswürdige wie hervorragende Partie. Hübsch, gebildet, musikalisch, dabei häuslich und mit Gewissheit aufopferungsvoll um das Wohl ihres künftigen Gatten besorgt. An Bewerbern mangele es ihr, soweit man höre, keinesfalls. Derjenige, der zum Zug kommen wolle, sei mithin gut beraten, sich zu beeilen. Kam Emma einmal in Begleitung von Onkel Jos zu Besuch, konnte Darwin sich darauf verlassen, dass sein Vater den Schwager alsbald auf einen Brandy und eine Zigarre in die Bibliothek entführte und gleich darauf auch seine Schwestern unter fadenscheinigen Vorwänden verschwanden.

Emma war es auch, die ihn auf seiner Fahrt nach Cambridge begleitete, zu Henslow, dem er die Reise mit der *Beagle* verdankte. Es war einer jener trüben Märztage, wie sie für Südengland typisch sind: nicht mehr richtig Winter, aber beileibe noch nicht Frühling. Die Kutsche rumpelte über Straßen, die den Namen nicht verdienten, und der kühle Wind, der durch alle Ritzen drang, bot den beiden Insassen einen willkommenen Vorwand, näher zusammenzurücken. Als sie vor dem dunkelbraunen Backsteingebäude in der Regent Street ankamen, hatten nicht nur ihre Hände immer wieder zueinander gefunden.

Henslow hatte sich kaum verändert – sein schwarzes Haar mit den grauen Strähnen war lichter, sein Bauch fülliger geworden, seine dunklen Augen blickten nach wie vor hellwach. Auch die obligatorische Pfeife im Mundwinkel fehlte nicht. Er begrüßte Darwin überschwänglich, machte Emma artig Komplimente und führte die beiden durch einen langen Flur in ein Wohnzimmer, das geräumig gewesen wäre, hätten nicht überall Stöße von Büchern die Bewegungsfreiheit eingeengt. Im Kamin bemühte sich ein müdes Feuer vergeblich, die ausgebrannten Scheite zu entflammen. Es roch nach Rauch, heißem Spiritus und merkwürdigerweise nach etwas, das Darwin an frisch gemähtes Gras denken ließ. Von der Straße klang gedämpft das Wiehern eines Pferdes herauf.

Henslow schenkte sich selbst einen Scotch, Darwin einen Gin und Emma einen süßen Sherry ein. Mit gewinnendem Lächeln prostete er seinen Gästen zu und kam zur Sache: »Großartig, was Sie geliefert haben, in der Tat phänomenal. Ich habe sämtliche Präparate gesichtet, alles, so gut ich konnte, sortiert und unter den bedeutendsten Koryphäen des Landes aufgeteilt. Jenyns kümmert sich um die Fische – ausgezeichnet konserviert, meinte er –, Hope um die Insekten, Waterhouse übernimmt die Säugetiere. Bell hat mich um die Reptilien gebeten, Gould um die Vögel, und Owen war von den Fossilien ganz begeistert. Ich selbst werde die Pflanzen begutachten und versuchen, sie zu klassifizieren. Sollte mich nicht wundern, wenn ich Jahre damit beschäftigt wäre.«

»Apropos Gould …«, setzte Darwin zum Sprechen an.

Henslow fiel ihm ins Wort: »Ich weiß, was Sie sagen wollen. Ob er sich schon zu den Galapagos-Finken geäußert hat.«

Darwin nickte wortlos.

»Ja, hat er. Schien sogar mächtig beeindruckt, als er mir davon erzählte. Zweifellos handle es sich um getrennte, wenngleich nahe miteinander verwandte Arten. Er glaubt sogar, eine Reihe von Kennzeichen gefunden zu haben, die darauf hindeuten, dass sie allesamt Verwandte einer Spezies des Festlandes sind. Von der haben Sie ja offenbar ebenfalls etliche Exemplare geschickt.«

Das habe er auch schon vermutet, sagte Darwin. Wenngleich er sich natürlich nicht anmaße, ein abschließendes Urteil zu fällen. Deshalb freue er sich umso mehr über Goulds Expertise. Ob er Henslow schon von Lawson berichtet habe?

»Lawson? Nicht, dass ich mich erinnere.«

»Gouverneur der Galapagosinseln. In naturkundlichen Dingen erstaunlich bewandert. Der behauptet, jede Insel beherberge ihre eigenen, nur auf ihr vorkommenden Arten.

Nicht nur Vögel, auch Säugetiere, Reptilien und Amphibien. Ob das, wie er vermutet, auch auf Pflanzen zutrifft, werden Sie zweifellos am besten beurteilen können.«

Henslow stopfte umständlich seine Pfeife und versprach, auf mögliche Ähnlichkeiten und Verwandtschaften besonderes Augenmerk zu richten. Bis er dazu eine verlässliche Aussage machen könne, werde es aber, wie schon gesagt, noch eine ganze Weile dauern.

Die Tür ging auf, und seine Frau Harriet trat ein. Sie schien im selben Maße dünner und spitzknochiger geworden zu sein, in dem ihr Mann an Leibesfülle zugelegt hatte, war aber ansonsten unverändert. Noch immer zog sie beim Lächeln den rechten Mundwinkel höher als den linken, und noch immer erschrak man, wenn sie einem bei der Begrüßung mit ihrer feingliedrigen Hand die Finger quetschte. Nachdem sie Tee und Gebäck auf den Couchtisch gestellt und sich zu ihnen gesetzt hatte, legte Henslow seinen Arm um ihre mageren Schultern. Augenzwinkernd erklärte er, er selbst und seine Frau seien in den Jahren, in denen Darwin so unermüdlich im Dienste der Wissenschaft gewirkt habe, ebenfalls nicht untätig gewesen. Ob er sich noch an ihre beiden Kinder erinnere? Die hätten mittlerweile Geschwister bekommen, drei an der Zahl. Steven, der Jüngste, sei erst knapp ein halbes Jahr alt.

Darwin und Emma gratulierten und warfen sich vielsagende Blicke zu.

Dann kramte Henslow unter einem Bücherstapel einen schmalen Band hervor. »Hier, schenke ich Ihnen.«

Darwin warf einen Blick auf den Titel: *Essay über die Gesetzmäßigkeit der Bevölkerungsentwicklung* von einem gewissen Thomas Robert Malthus. Was es denn mit dem Büchlein auf sich habe?

Henslow, der sich gerade den zweiten Whisky eingoss, sah von seinem Glas auf. »Könnte für Sie von Interesse sein. Blättern Sie's mal durch. Ist ja nicht allzu umfangreich.«

Darwin dachte an Lyells *Prinzipien der Geologie,* das er ebenfalls auf Henslows Anraten gelesen hatte. Kaum ein anderes

Buch hatte ihn jemals derart gefesselt. »Ergebensten Dank. Wenn *Sie* es mir empfehlen, werde ich es mit größtem Vergnügen studieren.«

Schon auf der Rückfahrt begann er zu lesen. Und je mehr er las, desto gieriger verschlang er Wort um Wort, Zeile um Zeile, Seite um Seite.

Worum es gehe, wollte Emma wissen.

Keine Antwort.

Ob das Buch spannend sei?

Darwin sah abwesend auf. »Wie?«

»Kannst du das nicht zu Hause lesen? Wenn du allein bist?«

»Ja, sicher.« Darwin blätterte um und las weiter.

Emma rückte näher an ihn heran. »Mir ist kalt.«

Das Buch handele von der Vermehrung der Menschen, murmelte Darwin.

Emma schlüpfte noch näher. »Ach ja?« Sie lächelte ihn spitzbübisch an. »Ich dachte, da wüsstest du Bescheid.«

Wieder bekam sie keine Antwort und hakte nach: »Oder etwa nicht?«

»Bevölkerungswachstum«, sagte Darwin. »In geometrischer Folge.«

Was Fortpflanzung mit Mathematik zu tun habe, wollte Emma wissen.

»Das Ganze bei begrenzten Nahrungsmitteln«, sagte Darwin. »Die nehmen nämlich nur arithmetisch zu.«

Emma legte ihren Kopf an seine Schulter. »Nichts gegen Arithmetik und Geometrie. Aber Fortpflanzung ohne derartige Zutaten ist mir wesentlich lieber.«

Sie nahm ihm das Buch aus der Hand, zog seinen Kopf zu sich herunter und küsste ihn unvermittelt. Mit flinken Fingern knöpfte sie seine Jacke auf, schob ihre Hände durch den groben Stoff und liebkoste ihn ausgiebig. Er lehnte seufzend den Kopf zurück, empfand die Berührung ihrer Finger wie tanzende Flammen auf seiner Haut und versuchte seinerseits, in der Enge der hin- und herschaukelnden Kutsche ihre Brüste zu ertasten. Als sie mit kundigen Bewegungen – einen kurzen Moment fragte er sich beunruhigt, woher sie die Übung hatte – seinen Gürtel öffnete, hatte er gefunden, wonach er suchte. Er befreite sie von Spangen und Bändern, ließ seine Hände in ihren Ausschnitt gleiten und entlockte ihr gleich darauf ein wohliges Stöhnen.

Als er seine Augen einen kurzen Moment öffnete, sah er den Käfer. Metallisch grün, auf jedem Flügel ein weißer Fleck, fein gekörnte Flügeldecken: unbestreitbar ein Zweipunktiger Eichenprachtkäfer, *Agrilus biguttatus*. Eine ausgesprochene Seltenheit, zumal in dieser Jahreszeit. Sofort erwachte seine alte Leidenschaft. Doch dann registrierte er beglückt, dass die andere, von Emma mit geschickten Händen und Lippen entfachte Leidenschaft stärker war. Er schloss erneut die Augen und erlaubte sich bezüglich des Käfers nur noch den letzten Gedanken, dass dieser die Kutsche ja nicht verlassen könne und ihm daher so gut wie sicher sei.

Wieder zu Hause in Shrewsbury, nahm er ein Blatt Papier zur Hand und teilte es in zwei Spalten, die er mit »Heiraten« und »Nicht heiraten« überschrieb. Zuerst nahm er sich die zweite Spalte vor. »Keine nervenden Kinder«, trug er ein und »Freiheit zu gehen, wohin man will. Kein Zwang, Verwandte zu besuchen. Jeden Abend Unterhaltung mit klugen Männern in Clubs« sowie »Keine unnötigen Streitereien« und, dick unterstrichen, »Niemand, der im Alter für einen sorgt«.

Unter »Heiraten« notierte er: »Beständiger Partner. Hübsche, sanfte Frau auf einem Sofa, bei Kaminfeuer, Büchern und Musik. Weibliches Geplauder – angeblich gut für die Gesundheit.« Er kaute eine Weile nachdenklich auf seiner Schreibfeder herum und setzte die Aufzählung fort. »Jemand, den man lieben und mit dem man spielen kann – besser jedenfalls als mit einem Hund« und »So Gott will, Kinder«. Er wollte die Aufzählung mit »Eine Person, die sich um das Haus kümmert, es sauber hält und regelmäßig lüftet« beenden, doch da fiel ihm noch ein weiterer wesentlicher Aspekt ein: »Ras will keine Kinder, daher Fortpflanzung zur Erhaltung des Namens Darwin zwingend erforderlich.«

Er legte die Feder beiseite, goss sich ein Glas Gin ein, schlürfte genüsslich Schluck für Schluck und ließ seinen Blick immer wieder über die Liste gleiten. Er zündete sich eine Zigarre an, paffte geistesabwesend ein paar Züge und merkte nicht, dass sie wieder ausging. Dann nahm er noch einmal die Feder zur Hand und ergänzte die »Heiraten«-Spalte mit »Unerträglicher Gedanke, das ganze Leben wie eine geschlechtslose Biene nur mit Arbeit zu verbringen«. Er stand auf, ging im Zimmer umher, setzte sich wieder, las, trank und las noch einmal. Dann gab er sich einen Ruck, tauchte die Feder ein letztes Mal in die Tinte und schrieb, so dick er konnte, quer über das Blatt: »Heiraten, heiraten, heiraten!«

Zufrieden lächelnd lehnte er sich zurück, gönnte sich einen weiteren Gin, diesmal einen doppelten, und nahm sich Malthus' Buch vor. Er las aufmerksam und vertiefte sich vor allem in die Passagen, die er in der Kutsche ablenkungsbedingt nur zum Teil verstanden hatte. Und je mehr er las, desto aufgeregter wurde er. Zwischendurch sprang er hoch, lief wie ein gefangenes Raubtier auf und ab und dachte so laut nach, dass seine Schwester Elizabeth den Kopf zur Tür hereinstreckte und besorgt fragte, ob ihm etwas fehle. Er winkte übellaunig ab, nahm einen Zettel zur Hand, notierte zwei, drei Sätze, sprang wieder auf, lief hin und her, schrieb neue Einfälle auf, las die nächsten Seiten des Buchs, schenkte sich einen weiteren Gin ein und vergaß in seiner Aufregung zu trinken. Zweimal ging er zur Toilette. Zweimal wusste er dort nicht mehr, was er wollte, und kehrte sinnend zurück. Als ihn der stechende Blasendruck schließlich hinderte, einen klaren Gedanken zu fassen, wunderte er sich: War er nicht eben erst auf dem Lokus gewesen?

Dazwischen stand er immer wieder bewegungslos am Fenster, starrte in das Dunkel der Nacht und zog Schlüsse. Als es zu dämmern begann, hatte er das Buch durchgelesen, dazu zwölf Bögen Papier mit kleinen Buchstaben beschrieben, acht Gläser Gin und etwa zwanzig Tassen Tee getrunken.

Das war es! Das würde ihn ein ganzes Stück voranbringen. Zu gerne wäre er in Elizabeths Zimmer gestürzt und hätte ihr seine Gedanken und Folgerungen in allen Einzelheiten dargelegt. Doch seine Schwester schlief natürlich noch. Außerdem hätte sie kein Wort verstanden und nur deshalb zustimmend genickt, weil sie ihn nicht kränken wollte.

So ließ er sich – übermüdet und hellwach, betrunken und aufgeputscht – auf seinen Stuhl fallen und schrieb einen Brief an Syms Covington. Er habe jetzt endlich eine Theorie, mit der er arbeiten könne. Er verdanke sie einem Pastor namens Malthus, der sich intensiv Gedanken zu den Gesetzen der Bevölkerungsentwicklung gemacht habe. Nach dessen Auffassung hätten die Menschen ein naturgegebenes und daher praktisch unbezwingbares Verlangen, sich fortzupflanzen. Und wenn sie sich dabei nicht freiwillig mäßigten, brächten sie so viele Nachkommen hervor, dass ihre Zahl in geometrischer Reihe ansteige, sich also in kurzer Zeit vervielfache. Dieser ungehemmten Vermehrung stehe jedoch nur ein beschränktes Angebot an Nahrungsmitteln gegenüber. Und selbst bei noch so großen Anstrengungen nehme die Lebensmittelproduktion allenfalls arithmetisch, also linear zu, ohne indes jemals mit der Bevölkerungsentwicklung Schritt halten zu können. Dadurch komme es zwangsläufig immer wieder zu Elend und Mangel, zu Hungersnöten, Krieg und verheerenden Krankheiten, unter denen vor allem die Armen und Schwachen zu leiden hätten.

Darwin legte die Feder zur Seite und ging seine Aufzeichnungen durch. Er goss sich einen weiteren Tee ein, starrte minutenlang geistesabwesend in das Gebräu und fuhr fort. Er selbst, schrieb er, glaube zwar nicht, dass man Naturgesetze ohne Weiteres auf die menschliche Gesellschaft übertragen könne, aber darum gehe es gar nicht. Fest stehe seiner Meinung nach, dass die Umwelt den Lebewesen in der Regel feindlich gesinnt sei und sie in ihrer Existenz bedrohe. Sämtliche Kreaturen seien also zum Überleben darauf angewiesen, so viele Nachkommen zu zeugen, dass genügend übrig blieben, um sich ihrerseits fortzupflanzen. Und da beispielsweise Fische von extrem vielen Feinden und sonstigen Gefahren bedroht seien, bleibe ihnen gar nichts anderes übrig, als Unmengen von Nachfolgern in die Welt zu setzen. Der Elefant dagegen könne es sich aufgrund seiner Stärke erlauben, ausgesprochen wenige Nachkommen aufzuziehen.

Darwin hielt inne, nahm einen kräftigen Schluck Tee, der mittlerweile kalt geworden war, und dachte über einen wirkungsvollen Schlussabsatz nach. Endlich hatte er ihn gefunden: »Nach all dem, was mir nach der Lektüre der Malthus'schen Theorie durch den Kopf gegangen ist, komme ich zu dem Schluss, dass es letztlich der Kampf ums Dasein ist, der zu einer natürlichen Auslese führt. Von denjenigen Individuen, die an die jeweiligen Lebensbedingungen aufgrund minimaler Vorteile am besten angepasst sind, überleben mehr als von den weniger begünstigten. Diejenigen, die sich durchsetzen, pflanzen sich also bevorzugt fort und geben ihre Eigenschaften an ihre Nachkommen weiter. Auf diese Weise werden in einer Population bestimmte Eigenschaften und Merkmale immer häufiger, während andere nach und nach verschwinden. Und ganz allmählich – in sehr langen Zeiträumen – verändert sich diese Population. Wie aus einer Spezies allerdings gänzlich neue Arten hervorgehen, vermag ich nicht zu sagen.«

Ein letztes Mal setzte er ab und kaute nachdenklich an seinem Federkiel. Dann setzte er entschlossen hinzu: »Noch nicht.«

London

Nun, da er beschlossen hatte zu heiraten, stellte sich natürlich die Frage, wen. Eigentlich kam im Moment nur Emma in Betracht. Eine andere halbwegs akzeptable Frau, zudem noch im passenden Alter, kannte er nicht. Gegen Emma war allenfalls einzuwenden, dass sie seine Kusine war, aber was machte das schon? *Für* sie sprach dagegen eine ganze Menge. Da war zunächst ihre Bildung – immerhin beherrschte sie Französisch, Italienisch und Deutsch und war zudem in Geschichte und Philosophie bewandert. Hinzu kamen ihre Sportlichkeit – bei ihren gemeinsamen Ausritten war sie ihm in puncto Ausdauer und Schnelligkeit zumindest ebenbürtig – und ihre für ihn unbegreifliche Musikalität – als Schülerin von Chopin spielte sie ausgezeichnet Klavier. Zudem, und das war auch nicht zu verachten, stammte sie aus einer angesehenen und betuchten Familie, sodass er mit einer erfreulichen Mitgift rechnen konnte. Schließlich dachte er an die gemeinsame Kutschfahrt von Cambridge zurück nach Hause. Das gab den Ausschlag.

Gleich am nächsten Morgen machte er sich auf den Weg nach Maer. Shrewsbury war noch nicht außer Sicht, da merkte er schon, dass er zu leicht angezogen war. Ein böiger Westwind blies durch die Ritzen seiner Kleidung und schleuderte ihm, spitzen Nadeln gleich, winzige Eiskristalle ins Gesicht. Dunkle Wolken wehten wie Rauch über den Himmel. Kein Mensch kam ihm entgegen.

Er überlegte, wie er es anstellen sollte. Immerhin waren Emma und er sich schon mehrmals erheblich nahe gekommen. Sehr nahe sogar, wenn er es recht bedachte. Eigentlich musste sie damit rechnen, dass er sie fragen würde. Doch je weiter er ritt, desto quälender wurden die Zweifel. Würden

Männer und Frauen, zwischen denen es zu Intimitäten kam, deswegen immer gleich heiraten, sagte er sich, gäbe es schon längst keine Ledigen mehr. Er machte sich keine Illusionen: Gewiss war er nicht der erste Mann, mit dem Emma sich vergnügt hatte. Die raffinierte Geschicklichkeit, mit der sie ihn auf der Heimfahrt von Cambridge sprachlos gemacht hatte, hatte sie sich kaum im Selbststudium angeeignet. Bei dem Gedanken wurde ihm gleichzeitig heiß und kalt. Er griff in die Zügel und drosselte das Tempo.

Eigentlich war es für einen Heiratsantrag noch viel zu früh am Tag. So etwas erledigte man nicht morgens, wenn die Auserwählte noch gar nicht wach oder allenfalls beim Frühstück war. Zweifellos war der Abend ein viel günstigerer Zeitpunkt. Am besten nach einem gemeinsamen Theaterbesuch, bei Musik und einem Glas Wein. Er ließ das Pferd aus dem Trab in gemäßigten Schritt fallen. Wie sollte er es anstellen? Vor ihr auf die Knie zu fallen, war nach allem, was er wusste, nicht mehr in Mode. Und bei ihrem Vater über ihren Kopf hinweg um ihre Hand anzuhalten, kam ihm auch nicht zeitgemäß vor. Ganz abgesehen davon, dass Onkel Jos ihn ja möglicherweise als Neffe schätzte, aber keinesfalls als Schwiegersohn vorgesehen hatte.

Inzwischen konnte er im morgendlichen Dunst die ersten Häuser von Maer erkennen. Noch immer ließ ihn der scharfe Wind frösteln. In einer knappen halben Stunde würde er Emma gegenüberstehen. Er begann, sich seine Worte zurechtzulegen. »Geliebte Emma …« – nein, das war zu schwulstig; »Emma, ich habe da mal eine Frage …« dagegen zu nüchtern. Er stieg vom Pferd, fasste es am Zügel und ging versonnen voran. Je näher er seinem Ziel kam, desto langsamer wurde er. Als ihn am ersten Bauernhof ein krähender Hahn jäh aus seinen Gedanken riss, hatte er noch immer keine passende Formulierung gefunden. Er blieb stehen, verscheuchte das lästige Tier und dachte intensiv nach.

Den Bauern, der Kalk auf sein Feld streute, bemerkte er erst, als dieser ihn mit einem knappen »Morgen« ansprach. Geistesabwesend erwiderte er den Gruß und beobachtete den Mann eine Weile bei der Arbeit. Plötzlich kam ihm etwas in den Sinn, was ihn schon früher beschäftigt hatte: In ein paar Tagen würde die grauweiße Masse verschwunden sein. Wie von Geisterhand, ohne Regen oder Umgraben. Er hatte die Regenwürmer in Verdacht. Seit er ein Kind war, hatte er sich über die fleißigen Tierchen immer wieder Gedanken gemacht und sich vorgenommen, der Sache auf den Grund zu gehen. Doch bislang war es bei dem Vorsatz geblieben.

Er war davon überzeugt, dass Regenwürmer nicht nur das Obere nach unten, sondern auch umgekehrt die tieferen Erdschichten an die Oberfläche beförderten, indem sie diese fraßen, verdauten und im Freien wieder abgaben. Die kleinen, spiraligen Häufchen, die man allenthalben fand, schienen das eindeutig zu beweisen. Für die meisten seiner Landsleute, das wusste er, waren Regenwürmer bestenfalls als Angelköder zu etwas nutze. Doch damit tat man den Tieren Unrecht. Mit einiger Sicherheit war jedes Krümelchen Erde auf Äckern und Wiesen schon einmal durch den Darm eines Wurms gegangen, vielleicht sogar mehrfach. Folglich war der Ausdruck »pflanzlicher Humus« zumindest inkorrekt, »tierisch« kam der Wahrheit wesentlich näher.

Er zog ein Blatt Papier hervor und machte sich Notizen. Wenn er recht hatte, waren die Würmer für die Landwirtschaft außerordentlich nützlich. Es mochte daher für einen Bauern lohnend sein, sich auf seinen Ländereien um eine möglichst große Anzahl zu bemühen. Der Gedanke setzte sich in seinem Kopf fest und verdrängte erfreulicherweise den vermaledeiten Heiratsantrag. Er musste der Sache nachgehen, je früher, desto besser. Eine Abhandlung über das Thema wäre für die Agrarwirtschaft von großem Interesse und zudem geeignet, seinen Ruhm als Tier- und Pflanzenkundler zu mehren. Vergnügt wünschte er dem kalkenden Landwirt einen guten Tag, was dieser mit einem verdutzten Kopfschütteln quittierte. Dann stieg er wieder in den Sattel und ritt zurück nach Shrewsbury. Emma konnte warten, die Würmer nicht.

Und dann war alles ganz einfach. Zwei Tage später war er gerade eifrig damit beschäftigt, die neuen Objekte seines Interesses zu sammeln, um ihre Anatomie, Physiologie und ihr Verhalten zu studieren sowie die Menge ihrer Ausscheidungen zu bestimmen, als Emma in Begleitung von Onkel Jos in Shrewsbury eintraf. Während die Väter über die aktuelle politische Situation und deren mögliche Auswirkungen auf Arbeitsmarkt und Wohlstand debattierten, sah Emma ihm bei seiner Arbeit zu. Sie ließ sich erklären, wozu das Ganze gut sei, hatte keine Scheu, einen Wurm in die Hand zu nehmen, und nickte eifrig zu seinen Ausführungen. Er stand auf, wischte seine lehmverschmierten Hände an der Hose ab, ergriff die ihren und fragte sie, ob sie seine Frau werden wolle.

Sie lächelte ihn schelmisch an und sagte »Na, endlich!«. Und nach einer kurzen Pause: »Ja.«

Schmutzig und verschwitzt, wie er war, drückte er sie an sich und küsste sie. Sie ließ es sich gefallen. Von Stund an betrachtete er sich als verlobt.

Nun galt es, ein Heim zu finden. Eines, das groß genug war, nicht nur seiner Frau und ihm, sondern auch seinen Sammlungen und vor allem künftigen Kindern Platz zu bieten. Er war froh, dass Emma nicht auf einer Wohnung auf dem Land bestand, sondern sich spontan mit einem Domizil in London einverstanden erklärte. In der Nähe von Bibliotheken, Museen, wissenschaftlichen Gesellschaften und nicht zuletzt bedeutenden Verlagen. Er beabsichtigte, ein Buch über seine Reise mit der *Beagle* zu schreiben. Und was seine wissenschaftlichen Veröffentlichungen anbelangte, so sollte die Abhandlung über das segensreiche Wirken der Regenwürmer nicht seine letzte sein.

Mithilfe von Ras, der schon lange in der Hauptstadt lebte, fand er, was er suchte: eine Fünfzimmerwohnung oberhalb eines Fischladens in der Great Marlborough Street. Für knapp hundert Pfund pro Jahr war sie zu mieten. Nach einer kurzen Besichtigung gab Emma ihre Zustimmung. Wo es ihrem künftigen Ehemann gefalle, fühle auch sie sich wohl, verkündete sie tapfer. Sie rümpfte ob des Fischgeruchs ihre kleine Nase und strich Darwin eine widerspenstige Haarsträhne aus der Stirn. Dann machte sie einen Plan und begann Möbel auszusuchen: einen geräumigen Schreibtisch für ihren Mann, einen barocken Sekretär für sich selbst, ein dunkelrotes Sofa und stapelweise Kissen. Sie ließ Unmengen gebrauchter Bücherregale und ein breites Bett liefern, dazu Wäsche, Decken, Handtücher. Und natürlich eine Wiege für künftigen Nachwuchs.

Drei Tage vor ihrer Eheschließung war alles fertig. Mithilfe zweier Dienstmädchen aus Maer und des Kutschers ihres Vaters hatte Emma jeden Zoll der Wohnung auf Hochglanz gebracht. Sie hatte sämtliche Tapeten und Vorhänge erneuert, die Küche eingerichtet und die Möbel zu heimeligen Arrangements angeordnet. Zudem hatte sie das Klavier stimmen lassen und Bilder mit englischen Landschaften, Pferden und Hunden an die Wände genagelt. Der Trauung stand nichts mehr im Wege.

Die verlief genau so, wie Darwin es befürchtet hatte. Fremde Menschen tätschelten ihm die Schulter, wünschten ihm alles Mögliche und verlangten unablässig, dass er die Braut küsse. Es gab Unmengen zu essen, was er noch ganz erträglich fand; aber ständig erklang irgendwo Musik, und immer wieder musste er tanzen. Das brachte ihn zur Verzweiflung. Dabei hatte er mit Emma fleißig geübt, und solange er sich von ihr führen ließ, glaubte er sogar, keine allzu schlechte Figur zu machen. Lag jedoch eine andere Dame in seinen Armen – was seiner Meinung nach viel zu oft der Fall war –, landeten seine Füße weitaus öfter auf deren mehr oder minder zierlichen Füßen als auf dem Parkett.

Dabei wusste er genau, warum es ihm so schwerfiel, sich auf die Schritte zu konzentrieren. Am Ende der Trauungsfeierlichkeit hatte der Pfarrer – das war offenbar so Brauch – Emma und ihn gefragt, ob sie bereit wären, einander die Treue zu halten, bis dass der Tod sie dereinst scheide. Scheidung, Trennung …

Bei diesen Worten war ein Gedanke in seinem Gehirn aufgeblitzt, aber zu schnell wieder erloschen, als dass er sich erinnern konnte, was und warum. Und je intensiver er nachdachte, desto weniger kam er darauf. Immer wenn er das Gefühl hatte, der Lösung ganz nahe zu sein, musste er einen Toast erwidern, sich für ein Geschenk bedanken oder wieder einmal die Braut küssen.

»Bedrückt dich etwas?«, fragte Emma während des festlichen Dinners zwischen Lachsröllchen und Entenlebersuppe und tastete unter dem Tisch nach seiner Hand.

Die unerwartete Berührung ließ ihn zusammenfahren. »Was … was ist?«

»Du bist so komisch. Gefällt's dir nicht?«

»Was soll mir nicht gefallen?«

»Nun, unsere Hochzeit. Was sonst?«

»Törichte Frage! Hätte ich dir einen Antrag gemacht, wenn ich etwas dagegen hätte?«

Nein, so meine sie das nicht, seufzte Emma. Ob ihm die Feier nicht zusage? Die Musik vielleicht, das ständige Getanze, oder … – sie versuchte, ein enttäuschtes Gesicht aufzusetzen – … dass er sie immerzu küssen müsse?

Wie sie denn darauf komme? Nichts lieber als das. Er beugte sich zu ihr hinüber und drückte seine Lippen sanft auf ihre Nasenspitze.

Sie hob ihr Glas und lächelte eine alte Tante an, die ihr zugeprostet hatte. »Du scheinst mit deinen Gedanken ganz woanders zu sein.«

»Ich habe an unser schönes neues Heim gedacht«, log er. »Wie wundervoll du es eingerichtet hast. Wie wohl wir uns darin fühlen werden.«

»Aber irgendetwas ist doch.«

»Was soll denn sein?«

Das wisse sie eben nicht, sagte sie und zog die Stirn kraus. Deswegen frage sie ja.

Er wechselte das Thema. Wie ihr die Lachsröllchen geschmeckt hätten?

»Vorzüglich. Dir etwa nicht?«

»Doch, doch. Das Essen ist ausgezeichnet.«

»Was hast du dann?«

»Gar nichts. Wieso?«

Emma tupfte sich den Mund mit ihrer Serviette ab. Das werde ihr langsam zu dumm. Wenn er ihr nicht sagen wolle, was ihn bekümmere, solle er es eben bleiben lassen. Wenn er sie nicht für wert halte, seine Gefühle mit ihr zu teilen … Wieder hob sie die Serviette, diesmal jedoch, um sich eine Träne aus dem Augenwinkel zu wischen.

Erschrocken legte er einen Arm um sie. »Aber was hast du denn?«

»Nichts!«

Er verzog das Gesicht. »Aber dich bedrückt doch etwas.«

»Ich glaube eher, dass dich etwas bedrückt.«

»Mich? Wie kommst du darauf?«

»Weil du nicht bei der Sache bist.«

»Bei welcher Sache?«

»Bei unserer Hochzeit. Sie gefällt dir nicht.« Wieder tupfte sie sich eine Träne ab.

Das bilde sie sich ein, sagte er und schenkte Wein nach. Es sei alles bestens. Im Übrigen müsse er dringend zur Toilette. Sie möge ihn bitte einen Augenblick entschuldigen.

Als er an den Tisch zurückkam, war Emma in ein Gespräch mit seinem Vater vertieft. Er setzte sich, löffelte schweigend seine Suppe und dachte darüber nach, was zum Teufel die Worte des Pfarrers ihm sagen wollten. Doch da dröhnte schon wieder die Musik los, und die Gäste forderten mit klirrendem Klopfen energisch, der Bräutigam solle endlich wieder einmal die Braut küssen.

Erst als er spätnachts, vom reichlichen Essen und Trinken schwankend und mit wund geküssten Lippen, ins Bett stieg und Emma dankenswerterweise darauf verzichtete, die Hochzeitsnacht, wie es sich ja wohl gehörte, aktiv zu gestalten, fand er Zeit, dem Problem gedanklich auf den Grund zu gehen. Während sie ein leises Nachtgebet sprach, in das sie die Bitte um das Wohlergehen ihres geliebten Ehemannes und sicherheitshalber auch schon ihrer künftigen Kinder einschloss, wurde ihm klar, dass der vom Pfarrer verwendete Begriff »Scheidung« etwas mit dem Thema zu tun hatte, das er neuerdings »Transmutation« nannte. Doch gerade als sich die Gedanken in seinem Kopf zu einer schlüssigen Hypothese verdichteten und er überzeugt war, der Lösung des Rätsels ganz nahe zu sein, schlief er ein.

In den nächsten Monaten vergaß er alles, was mit Arten und ihrem Wandel zu tun hatte. Stattdessen forschte und schrieb er wie besessen, hielt vor angesehenen wissenschaftlichen Organisationen Vorträge und veröffentlichte nach nächtelanger Arbeit den *Bericht über die Erkundungsfahrten der Beagle*. Daneben verfasste er geologische, botanische und zoologische Abhandlungen, die in der Fachwelt auf beachtliches Interesse stießen, unter anderem ein mehrbändiges Werk über *Struktur und Verteilung von Korallenriffen*.

Bei einem Vortragsabend der Linnean Society, an dem er zusammen mit Emma teilnahm, stellte sich ihm ein Mann vor. Er heiße Joseph Hooker und sei einer seiner größten Bewunderer. Darwin sah auf und blickte in das hagere Gesicht eines schlaksigen Mittzwanzigers von beachtlicher Größe. Er hatte buschiges schwarzes Haar, einen ebensolchen Backenbart und eine runde, metallgeränderte Brille, hinter der seine braunen Augen unnatürlich groß wirkten. Die junge Frau an seiner Seite hieß Elaine. Sie war fast zwei Köpfe kleiner als er und strahlend blond. Während sie mit Emma über die staubtrockenen Vorträge der greisen Redner witzelte und spitze Kommentare über die Kleider anwesender Damen abgab, erzählte Hooker, er habe ebenso wie Darwin eine, wenn auch nur zweijährige Forschungsreise auf einem Schiff seiner Majestät hinter sich. Auf der *Erebus* unter Kapitän Ross. Deren Aufgabe sei es gewesen, die südlichen Gewässer bis hinab zur Antarktis zu erkunden. Ob er verstehe?

Darwin nickte wortlos.

Vor knapp drei Monaten sei er nach England zurückgekehrt. Schon vor seiner Reise und erst recht danach habe er alles über Darwin und seine grandiosen Forschungen gelesen, was irgendwo gedruckt worden sei. Dazu natürlich in letzter Zeit seine wissenschaftlichen Veröffentlichungen, wobei ihm, nun ja, der *Bericht über die Erkundungsfahrten der Beagle* ganz besonders gefallen habe. Er selbst habe in Glasgow Medizin und in Cambridge Naturwissenschaften studiert, sich nach den Examina aber ganz auf die Botanik verlegt. Wie Darwin sei er ein Schüler von Henslow gewesen. Bei dem habe er sich, er bitte um Verzeihung, vor seiner Abfahrt ausgiebig nach Darwins Vorbildung und spezieller Befähigung für ein solches Unternehmen erkundigt. Nun, da er zurück sei, beabsichtige er, ein Werk über die verwandtschaftlichen Beziehungen australischer Nachtschattengewächse zu verfassen. Ob er verstehe?

»Verwandtschaftlich?« Darwin wurde hellhörig.

»Nun ja, im Verlauf meiner Forschungen bin ich zu dem Schluss gekommen, dass zwischen vielen Pflanzen Ähnlichkeiten und Wechselbeziehungen bestehen. Selbst zwischen äußerlich sehr unterschiedlichen. Auf deren Zustandekommen kann ich mir allerdings keinen Reim machen. Verstehen Sie?« Er zupfte sich ausgiebig die Augenbrauen und sah Darwin erwartungsvoll an.

Der fing an, an dem jungen Mann Gefallen zu finden. Davon abgesehen, dass er jeden zweiten Satz mit »Nun ja« begann und jeden dritten mit »Verstehen Sie?« beendete, war er offenbar ganz in Ordnung. Vor allem schien er das, was er sagte, ehrlich zu meinen.

»Verwandtschaft trifft die Sache«, sagte Darwin. »Ähnlichkeit aufgrund gemeinsamer Abstammung.«

Wie er das meine?

Darwin erzählte von den Finken auf den Galapagos. »Auf jeder Insel eine eigene Art – Gould hat das ausdrücklich bestätigt –, aber allesamt mit einem Vogel auf dem Festland verwandt.«

»Nun ja, wollen Sie damit sagen, dass dieser Festlandsfink Gott bei der Erschaffung der Vögel auf den Inseln in irgendeiner Weise beeinflusst, ja, vielleicht sogar inspiriert hat?«

Darwin schüttelte den Kopf und senkte die Stimme. Er sah sich unauffällig um, doch niemand schien ihnen zuzuhören. »Wenn Sie es genau wissen wollen«, flüsterte er, »bin ich der festen Überzeugung, dass die Inselfinken ursprünglich noch gar nicht da waren und sich erst im Verlauf langer Zeiträume aus den südamerikanischen heraus entwickelt haben.«

Hooker schluckte mehrmals. Nun ja, das sei eine gewagte These.

»Die ich beweisen werde. Verlassen Sie sich darauf.«

Da sei er sehr gespannt, sagte Hooker. Auch er sprach so leise, dass niemand außer Darwin ihn verstehen konnte. Aber zweifellos habe die wissenschaftliche Forschung nur dann eine Zukunft, wenn sie bereit sei, althergebrachte Vorstellungen über Bord zu werfen und durch aktuelle Vorstellungen zu ersetzen. Natürlich nur, sofern es dafür stichhaltige Argumente gebe. Ob er verstehe?

Darwin nickte. »Die gibt es. Und zwar zuhauf.«

Hooker zwirbelte seine Augenbrauen. »Aber die Bibel?«

»Die darf man nicht wörtlich nehmen. Oder glauben Sie etwa, dass sich die Geschichte von der Sintflut genau so zugetragen hat, wie sie uns überliefert ist?«

»Nun ja«, flüsterte Hooker. »Das ist in der Tat schwer vorstellbar. Immerhin hat Linné vor mehr als achtzig Jahren bereits knapp viertausendfünfhundert Arten beschrieben. Ein Schiff, so groß, dass darauf je zwei Exemplare, mithin also rund neuntausend Tiere, Platz haben, gibt es nicht und kann es auch gar nicht geben. Von den Unmengen Futtersorten für die einjährige Isolation ganz abgesehen.«

»Genau«, bestätigte Darwin. »Wie sollte man die Beutetiere vor ihren Räubern schützen? Vielleicht Zäune zwischen Wölfen und Schafen errichten? Und den Kühen die Mäuler zubinden, damit sie nicht versehentlich die Fliegen schlucken?«

Ein Lächeln glitt über Hookers Gesicht. »Ein erschreckender Gedanke. Dazu die Fische. Die musste Noah ja wohl oder übel auch mitnehmen, denn die Vermischung von Süß- und Salzwasser hätten die meisten nicht überlebt. Das aber würde bedeuten, dass es auf der Arche gewaltige Becken gab, in denen selbst Wale Platz fanden. Nein, nein, die Geschichte von der Sintflut ist zweifellos eine Art Gleichnis. Verstehen Sie?«

Und ob er verstehe, sagte Darwin. So wie die Schöpfungsgeschichte eben auch ein Gleichnis sei.

Plötzlich wurde ihm bewusst, dass Emma nicht mehr sprach. Irritiert wandte er den Kopf. Hookers Begleiterin war noch immer eifrig damit beschäftigt, Kleidung und Gehabe der anwesenden Damen zu kommentieren. Doch als sein Blick an Emma hängen blieb, erschrak er. Sie starrte ihn mit offenem Mund und weit aufgerissenen Augen an. »Kannst du mir verraten, warum du so leise sprichst?«

Rasch wechselte er das Thema und fragte Hooker mit normaler Lautstärke, wie ihm der Vortrag des alten Lindsey über die Entstehung der Korallenriffe gefallen habe. Der Professor habe sich dabei ja in erster Linie auf Lyells Gedankengänge gestützt und wenig Neues gebracht.

Hooker nickte bestätigend. Das sei ihm auch so vorgekommen.

»Zu diesem Thema habe ich auf meiner Reise ebenfalls eine abweichende Theorie entwickelt«, sagte Darwin. »Haben Sie meine Bücher gelesen?«

Diesmal zwirbelte Hooker gleich beide Augenbrauen. »Ja, natürlich. Mit größtem Interesse. Und ich muss sagen, ich bin beeindruckt.« Er wandte sich Elaine zu: »Dir ist langweilig, mein Schatz, nicht wahr? Wie rücksichtslos von mir, mich die ganze Zeit mit Mr. Darwin über öden naturwissenschaftlichen Kram zu unterhalten und dich gar nicht zu beachten. Bitte verzeih mir.«

Nein, nein, erklärte Elaine und strahlte ihn an. Sie amüsiere sich königlich.

»Nun ja. Nett, dass du das sagst. Ich denke aber, ich habe deine Geduld lange genug strapaziert.« Und zu Darwin gewandt: »Wir bleiben in Kontakt.«

»Mit dem größten Vergnügen.« Darwin legte seinen Arm um Emma und fragte, ob sie Lust habe, mit ihm noch irgendwo einen Schluck zu trinken.

Sie schüttelte wortlos den Kopf. Als er sie mit zusammengezogenen Brauen ansah, glaubte er, in ihren Augen Tränen zu erkennen.

Er zog sie an sich. »Bist du traurig?«

»Im Gegenteil.« Der erste Tropfen rollte die Wange hinab. »Es ist nur, weil wir bald nicht mehr zu zweit sein werden.«

Für einen kurzen Augenblick begriff er nicht. Dann beugte er sich zu ihr hinunter und küsste sie. »Aber das ist doch großartig!«

»Ja, eigentlich schon.«

»Wieso eigentlich? Was willst du damit sagen?«

Jetzt weinte sie richtig. Tränen rannen ihr in Strömen über das Gesicht. Sie bat um ein Taschentuch.

Was sie mit eigentlich sagen wolle, beharrte er und tupfte ihr Gesicht trocken.

Kaum vernehmlich murmelte Emma etwas, aus dem er mit Mühe die Worte »verheimlichen« und »hintergehen« heraushörte. Dann schluchzte sie laut auf: »Ach, nichts.«

In den nächsten Wochen war Emma an Liebe und Fürsorge nicht zu übertreffen. Sie las ihrem Mann jeden Wunsch von den Augen ab, kochte ihm Tag für Tag eines seiner Lieblingsgerichte, war da, wenn er sie brauchte, und hielt jede Störung von ihm fern, wenn er arbeitete. Sie las ihm vor, wenn er müde war, und spielte auf dem Klavier schlichte Melodien, von denen sie wusste, dass sie ihm gefielen. Dazu verblüffte sie ihn ein ums andere Mal mit ihrer Einfühlungsgabe und Fantasie als Geliebte, mit ihrer leidenschaftlichen Hingabe, die weit über das hinausging, was er bei Inês Figuireda und der schokoladenhäutigen Peruanerin erlebt hatte, ja, alles übertraf, was er sich vorstellen konnte. Der Abend, an dem sie Hooker begegnet waren, kam nicht mehr zur Sprache. Dafür war umso öfter die Rede davon, welchen Namen das Kind bekommen und in welcher Farbe sein Zimmer gestrichen werden sollte.

Darwin war für Erasmus, wenn es ein Junge, und für Annie, wenn es ein Mädchen würde. Annie sei in Ordnung, meinte Emma während eines gemeinsamen Spaziergangs. Es war ein milder Frühlingsabend, die Sonne berührte schon den Horizont. Eine sanfte Brise ließ an Bäumen und Sträuchern die ersten Blätter rascheln. Zärtlich strich sie ihrem Mann durch das spärlicher werdende Haar. Aber Erasmus heiße doch schon sein Bruder. Wie er William finde?

Darwin küsste sie auf die Stirn. Er habe eher seinen Großvater im Sinn gehabt. Großartiger Mann, sehr fortschrittlich in seinen Ansichten.

»Fortschrittlich?« Über Emmas Nase erschien eine steile Falte. »Was meinst du damit?«

»Er hatte Vorstellungen, die über diejenigen seiner Zeitgenossen weit hinausgingen. Es war aber wohl noch zu früh dafür.«

»Wofür?«

Darwin merkte, dass er sich auf dünnen Boden begab. »Benennung von Tieren und Pflanzen zum Beispiel«, wich er aus. »Gattung und Art. Sagt dir der Name Linné etwas?«

Emma bedauerte, leider nein, wer das denn sei?

»Der hat im letzten Jahrhundert die binäre Nomenklatur in die Biowissenschaft eingeführt. Geniale Idee. Mein Großvater hat stets in den höchsten Tönen von ihm geschwärmt.«

»Mochtest du ihn?«

»Linné?«

»Nein, deinen Großvater.«

»Ich habe ihn nicht gekannt. War bei meiner Geburt schon einige Jahre tot.«

»Woher weißt du dann …?«

»… dass er Linné schätzte? Er hat eine ganze Reihe naturkundlicher Aufsätze und Bücher geschrieben. Sein bekanntestes Werk heißt *Zoonomia*. Außerdem gibt es da etliche Briefe.«

»Kenne ich leider nicht.«

»Meinen Großvater?«

»Den auch nicht. Aber ich meine das Buch.«

»Na ja, nicht so wichtig. Jedenfalls kommt mir Linnés Pionierarbeit sehr zustatten. Ich habe ja einen Teil meiner *Beagle*-Sammlung behalten, vor allem Käfer, meine alte Leidenschaft. Bislang unbekannte Arten. Die gilt es, in das System der Lebewesen einzufügen. Speziell in das der Gliederfüßer. Die korrekte Bezeichnung ist dabei das A und O. Zum Beispiel *Lyctus bruneus*, der Braune Splintholzkäfer. *Lyctus* ist der Gattungsname und …«

Sie lachte. »Ach, Charles, das verstehe ich ja doch nicht. Wenn du nur nicht …«

»Was?«

»Ach, nichts.«

Er beschloss, nicht nachzufragen. Stattdessen strich er ihr sanft über den schwellenden Bauch. »William also oder Annie«, sagte er und küsste sie lange, diesmal auf den Mund.

Zwei Wochen später kam sie von einem Besuch bei ihrem Vater in Maer zurück. Während des Abendessens legte sie ein dicht beschriebenes Blatt Papier vor ihm auf den Tisch. »Was soll das?«

Darwin erkannte das Schriftstück sofort. »Woher hast du es?«

»Vom alten Butcher. Dem Bauern am Ende des Dorfes. Der das Bein ein wenig nachzieht.«

»Ja, den kenne ich.« Darwin stellte sein Bierglas auf den Tisch und wischte sich mit dem Handrücken den Schaum vom Mund. »Netter Kerl.«

»Und?«

»Eine Art Fragebogen.«

Das sehe sie, entgegnete Emma eisig. Und sie habe, mit Verlaub, die Fragen gelesen. Seit wann er sich für Taubenzucht interessiere? Und für Kreuzungen weiterer Haustiere? Ob er solche Bögen auch an andere Bauern geschickt habe?

Leugnen war sinnlos, das spürte er. »Ja, das habe ich«, sagte er deshalb so beiläufig wie möglich und schlug nach einer vorbeifliegenden Mücke. »An viele sogar.« Das Insekt taumelte zu Boden und blieb bewegungslos neben seinem Teller liegen. Er setzte seinen Daumen darauf und zerdrückte es zu einem blutigen Fleck.

»Toter wird sie nicht«, bemerkte Emma trocken. »Zu welchem Zweck?«

Das könne er ihr schwer erklären, wich er aus. Es habe mit seinen aktuellen Forschungen zu tun. Ursache tierischer Eigenschaften, naturkundliche Routinearbeit gewissermaßen.

Emma erkundigte sich, warum er sie anlüge. Ob er Angst habe, sie mit der Wahrheit zu erschrecken?

Er mimte den Überraschten. Wie sie denn auf so etwas komme?

»Du verheimlichst mir etwas. Du beschäftigst dich keinesfalls nur damit, Käfern kryptische Namen zu geben.« Sie holte tief Luft, dann rief sie mit einer Schärfe, die er bisher nicht von ihr kannte: »Du rüttelst an den Grundfesten des Glaubens!«

Er warf das belegte Brot, an dem er gekaut hatte, auf den Tisch und stand abrupt auf. »Wenn du mir nicht vertraust«, rief er schriller als beabsichtigt, »tut es mir leid! Dann hat unser Gespräch keinen Sinn mehr.« Er stürmte aus dem Esszimmer, warf die Tür hinter sich zu und wusste doch genau, dass sie recht hatte.

Doch es sollte noch schlimmer kommen. Als Darwin spätnachts von einem Vortragsabend der Linnean Society und anschließenden bierseligen Gesprächen mit einigen der bedeutendsten Naturforscher des Landes zurückkehrte, fand er das Schlafzimmer leer. Auf seinem Kopfkissen lag ein Zettel. Natürlich von Emma, die steile Schrift kannte er genau. Er möge ihr nicht böse sein, schrieb sie, aber seit ihrem grässlichen Streit beim Abendessen finde sie keine Ruhe mehr. Deshalb habe sie – dafür schäme sie sich und bitte um Verzeihung – sein Arbeitszimmer betreten und sich dort umgesehen. Und dabei nicht nur Covingtons Brief gefunden, sondern ihn verbotenerweise auch gelesen. Der habe allerdings – das zu ihrer Entschuldigung – offen auf dem Schreibtisch gelegen.

Darwin fühlte, wie ihm schwindelig wurde, wie die Worte vor seinen Augen zu unleserlichem Gekrakel verschwammen. Der Brief! Wie konnte er nur so dämlich sein! Kraftlos ließ er sich auf sein Bett fallen. Er hatte das Schreiben tags zuvor erhalten. Es war lange unterwegs gewesen, denn Covington lebte seit geraumer Zeit in Australien. Er habe sich über Darwins Zeilen sehr gefreut, schrieb er. Seit der gemeinsamen Zeit auf der *Beagle* und speziell seit ihren faszinierenden Expeditionen fühle er sich mit ihm auf das Engste verbunden. Daran habe sich nichts geändert, und daran werde sich auch in Zukunft nichts ändern. Er sei natürlich kein Experte, aber Darwins Gedankengänge schienen ihm durchaus nachvollziehbar. Auch er mache sich häufig Gedanken über die Schöpfungsgeschichte auf der einen und die Veränderlichkeit der Kreaturen auf der anderen Seite. Warum zum Beispiel gebe es in Australien so viele Beuteltiere wie sonst nirgends auf der Welt? Habe Gott das so geplant, oder sei es eine Folge unterschiedlicher Entwicklung? Auffallend sei doch, dass die australischen Beutelsäuger den amerikanischen Plazentatieren in vielerlei Hinsicht außerordentlich ähnelten, der Beutelmull dem Maulwurf beispielsweise. Oder der Gleitbeutler – bei ihrem Aufenthalt in Australien hätten sie einen in freier Natur beobachtet, ob er sich erinnere? – dem amerikanischen Gleithörnchen.

Noch etwas anderes spuke ihm seit einiger Zeit im Kopf herum, über das Darwin sich vielleicht auch Gedanken machen möge: Einer seiner Freunde könne in ganz erstaunlichem Ausmaß mit den Ohren wackeln. Fast so, wie Wildtiere das beim Äsen tun, um herannahende Feinde rechtzeitig zu bemerken. Halte Darwin es für möglich, dass die Menschen vor langer Zeit diese Fähigkeit ebenso wie Rehe, Hirsche oder Hasen besessen und im Lauf ihrer Entwicklung verloren hätten? Er traue sich diese Frage sonst niemandem zu stellen, wisse aber, dass er bei Darwin ein offenes Ohr finde. Immerhin würde ihre Bejahung nichts anderes bedeuten, als dass auch der Mensch, bekanntermaßen die Krone der Schöpfung, einem immerwährenden Wandel unterliege. Dass er in grauer Vorzeit vielleicht ganz anders ausgesehen habe und sich dieser Veränderungsprozess permanent fortsetze. Ein in höchstem Maße ketzerischer Gedanke, nicht wahr? Darwin möge um Gottes willen Stillschweigen bewahren! Ansonsten gehe es ihm gut, was er auch umgekehrt inständig hoffe. Über eine gelegentliche Nachricht würde er sich sehr freuen und wünsche seinem ehemaligen Lehrherren, dem er so viel verdanke, alles Liebe und Gute.

Mit zitternden Händen legte Darwin den Brief beiseite. Kein Wunder, dass Emma verstört war, nachdem sie ihn gelesen hatte. Was für eine unverzeihliche Dummheit, ihn nicht wegzuschließen. Wie betäubt stieg er in den Keller hinab, wo noch ein Krug Bier stehen musste. In der Küche fand er eine kurze Notiz: »Bin nach Maer gefahren, bitte folge mir nicht. Gott allein weiß, ob ich zu dir zurückkommen werde.«

Er ließ sich auf einen Stuhl sinken, goss sich mechanisch ein Bier ein, kippte es hinunter, ohne irgendetwas zu schmecken, trank ein zweites, drittes und viertes, bis der Krug leer war. Er war wie betäubt. Seine süße Emma. Seine Kameradin, seine Geliebte, sein Ein und Alles. So konnte, so durfte es nicht enden! Er fühlte, wie ihm übel wurde. Er versuchte, sich aufzurappeln, doch seine Beine versagten den Dienst. Würgend erbrach er sich in den Bierkrug. Er schleppte sich ins Bett und konnte nicht schlafen, stand wieder auf, fühlte sich wie erschlagen. Er las ein paar Seiten und nahm kein Wort auf. Verzweifelt versuchte er, Emma aus seinem Kopf zu bekommen. Und wusste doch ganz genau, dass es zwecklos war.

Nach einer Nacht ohne Schlaf ließ er sich am nächsten Morgen in der Kutsche nach Cambridge schaukeln. Neben ihm aß eine streng riechende Frau noch übler riechende Eier. Ihm gegenüber las ein fetter, zahnloser Mann die Morgenzeitung und kommentierte nuschelnd jede Schlagzeile. Das Wetter entsprach seiner Stimmung: grau, nasskalt und ohne Aussicht auf Besserung.

Einige Stunden später saß er Henslow in dessen geräumigem Arbeitszimmer gegenüber und sah wieder einmal zu, wie der Professor gemächlich eine seiner vielen Pfeifen auswählte, sie umständlich stopfte und den Tabak genussvoll schmatzend in Brand setzte. Dann bot er seinem Gast einen Sherry an, doch Darwin lehnte ab.

Sein Blick folgte einem Rauchkringel bis hinauf zur Zimmerdecke. Erst als er sich dort aufgelöst hatte, begann er zu reden. Er erzählte von den Gedanken, die ihm während seiner Reise mit der *Beagle* – ohne sein Zutun, gewissermaßen gegen seinen Willen – in den Sinn gekommen seien. Die sich in seinem Kopf um- und herumgewälzt und schließlich immer mehr zur Gewissheit verfestigt hätten. Er verglich die Transmutation mit der Zucht von Haustieren. Der entscheidende Unterschied bestehe lediglich darin, dass im einen Fall der Mensch und im anderen die Natur entscheide, welches Individuum sich fortpflanze und welches nicht. Ausführlich legte er seine Theorie dar, führte Belege an, erzählte von den Galapagos und den Erkenntnissen, die er bei der Lektüre von Malthus' Buch – wofür er sich im Übrigen herzlich bedanke – gewonnen habe. Er zeigte Entwicklungsreihen zwischen ausgestorbenen und lebenden Kreaturen auf und kam schließlich auf die Bibel zu sprechen. Deren Schöpfungsgeschichte halte er ebenso wie andere darin vorkommende Berichte allenfalls für eine sinnbildliche Darstellung, die man nicht im wörtlichen Sinne auffassen dürfe.

Henslow hörte ihm rauchend zu, ohne ihn ein einziges Mal zu unterbrechen. Am Ende kniff er die Augen zusammen. »Dass Sie mir das alles erzählen, hat doch einen Grund.«

»Ich möchte wissen, was Sie davon halten.«

»Nein, nein, mein lieber Charles. Dazu kenne ich Sie zu gut. Sie haben etwas anderes auf dem Herzen. Etwas macht Ihnen zu schaffen, ja, bedrückt Sie offenbar regelrecht. Und ich soll Ihnen helfen.«

Darwin sah überrascht auf. Er bat nun doch um einen Sherry, wartete nippend, bis Henslow seine Pfeife neu angezündet hatte, und nickte schwach. »Sie haben recht.«

»Ihre Frau?«

»Woher wissen Sie ...?«

»Ich sagte doch, dass ich Sie gut kenne. Besser, als Sie denken. Und ehrlich gesagt, ich fühle mich durchaus geschmeichelt, dass Sie ausgerechnet mich um Rat fragen.« Er stopfte die Pfeife nach, starrte eine Weile wortlos in die Glut und schenkte sich neu ein. »Möchten Sie hören, was ich Ihnen rate?«

Zu diesem Zweck sei er gekommen, sagte Darwin. Auf einmal schien der Sherry im Hals zu kratzen. Er hustete. Der Professor möge ehrlich zu ihm sein und ihn bitte nicht schonen.

»Das hatte ich auch gar nicht vor. Dazu liegt mir zu viel an Ihnen. Kurz und bündig: Vergessen Sie die Sache!«

Darwin wollte aufspringen, doch Henslow drückte ihn sanft in den Sessel zurück. »Vergessen?«, brachte er matt hervor.

Der Professor lächelte milde. »Vielleicht ist an dem, was Sie mir erzählt haben, ja sogar etwas dran. Ich kann mir das zwar beim besten Willen nicht vorstellen, habe aber ausreichend Erfahrung, um zu wissen, dass bisweilen selbst jahrhundertealte Lehrmeinungen widerlegt werden. Denken Sie nur, wie lange die Menschen überzeugt waren, die Erde sei eine Scheibe. Ihre Beobachtungen sind beeindruckend, ihre Schlussfolgerungen klingen logisch, das muss ich zugeben. Obwohl ich als Theologe, wie gesagt, ganz und gar anderer Ansicht bin und Ihre Thesen, mit Verlaub, für reichlich ketzerisch halte. Wenn ich Ihnen rate, sich nicht weiter mit der Sache zu beschäftigen, dann jedoch nicht aus religiösen Gründen, sondern einzig und allein in Ihrem eigenen Interesse. Möchten Sie eine Zigarre?«

Darwin nickte schweigend, biss von einer dunklen Havanna die Spitze ab, zündete sie an und ließ den Rauch langsam zwischen den Lippen hervorquellen.

»Ich wollte es eigentlich noch geheim halten«, fuhr Henslow fort, »aber Sie zwingen mich, es preiszugeben: Man hat

Großes mit Ihnen vor. Man beabsichtigt, Ihnen den Titel eines Magisters des Christ's College zu verleihen. Eine Auszeichnung, die nur sehr wenigen zuteil wird und die man nicht hoch genug bewerten kann. Die Geologische Gesellschaft erwägt, Sie in ihre Reihen aufzunehmen, Sie wären dort das jüngste Mitglied. Die Linnean Society und das Athenaeum haben ähnliche Pläne. Sie haben das Zeug, einer der größten Naturforscher Englands zu werden, wenn nicht sogar der bedeutendste überhaupt. Ihre Veröffentlichungen sind von außerordentlicher Tiefe und Brillanz, Ihre sprachliche Ausdrucksform ist mehr als beeindruckend.«

Darwin machte mit der Hand eine abwehrende Bewegung bescheidenen Stolzes. »Sie übertreiben.«

»Nein, nein. Sie haben nicht nur in mir, sondern in zahlreichen führenden Wissenschaftlern des Landes mehr neue Gedanken angestoßen als je ein Naturforscher zuvor. Kurz, mein lieber Charles, Sie stehen vor einer glänzenden Zukunft. Warum wollen Sie die aufs Spiel setzen? Warum wollen Sie unbedingt auf einer, verzeihen Sie, unausgegorenen Idee beharren, die meiner Ansicht nach nicht nur falsch ist, sondern zudem auch noch der Lehrmeinung der mächtigen anglikanischen Kirche widerspricht? Warum wollen Sie sich überall Feinde machen, wo Sie Freunde haben könnten? Warum wollen Sie ohne Not auf ein angenehmes Leben voll Ruhm und Ehre verzichten? Einer obskuren Theorie zuliebe, die Sie doch nie beweisen können; einer häretischen Hypothese, mit der Sie sich, wenn Sie bekannt wird, nur Anfeindungen aussetzen?«

Wieder hielt der Professor inne und machte sich an seiner Pfeife zu schaffen. Dabei ließ er den Blick über Darwin gleiten wie ein enttäuschter Handwerksmeister über seinen missratenen Lehrling. »Anfeindungen«, fügte er leise hinzu, »die Sie sich in ihrer Wucht und Zerstörungskraft nicht einmal annähernd vorstellen können.«

Während Henslow auf ihn einredete, war Darwin immer mehr in sich zusammengesunken. Doch der Professor kannte kein Erbarmen. Wenn Darwin das alles an Argumenten noch nicht genüge, möge er an seine Familie denken. Er habe eine reizende Frau, um die ihn so manch anderer Mann beneide und die, wie man höre, froher Hoffnung sei. Die aber, wie die überwiegende Mehrheit der Engländer, ihn selbst eingeschlossen, an Gottes Wort, das heiße an die Bibel, glaube. Und zwar im wortwörtlichen Sinne. Dazu an die neununddreißig Artikel der anglikanischen Kirche. Eine Frau, die ihren Mann, das sei offensichtlich, von ganzem Herzen liebe, und mit der er ein traumhaftes Leben führen könne. All das für eine mehr als zweifelhafte und dazu noch gotteslästerliche Theorie aufs Spiel setzen?

Henslow klopfte seinem Gast aufmunternd auf die Schulter. Das sage er ihm nicht als Wissenschaftler oder gar als ehemaliger Lehrer, sondern als Freund. Als guter Freund sogar. Er lächelte Darwin mit einem Ausdruck wohlwollender Überlegenheit an und prostete ihm zu: »Kommen Sie, trinken wir noch einen.«

Den Abend verbrachte Darwin in einem verräucherten Pub an einer Straßenecke unweit von Henslows Wohnung. Er setzte sich an einen Ecktisch, starrte in die Kaminflammen und kaute sich einen Fingernagel nach dem anderen ab. Zwischendurch bestellte er auf Drängen des Kellners eine Nierenpastete, obwohl er die nicht ausstehen konnte. Doch mithilfe einiger Gläser Bier und mehrerer doppelter Whiskys gelang es ihm, die Hälfte davon hinunterzuspülen. Ein älterer Mann, glatzköpfig, aber mit üppigem Schnurrbart, setzte sich zu ihm und begann ein Gespräch über das scheußliche Wetter im Allgemeinen und den Regen im Besonderen, der früher viel milder gewesen sei. Er erhielt keine Antwort. Als es ihm mit den Themen Politik, Cricket und Hunderennen nicht anders ging, stand er kopfschüttelnd auf, murmelte, es gebe schon reichlich stoffelige Zeitgenossen, und verschwand Richtung Theke.

»Was ist?«, fragte Darwin abwesend. Doch da war niemand mehr, der ihm antwortete.

Er bestellte sich noch ein Bier und noch einen Scotch, schüttete beides in sich hinein und verließ die Kneipe, ohne zu bezahlen. Als der Wirt ihn auf der Straße einholte und fragte, was das solle und so gehe es ja wohl nicht, wusste er nicht, wer der fremde Mann war und was er von ihm wollte. Dann begriff er, dass es irgendwie um Geld ging, und drückte ihm einen größeren Schein in die Hand. Da der Wirt keine Anstalten machte, etwas herauszugeben und stattdessen mit einem gemurmelten »Sehr großzügig« verschwand, dachte er, die Sache habe schon ihre Richtigkeit, bedankte sich, ohne zu wissen, wofür, und steckte seinen Geldbeutel wieder ein.

Anschließend hatte er Mühe, die Pension zu finden, in der er sein Gepäck deponiert hatte. Als es ihm schließlich gelang, hatte er seine Zimmernummer vergessen und wachte irgendwann in der Nacht in einem Bett auf, von dem er keine Ahnung hatte, wie er hineingekommen war. Ihm war übel, er hatte Durst und keine Lust mehr zu leben. Doch noch während er darüber nachsann, was also zu tun sei, schlief er wieder ein.

Als er wach wurde – der Düsternis zufolge war es entweder früher Morgen oder später Nachmittag –, kroch eine Schlange über seine Bettdecke. Er erschrak einen Moment, befahl King, das Mistvieh zu erschießen, bekam keine Antwort und hörte, dass es an der Tür klopfte. Er öffnete die Augen und erklärte dem Zimmermädchen, sie solle sich gefälligst nicht einmischen, sondern machen, dass sie fortkomme. Als der Pensionsbesitzer erschien und fragte, ob es Schwierigkeiten gebe, murmelte er etwas von vermaledeiter Seekrankheit. Ächzend suchte er seinen Geldbeutel, ertastete ihn im Nachttopf und bezahlte für zwei weitere Nächte im Voraus.

Als er erneut erwachte, war es stockdunkel. Zu gerne hätte er gewusst, wo er war, doch zum Nachdenken schmerzte sein Kopf zu sehr. So wartete er einfach darauf, dass es ihm wieder einfiele. Und tatsächlich kehrte langsam, ganz langsam die Erinnerung zurück. Henslows Worte kamen ihm in den Sinn. Er stöhnte gequält auf und verkroch sich fluchend unter der Bettdecke. Doch seine Gedanken ließen ihn nicht los. Deshalb versuchte er sie in eine andere Richtung zu lenken und dachte an Emma. Einen kurzen Augenblick erwog er, direkt von Cambridge nach Maer zu fahren, doch dann sagte er sich, dass er damit alles nur noch viel schlimmer machen würde. Er packte seine Sachen, ließ sich vom Wirt ein Brötchen belegen, bezahlte die beiden zusätzlichen Nächte, ohne den Schwindel zu bemerken, ein zweites Mal und stieg wenig später in die Kutsche nach London.

Diesmal teilte er das rumpelnde Gefährt mit einem einzigen Fahrgast, einem hutzeligen Greis, der ihm, obwohl sicht- und hörbar betrunken, einen Vortrag über die verheerenden Wirkungen des Alkohols hielt. Später gesellten sich ein dümmlich grinsender, penetrant nach Pomade riechender Soldat und kurz vor London eine Bäuerin mit fleckigem Kopftuch hinzu. In ihrem Korb befänden sich zwei prächtige Hennen, verkündete sie, die sie auf dem Markt in Kensington zu verkaufen gedenke. Ob vielleicht einer der Anwesenden Interesse habe? Ganz junge Tiere, festes Fleisch, aber auch bestens zum Eierlegen geeignet. Über den Preis lasse sie mit sich reden. Der Soldat winkte ab, Darwin schüttelte den noch immer brummenden Kopf, und der Greis war ohnehin längst eingeschlafen.

Am späten Nachmittag stand Darwin vor seiner Wohnung in der Great Marlborough Street und kramte in seinen Taschen nach dem Schlüssel. Er fror an Händen und Füßen, seine Nase tropfte. Er machte Anstalten, die Treppen hinaufzusteigen, doch er fürchtete sich vor dem Alleinsein. Also nahm er seine Tasche wieder auf und hockte kurz darauf einsam am Tisch eines verräucherten Pubs. Dort verbrachte er den Abend genauso wie drei Tage vorher in Cambridge. Nur dass da keine Fingernägel mehr zum Abkauen waren.

Diese Nacht teilte er sein Bett zuerst mit einem Wasserschwein, dann mit einer Riesenschildkröte. Da er sich an nächtlichen Besuch gewöhnt hatte, machte ihm das wenig aus. Und auf King war ja ohnehin kein Verlass. Als aber eine alte, nackte Feuerländerin Anstalten machte, zu ihm unter die Decke zu kriechen, wurde es ihm zu bunt. Er verbat sich die Aufdringlichkeit, erklärte, er sei für das, was sie vorhabe, sowieso viel zu müde, und wachte auf.

Erst am Abend fand er den Brief. Er lag auf dem Küchentisch, ein Bote musste ihn gebracht haben. Auf dem Umschlag stand »Meinem geliebten Charles«. Er nahm ein Messer, um ihn zu öffnen, doch weil er stark zitterte, schnitt er sich in den Zeigefinger. Er trank ein Glas Wasser, setzte sich, stützte die Arme auf die Tischplatte und wagte einen zweiten Versuch. Wieder ohne Erfolg. Als er das Schreiben endlich in seinen Händen hielt, blutete ein weiterer Finger, und vor lauter Tränen konnte er nichts lesen. Er wankte zurück ins Bett, doch der Brief ließ ihm keine Ruhe. Erst Stunden später gelang es ihm, ihn zu entziffern.

Er möge ihr verzeihen, schrieb Emma, dass sie ihn Hals über Kopf verlassen habe. Doch der Schock sei zu heftig gewesen. Ihr Vater habe ihr inzwischen in langen Gesprächen klargemacht, dass es nun einmal im Wesen eines Naturforschers liege, nur Dinge zu glauben, die sich beweisen ließen. Das verstehe sie. Trotzdem könne sie nicht auf Dauer mit einem Mann zusammenleben, der sich höheren Einsichten bewusst verschließe, der Dinge und Geschehnisse ablehne, nur weil er nicht imstande sei, sie mit seinem begrenzten Verstand zu erfassen. Wäre Gott mit menschlichen Maßstäben mess- und beurteilbar, wäre er nicht Gott. Doch sie wolle ihm keine Predigt halten. Ihr gehe es nicht um sich selbst, sondern um ihn, ihren angetrauten Ehemann. Mit ansehen zu müssen, wie der sich in fixe Ideen verrenne und abstruse Theorien aufstelle, mit denen niemandem gedient sei, tue ihr weh.

Darwin ließ den Brief sinken und wischte sich die Augen. Zu gerne hätte er seinen Kummer in Scotch ertränkt, aber der war längst aufgebraucht. Und Bier war auch keines mehr da. Noch einmal fuhr er sich mit dem Handrücken über das Gesicht, dann las er weiter.

Ihr größter, ja, eigentlich ihr einziger Wunsch sei, dereinst gemeinsam mit ihm vor den Höchsten Richter zu treten und von diesem für ein gottgefälliges, von schlimmen Sünden unbelastetes irdisches Dasein mit dem ewigen Leben belohnt zu werden. Mit immerwährender seliger Zweisamkeit. Zu beobachten, wie der geliebte Mann selbstverschuldet den Weg in die Verdammnis, in das entsetzliche Inferno der Hölle einschlage, sei für sie unerträglich. Viel schlimmer noch, als – das natürlich nur als Gedanke und keinesfalls als Vorwurf – von ihm gedemütigt, beleidigt oder gar geschlagen zu werden. Gerade weil sie ihn so liebe. Ihn zu verlassen, sei für sie das Schrecklichste, was sie sich vorstellen könne. Doch er lasse ihr keine andere Wahl. Wenn sie sich von ihm abwende, empfinde sie dies als von Gott auferlegte Buße dafür, dass sie seinen Heiratsantrag nicht gründlicher geprüft und ihm in ihrer tiefen Liebe unverantwortlich schnell das Jawort gegeben habe. Sie hoffe, er vermisse sie nur halb so sehr, wie sie sich nach ihm verzehre, und küsse ihn in unendlicher Liebe.

Die letzten Worte konnte Darwin nur erahnen. Tränen tropften auf den Brief und ließen die Tinte verschwimmen. Sein Kopf schien zu platzen, er bebte am ganzen Körper, ihm war schwindelig. Freud und Leid miteinander zu teilen, bis dass der Tod sie scheide, hatten sie dem Pfarrer versprochen. Und jetzt das. Wieder wurde er von einem Weinkrampf geschüttelt. Plötzlich kam ihm zu Bewusstsein, was ihm das Wort »scheiden« sagen wollte; doch er war nicht in der Stimmung, den Gedanken festzuhalten.

Da sich betrinken mangels Alkohol bedauerlicherweise nicht infrage kam, besuchte er Ras. Der schien, als er ihm die Wohnungstür öffnete, einigermaßen überrascht, seinen Bruder zu dieser späten Stunde vor sich zu sehen. Augenzwinkernd stopfte er sein Hemd in die Hose, ließ Charles eine Ewigkeit im Flur warten und bat ihn erst ins Wohnzimmer, nachdem eine groß gewachsene Blonde sich mit einem flüchtigen Gruß an ihm vorbeigezwängt hatte.

Für einen kurzen Moment überlegte Darwin, dass es höflich wäre, sich ebenfalls vorzustellen, und verbeugte sich. Doch als er sich wieder aufrichtete, war die junge Frau schon die Treppe hinuntergesprungen.

»So«, sagte Ras. »Was kann ich für dich tun?«

Darwin ließ sich einen doppelten Scotch einschenken, prostete Ras zu und entschied im letzten Moment, nichts von Emmas Verschwinden verlauten zu lassen. Es gehe ihm gut, sagte er stattdessen; nein, wirklich, er habe keinen Kummer. Wie Ras darauf komme? Ach so, weil er ein wenig mitgenommen aussehe? Nun, das könne schon sein. Die viele Arbeit, Ras wisse schon.

Der zog die Augenbrauen hoch. Um ihm das zu erzählen, sei er eigens herübergekommen? Kurz vor Mitternacht? Warum er eigentlich Emma nicht mitgebracht habe?

»Nun ja«, sagte Darwin und versuchte, verlegen zu wirken. »Die ist für ein paar Tage zu Onkel Jos nach Maer gefahren. Frische Luft, du verstehst.«

Ras sah ihn mit gerunzelter Stirn an. »Und?«

»So allein, das bin ich nicht gewohnt. Da dachte ich …«

Ras unterbrach ihn: »Und das soll ich dir glauben? Charles, du kannst vielleicht anderen Leuten etwas vormachen. Leuten, die dich weniger gut kennen. Aber nicht mir. Los, raus mit der Sprache!«

Einen kurzen Moment dachte Darwin darüber nach, warum jeder, der ihn kannte, offenbar mühelos seine Gedanken lesen konnte. Schließlich zuckte er hilflos mit den Achseln und begann zu reden. Zuerst widerstrebend, dann immer ungestümer erzählte er seinem Bruder alles, was er schon Henslow berichtet hatte. Er sprach ohne Pause, ersetzte den einen oder anderen Fachterminus durch geläufigere Begriffe und fragte am Ende, was Ras ihm rate.

Der klopfte ihm herzhaft auf die Schulter. »Mensch, Charles, deine Probleme möchte ich haben.«

Darwin sah seinen Bruder misstrauisch an. »Was willst du damit sagen?«

»Die Sache ist doch ganz einfach. Eine simple Entscheidung zwischen einer hübschen, jungen Frau, die du liebst und die ein Kind von dir erwartet, und einer fixen Idee, mit der du dich, falls sie überhaupt jemanden interessiert, allenfalls lächerlich machst. Es gibt doch weiß Gott jede Menge zu erforschen und zu entdecken. Tausend Fragen, die nur darauf warten, beantwortet zu werden.« Er ging zu einem mit Büchern vollgestopften Regal, suchte eine Weile und drückte seinem Bruder schließlich einen dicken Band in die Hände. »Kennst du das?«

Darwin lächelte. »Der gute alte Mason: *Grundlagen der allgemeinen Zoologie und Botanik.* Wie haben wir den Wälzer gehasst!«

»Richtig. Nicht zuletzt weil auf jeder dritten Seite Dinge stehen, von denen wir schon damals wussten, dass sie nicht stimmen. Dass sie längst überholt waren und nur darauf warteten, endlich richtiggestellt zu werden. Warum muss es also unbedingt der Artenwandel sein? Ich an deiner Stelle wüsste jedenfalls, was ich zu tun hätte.«

DOWNE

Tags darauf stieg Darwin in Maer aus der Kutsche und sah sich um. Hier hatte sich nichts verändert. Nach dem Londoner Dunst erschien ihm die Luft wie perlendes Quellwasser. Leuchtend weiße Wolken schoben sich über einen Himmel, wie man ihn sich in der Stadt nicht vorstellen konnte. Und am Horizont Wald, so weit das Auge reichte. Ein Bauer mit einem Schaf an der Leine lüftete grüßend den Hut. Irgendwo schnaubte, heiser und störrisch, ein Pferd.

Sein Onkel schien ihn erwartet zu haben. »Komm rein«, sagte er und goss wortlos Bier in zwei Gläser. »Emma ist oben. Wahrscheinlich weint sie wieder.«

»Und du? Was sagst du dazu?«

Onkel Jos wischte sich mit dem Handrücken den Schaum von den Lippen. »Mein lieber Charles, ich war immer ehrlich zu dir. Sei mir deshalb bitte nicht böse, wenn ich es auch jetzt bin. Die Art und Weise, wie du meine Tochter behandelt hast, kann ich nur als verantwortungslos bezeichnen. Du hast Großes geleistet, und wir alle sind stolz auf dich, das weißt du. Und es steht dir natürlich frei, dich mit einem Thema zu befassen, das das naturkundliche Weltbild auf den Kopf zu stellen vermag. Aber du weißt genau, dass du damit die Bibel, das heißt Gottes Wort, anzweifelst. Auch das ist dir unbenommen, und es steht mir nicht zu, dich deswegen zu kritisieren. Aber im Wissen um diese Zusammenhänge und Pläne um die Hand meiner Tochter anzuhalten, kann ich – verzeih mir die harten Worte – beim besten Willen nicht gutheißen.«

Darwin schluckte. Bemüht, seiner Stimme einen festen Klang zu geben, räusperte er sich ein paarmal. Deshalb sei er gekommen. Er wisse, dass er einen furchtbaren Fehler begangen habe. Emma sei für ihn wichtiger als alles andere auf der

Welt. Emma und das Kind, das sie erwarte. Sein Kind. Er verspreche daher bei allem, was ihm heilig sei, und das sei nach wie vor eine ganze Menge, seine Forschungen auf dem Gebiet der Transmutation nicht weiter fortzusetzen. Nie wieder wolle er Emma – und damit letztlich auch sich selbst – in einen solchen Gewissenskonflikt stürzen.

Das habe er hören wollen, sagte der Onkel zufrieden lächelnd. Und ehrlich gesagt sei er, seit seine Tochter ihn um Rat gebeten habe, davon überzeugt gewesen, dass sein Neffe sich so entscheiden würde. Dann ließ er Emma rufen.

Am nächsten Tag, nach einer Nacht voller Versprechungen, Tränen und leidenschaftlicher Versöhnungen, reiste Darwin mit seiner jungen Frau nach London zurück. Nachdem in Kidlington ein sichtlich genervter Vater mit seinem quengelnden Sohn ausgestiegen war, waren sie allein.

Emma rutschte näher und legte ihren Kopf an seine Brust. »Schön, dass du nach Maer gekommen bist. Aber ich hätte es ohnehin nicht länger ohne dich ausgehalten.« Sie hielt ihm ihre Hand vor den Mund, er küsste sie. »Wir wollen uns nie mehr trennen.«

»Nein«, antwortete er mechanisch.

Beim Wort »trennen« war ihm endlich eingefallen, wonach er schon so lange suchte und was ihm immer wieder entglitten war. Ursprünglich war er durch den Bericht eines Taubenzüchters aus Shropshire darauf gekommen. Der hatte auf dem Fragebogen angemerkt, man müsse bei der Zucht einer neuen Rasse vor allem anderen darauf achten, die beteiligten Tiere streng von ihren Artgenossen zu trennen. Sonst komme es unweigerlich zur Vermischung unerwünschter Eigenschaften. Das war es! Bevor aus einer biologischen Art eine neue hervorging, mussten Populationen dieser Art für längere Zeit voneinander isoliert leben. Hunderttausende von Jahren, schätzte er, vielleicht sogar Millionen. Dann würden sie sich, bedingt durch die differierende Anpassung an unterschiedliche Umweltbedingungen, zwangsläufig in verschiedene Richtungen entwickeln. Und wenn sie dann irgendwann wieder miteinander in Kontakt kamen, waren sie so verschieden geworden, dass sie sich nicht mehr paaren und ihre Eigenschaften an gemeinsame Nachkommen weitergeben konnten. Dann war endgültig eine neue Art entstanden.

Er schrak aus seinen Gedanken. Ihm war, als ob Emma irgendetwas zu ihm gesagt hätte. »Was ist?«

»Woran du gerade denkst.«

»An dies und das, nichts Besonderes.«

Sie machte einen Schmollmund. Was sie selbst angehe, so denke sie die ganze Zeit nur an ihn.

Ihm wurde bewusst, dass er einen Fehler gemacht hatte. Doch gerade als er überlegte, wie er ihn wieder ausbügeln könne, stoppte die Kutsche, und eine junge, von Kopf bis Fuß in Schwarz gekleidete Frau stieg ein. Ihre Augen waren verquollen, leise schluchzte sie vor sich hin.

Um die bedrückende Stille zu durchbrechen, erwog Darwin einen Augenblick, ihr sein Beileid auszusprechen. Doch dann klappte er den Mund wieder zu. Auch Emma schien sich unwohl zu fühlen und nicht zu wissen, wie sie sich verhalten sollte. Sie warf ihrem Mann einen verlegenen Seitenblick zu und starrte stumm zu Boden. Darwin tat es ihr nach. So schwiegen sie, bis die Trauernde in einem Vorort von London, ohne ein einziges Wort gesprochen zu haben, grußlos wieder ausstieg.

Es dämmerte bereits, als sie an ihrer Wohnung ankamen. Zwischen Tür und Rahmen steckte ein Umschlag. Darwin warf einen Blick auf den Absender: Hooker. Mit einer raschen Bewegung, ohne dass Emma etwas mitbekam, ließ er den Brief in seiner Jackentasche verschwinden.

Emma, vom Treppensteigen außer Atem, nahm seine Hand und legte sie auf ihren Kugelbauch. Wie lebhaft das Kleine heute sei! Es freue sich bestimmt, dass seine Eltern sich wieder versöhnt hätten. Im Übrigen habe ihr die Reise mehr als erwartet zugesetzt. Sie esse noch rasch eine Kleinigkeit und gehe dann zu Bett. Er möge ihr verzeihen.

Darwin küsste sie, sagte, sie sei ein rechtes Dummerchen, da gebe es nichts zu verzeihen, und wünschte ihr eine gute Nacht. Er ging in sein Arbeitszimmer und öffnete den Briefumschlag. Hooker lud ihn zu einem Vortrag ein, den er in knapp drei Wochen vor der Geologischen Gesellschaft halten würde. Über verwandtschaftliche Beziehungen zwischen den Rhododendren im südlichen Himalaja.

»Wäre schön, wenn Sie Zeit hätten«, schrieb er. »Denke, das Thema ist für Sie von Interesse. Außerdem möchte ich Sie bei der Gelegenheit mit einem Mann bekannt machen, der Ihnen nützlich sein könnte.«

Darwin notierte den Termin in seinem Kalender.

Die Geologische Gesellschaft hatte ihren Sitz im Somerset House. Ehrfürchtig ließ Darwin seine Augen über den terrassenförmigen Zugang mit dem breiten Marmorvordach schweifen. Hier also traf sich die wissenschaftliche Elite Großbritanniens. Er atmete ein paarmal tief durch, richtete sich zu seiner vollen Größe auf und trat durch das mächtige Portal. Hilflos sah er sich um. Zwischen hohen Marmorsäulen führten ernste, weißhaarige Herren, die er sich nur mit größter Mühe lachend vorstellen konnte, angeregte Gespräche. Diener in blauen Livreen flitzten ameisengleich herum und gossen Getränke ein. Niemand schien ihn zu beachten.

Dann sah er Hooker. Ein Glas Wein in der einen und eine brennende Zigarre in der anderen Hand, stand er in einer Ecke der gewaltigen Halle und unterhielt sich mit einem etwa gleichaltrigen Mann. Lebhaft gestikulierend zupfte er abwechselnd links und rechts Haare aus den Augenbrauen. Das Gewusel um ihn herum schien für ihn nicht zu existieren.

Erst als Darwin näher trat und sich vernehmlich räusperte, wurde er aufmerksam. »Ah, mein lieber Darwin. Schön, dass Sie gekommen sind. Darf ich Sie mit Thomas Huxley bekannt machen? Mr. Huxley, das ist Mr. Darwin, von dem ich Ihnen so viel erzählt habe.«

Darwin drückte eine lange, schmale Hand und verkniff sich gerade noch rechtzeitig, »Hoffentlich nur Gutes« zu sagen. Er blickte in das längliche Gesicht eines Mannes mit unpassend kantigem Kinn. Das wellige braune Haar trug er akkurat gescheitelt, den Backenbart perfekt gestutzt. Der anthrazitfarbene Samtanzug neuester Machart war zweifellos maßgeschneidert, die cremefarbenen Wildlederschuhe mussten ein Vermögen gekostet haben. Doch am meisten ins Auge stach das leuchtend blaue Seidentuch, das er sich in kühnen Schleifen um den Hals geschlungen hatte.

Hooker habe ihm in der Tat schon viel von dem Mann erzählt, sagte er lächelnd, der, während er sich auf fernen Kontinenten aufgehalten habe, in der Heimat zur Berühmtheit geworden sei. Darwins Bekanntschaft zu machen, sei für ihn eine große Ehre. Doch so leid es ihm tue, es sei Zeit, im Vortragssaal Platz zu nehmen. Zuerst werde Professor Bell einige Kapitel aus seinem neuen Buch über die Geschichte der britischen Vierfüßer vorlesen, dann er selbst über die Vermehrung ozeanischer Hydrozoen referieren. Anschließend sei Mr. Hooker dran.

Die Männer fanden freie Plätze in der vierten Reihe. Beim ersten Referat gelang es Darwin nur kurz, den Ausführungen des Redners zu folgen. Altbekannte Fakten wechselten sich mit langatmigen Erklärungen ab, jeder zweite Satz begann mit einem gedehnten »Äh …«, und all das trug der greise Professor in einem derart monotonen Genuschel vor, dass das Gähnen im Publikum von Minute zu Minute vernehmlicher wurde. Als er endlich fertig war, klatschten sich die wenigen Zuhörer, die nicht eingeschlafen waren, für ihr Durchhaltevermögen selbst Beifall.

Huxley fiel die undankbare Aufgabe zu, das Auditorium wieder wachzurütteln. Und er bestand sie mit Bravour. Jeder Satz war ein rhetorisches Meisterwerk. Er erhob sich auf Zehenspitzen, ging in die Knie, flüsterte und schrie. An einigen Stellen verzögerte er, um gleich darauf wieder Tempo aufzunehmen, an anderen legte er die Stirn in nachdenkliche

Falten, lachte schallend und spitzte Sekunden später den Mund zu einem leisen Säuseln. Unvorstellbares formte er mit den Händen, Fakten hämmerte er im Stakkato. Dabei blitzten seine Augen, sein Haar flog, sein Halstuch wirbelte. Dazwischen ein Bonmot nach dem anderen: »Das große Ziel des Lebens ist nicht wissen, sondern handeln.« – »Die Tragik der Wissenschaft besteht darin, dass sie wunderschöne Hypothesen durch hässliche Tatsachen ersetzt.« – »Skepsis ist für mich die höchste Verantwortung, blinder Glaube eine unverzeihliche Sünde.«

Als er geendet hatte, glänzte sein Gesicht unter einer dicken Schweißschicht. Applaus brandete auf, Zuhörer riefen »Bravo«, einige klatschten im Gleichtakt. Auch Darwin war begeistert. Einen solch faszinierenden Vortrag über ein derart ödes Thema hatte er noch nie gehört. Diesen Mann näher kennenzulernen musste ein Vergnügen sein.

Hookers Ausführungen gerieten vergleichsweise trocken, aber nicht minder bemerkenswert. Abgesehen von zahlreichen »Nun ja« und »Verstehen Sie?« referierte er klar und schnörkellos über pflanzliche Merkmale, die man seiner Ansicht nach nur mit verwandtschaftlichen Beziehungen, das heiße gemeinsamer Abstammung, widerspruchslos erklären könne. Dazwischen warf er Darwin immer wieder verschwörerische Blicke zu. Am Ende erklang höflicher Beifall.

Nachdem sie den abschließenden Vortrag, eine dröge Abhandlung über vulkanisches Eruptivgestein auf den Hebriden, tapfer überstanden hatten, stießen Darwin, Hooker und Huxley an der Bar mit einem Bier an. Ringsum waren offenbar schwerhörige Herren in lautstarke Unterhaltungen vertieft.

»Was ich mit Ihnen besprechen wollte …«, begann Hooker. Weiter kam er nicht, da ein älterer Mann Huxley zu seinen »mitreißenden Ausführungen« gratulieren und ein anderer ihm unbedingt einen Drink spendieren wollte. Er musste Hände schütteln, sich auf die Schultern klopfen lassen, Fragen zu seiner Laufbahn und den weiteren Plänen beantworten und dazwischen einen Zutrunk nach dem anderen erwidern.

Alles, was recht sei, erklärte er schließlich und schüttelte die wellige Mähne, aber so habe das keinen Sinn. Ob es nicht einen Ort gebe, wo man ungestört miteinander reden könne?

»Kommen Sie, Gentlemen, wir gehen zu mir«, schlug Hooker vor. Er wohne nur ein paar Straßen entfernt, zudem sei Elaine auf Verwandtenbesuch in Cornwall. Sie seien also vollkommen unter sich. Ob sie verstünden? Wenig später führte er seine Gäste in ein winziges Wohnzimmer – in London zu leben sei ja so teuer, etwas Größeres könne er sich beim besten Willen nicht leisten – und schenkte Huxley einen Sherry, Darwin einen Scotch und sich selbst ein Glas Rotwein ein.

»Ja nun«, sagte er und hob sein Getränk. »Auf Ihr Wohl, meine Herren. Jetzt können wir endlich zur Sache kommen. Ich bin begierig, mehr über Mr. Darwins Ideen zu erfahren. Bei unserem ersten und bisher einzigen Treffen konnten wir ja leider nicht offen miteinander reden. Verstehen Sie? Mr. Huxley geht es vermutlich genau wie mir.«

Huxley nickte eifrig, und Darwin legte los. Er erzählte von seiner Reise mit der *Beagle* und davon, wie in ihm dabei langsam, aber unausweichlich die Überzeugung gereift sei, Lebewesen – Pflanzen ebenso wie Tiere – seien nichts Konstantes, einmal Erschaffenes. Anschließend erläuterte er seine Auffassungen von der natürlichen Selektion und dem Mechanismus der Artentstehung.

Hooker und Huxley hörten wortlos zu. »Wenn ich richtig verstanden habe«, sagte Huxley, nachdem Darwin geendet hatte, »ist Ihre Theorie also eine Art Abwandlung oder besser gesagt Präzisierung der Lamarck'schen Vorstellung.«

Darwin setzte sein Glas so abrupt ab, dass ihm der Whisky über die Hose spritzte. »Aber ganz und gar nicht! Für Lamarcks Behauptungen gibt es nicht die geringsten Belege! Jedes Lebewesen habe ein instinktives Verlangen nach Vervollkommnung, wenn ich das schon höre! Und selbst wenn er recht hätte, würde das nichts erklären. Dass Giraffen sich bemühen, an höher wachsende Blätter heranzukommen, und deshalb ihren Hals strecken, mag noch angehen. Aber wie kann ein Eisbär selbst dazu beitragen, heller zu werden? Und die Pflanzen? Wie wollen Sie deren Veränderung mit der Lamarck'schen These begründen? Nein, es verhält sich genau umgekehrt.«

Hooker mischte sich ein: »Lassen Sie mich versuchen, es zu formulieren.« Eine Weile dachte er schweigend nach, und Darwin wartete vergebens darauf, dass er sich an den Augenbrauen zu schaffen machen würde. Stattdessen kratzte er sich ausgiebig am Kinn. »Nun ja, ich will es mal so sagen: Nicht die Lebewesen setzen sich aktiv mit der Umwelt auseinander, sondern die Umwelt wählt unter denjenigen, die zufällig vorhanden sind, die geeignetsten aus. Richtig?«

»Exakt.« Darwin hob sein Glas und prostete dem Gastgeber zu. »Treffender kann man es nicht ausdrücken. Lamarck postuliert einen natürlichen Drang zur Höherentwicklung. Ich dagegen bin davon überzeugt, dass es eine derartige teleologische Komponente nicht gibt. Die Transmutation erfolgt zufallsbedingt, ohne Richtung und Ziel.«

Wie es mit Belegen stehe, wollte Huxley wissen. Stichhaltige Argumente, eindeutige Fakten?

Er arbeite daran, sagte Darwin. Vieles habe er schon zusammengetragen, Weiteres werde folgen.

Hooker hatte sich an seinem Wein verschluckt und hustete keuchend. Ob Darwin vielleicht ein paar Beispiele nennen könne?

»Nehmen Sie die Fossilien. Dass ein Lebewesen nach seinem Tod in irgendeiner Form für die Nachwelt erhalten bleibt, ist ein extrem seltenes Ereignis. Da müssen schon sehr viele glückliche Umstände zusammenkommen. Und dass irgendwer ein solches Überbleibsel aus ferner Vorzeit findet, ist noch viel unwahrscheinlicher. Und dennoch liegen uns Fossilien in Mengen vor. Ich bin überzeugt, könnte man aus einer bestimmten Gruppe – was praktisch unmöglich ist – alle Fossilien zusammentragen, hätte man eine vollständige Abwandlungsreihe vor sich. Und zweifellos wird man irgendwann Übergangsformen finden: zwischen Fischen und Amphibien etwa, oder zwischen Reptilien und Vögeln. Oder nehmen Sie die Galapagos-Finken: Gould hat bestätigt, dass es sich um getrennte Arten handelt, die jedoch allesamt mit einer Festlandsspezies verwandt sind. Wie wollen Sie das anders erklären als durch ein allmähliches Auseinander-Hervorgehen? Dann die Vordergliedmaßen der Wirbeltiere: Hand, Huf, Flügel, Flosse – alle nach dem gleichen Grundmuster aufgebaut und nur dem jeweiligen Zweck entsprechend abgewandelt. Und weiter …«

Huxley winkte ab. »Genug, genug. Sie haben mich überzeugt. Sie müssen das alles schnellstmöglich …« Er hielt erschrocken inne. »Obwohl …«

»… ich mich damit der Häresie schuldig mache, meinen Sie? Mich gegen Kirche und Christentum stelle?«

Huxley nickte zögernd. »Zumindest werden eine Menge Leute von Ihren Ideen alles andere als begeistert sein.«

Darüber sei er sich vollkommen im Klaren, entgegnete Darwin. Wobei »alles andere als begeistert« ausgesprochen mild formuliert sei. In der Luft zerreißen würden ihn seine Kritiker! Tragischerweise sei eine davon seine eigene Ehefrau.

»Oha«, mischte sich Hooker ein. »Das ist in der Tat fatal. Dennoch sollten Sie …«

»Immer mit der Ruhe. Das braucht seine Zeit. Ich will mir nicht den Vorwurf machen lassen, ich hätte voreilig nicht zu Ende Gedachtes publiziert.«

»Natürlich wird es Widerstand geben«, sagte Huxley. »Wütende Proteste, persönliche Verleumdungen. Von verknöcherten Professoren, sturen Dogmatikern. Man kennt das hinlänglich. Und natürlich besonders schlimm von der Kirche.«

Gerade darum sei es wichtig, unwiderlegbare Beweise zu sammeln, beharrte Darwin. Je mehr, desto besser. Und sich mit möglichen Einwänden schon im Vorfeld auseinanderzusetzen.

Nun ja, nickte Hooker. Da sei zweifellos etwas dran. Er sei im Grunde derselben Ansicht.

»Ja, schon«, konterte Huxley. »Aber wer zu spät kommt, den bestraft der Fortschritt. Ich sage es noch einmal, Mr. Darwin, bei allem Verständnis für Ihr Dilemma: Lassen Sie sich nicht zu viel Zeit. Sonst kommt Ihnen am Ende noch ein anderer zuvor.«

Darwin runzelte die Stirn. Wie er das verstehen solle?

»Nun, die Geschichte zeigt, dass die Zeit für eine Idee, für eine Theorie irgendwann reif ist. Gar nicht so selten ist es in der Vergangenheit vorgekommen, dass verschiedene Forscher unabhängig voneinander zur gleichen Zeit den gleichen Einfall hatten. Das gilt es unter allen Umständen zu verhindern.«

Aber deswegen ein Gedankengebäude nicht fertig bauen? Darwin trommelte mit den Fingern auf den Tisch. Potenziellen Gegnern Lücken lassen, an denen sie ansetzen könnten? Das Ganze auf einem Fundament errichten, das nicht vollkommen stabil sei? Nein, das sei seine Sache nicht.

Huxley zog die Schultern hoch. »*Sie* müssen es wissen, Mr. Darwin. Ich habe Sie gewarnt. Doch wie immer Sie sich entscheiden, ich stehe auf Ihrer Seite.«

Hooker versicherte, das gelte für ihn nicht minder. Darwin möge keine Scheu haben, sich seiner Unterstützung zu bedienen, wann immer er ihrer bedürfe. Ob er verstehe? Er goss die Gläser voll. »Gentlemen, auf die Transmutation.«

Am nächsten Morgen konnte Darwin nicht aufstehen. Sobald er es versuchte, knickten seine Beine ein, als wären sie aus Papier. Sein Herz pochte wie ein Vorschlaghammer, der Magen zog sich krampfhaft zusammen, Brechreiz ließ seine Augen tränen. Er fühlte sich wie auf der *Beagle* bei schwerem Sturm. Schüttelfrost beutelte ihn in heftigen Schüben, sein Körper war schweißnass. Er wusste, diesmal kam es nicht vom Alkohol. Er hatte schlecht geträumt. Hooker, Huxley, Herschel – mit erhobenen Fingern hatten sie alle gleichzeitig auf ihn eingeredet. Und dazwischen immer wieder Emma. Emma und das Kind. Mit letzter Kraft wankte er zur Toilette.

Seine Frau legte ihm sanft die Lippen auf die Stirn. Er habe Fieber, konstatierte sie. Sie werde Dr. Clark kommen lassen. Darwin nickte ergeben. Er bat um ein Glas Wasser und ein paar Rosinen, würgte beides widerwillig hinunter. Zitternd zog er die Decke über den fröstelnden Körper. Endlich brachte Schlaf kurzzeitige Erleichterung.

Der Arzt, ein untersetzter, weißhaariger Mann mit einer mächtigen Warze an der Oberlippe, verordnete Fencheltee, dreimal täglich frische Luft und fünf Aderlässe im Abstand von zwei Tagen. Den ersten nahm er gleich an Ort und Stelle vor. Zum Schluss schüttete er aus einem Fläschchen ein weißes Pulver in eine Tüte. Emma solle davon jeden Abend eine geringe Menge mit Wasser zu einem Brei verrühren und ihrem Mann auf die Stirn streichen. Übergangslos nannte er eine Summe, kassierte und verschwand. Wie es mit den Aderlässen weitergehen sollte, sagte er nicht.

Gegen Abend fühlte Darwin sich ein wenig wohler. Mit Emmas Hilfe konnte er das Bett verlassen und aß auf ihr Drängen widerwillig ein paar Bissen, übergab sich aber sofort wieder. Nachts quälten ihn heftige Bauchkrämpfe. Er verbrachte Stunden auf der Toilette und fühlte sich am nächsten Morgen nicht einmal in der Lage, sich kurz aufzusetzen, um Gesicht und Hals zu waschen. Er aß nichts und trank wenig. Wenn er die Augen schloss, überfielen ihn furchtbare Albträume, in denen immer wieder Kapitän FitzRoy auftauchte und ihn ermahnte, sich gefälligst nicht so gehen zu lassen. Ob er schon einmal etwas von gottesfürchtigem Benehmen gehört habe?

Am Nachmittag erzählte Emma, während sie ihm sanft den Schweiß von der Stirn wischte, draußen im Hausflur warte ein Mr. Huxley. Darwin schüttelte den Kopf. Ihm sei nicht nach Gesprächen zumute; ein andermal vielleicht. Emma meinte, es liege an der Stadtluft. Sie seien beide auf dem Land aufgewachsen und den vielen Schmutz und Ruß einfach nicht gewohnt. Dazu der ständige Lärm. Vom Mangel an Licht ganz zu schweigen. Sie habe bisher nichts verlauten lassen, habe ihn nicht mit ihrem Kummer belasten wollen, aber ehrlich gesagt, fühle sie sich in London alles andere als wohl. Ob er schon einmal daran gedacht habe, die Stadt zu verlassen und irgendwo draußen ein Haus zu kaufen? Auf dem Land, wo die Luft rein sei, Flüsse statt Abwässer flössen und sich die Sonne nicht von früh bis spät hinter einem Dunstschleier verstecke?

Darwin nickte. Das halte er für eine gute Idee. Was sie zu Kent sage?

»Dorset, Devon, Kent – das ist mir ganz egal. Hauptsache ruhig und sauber.«

Noch am selben Abend fühlte Darwin sich deutlich besser. Am nächsten Morgen konnte er, wenn auch mit einiger Mühe, das Bett verlassen und behielt das, was er zu sich nahm, größtenteils bei sich.

Drei Wochen später kauften sie ein Haus. Es lag in Kent, inmitten weiter Täler und dichter Wälder, am Rand des kleinen Dorfes Downe. Dort gab es einen Lebensmittelladen, eine Bäckerei, ein Postamt, eine winzige Schule und einen Friedhof. Und in der Ortsmitte einen Pub. Darin unterzeichnete er bei Bier und Gin den Kaufvertrag. Das Anwesen, ein Ziegelbau mit abblätterndem weißem Anstrich, war weder besonders hübsch noch übermäßig hässlich. Genau das Richtige, behauptete er. Es liege in einer reizenden Gegend, und wenn man etwas Zeit, Mühe und Geld investiere, könne man ein Schmuckstück daraus machen. Vor allem brauche man hier einen Hund. Was den Umzug angehe, so schlage er vor, bis nach Emmas Niederkunft zu warten. Emma nickte dankbar, küsste ihn zärtlich und kochte ihm sein Lieblingsessen. Drei Tage später setzten ihre Wehen ein.

Darwin gab sich alle Mühe zu verbergen, dass ihm der Kleine ziemlich misslungen vorkam. Irgendwo hatte er gelesen, Eltern fänden das eigene Baby grundsätzlich wunderhübsch. Er nicht. Er machte sich Vorwürfe und hoffte, Emma möge ihm seine Enttäuschung nicht anmerken. Sie nannten den Kleinen William Erasmus, und Darwin war froh, dass die Natur die Mutter und nicht den Vater mit Vorrichtungen ausgestattet hatte, um damit eigenartig riechende Säuglinge zu stillen. Doch mit der Zeit glättete sich die Haut des Jungen, die Nase bekam eine akzeptable Form, die Falten an Hintern und Oberschenkel wurden weniger. Ein paar Tage später konnte Darwin sogar den Nabel ansehen, ohne peinlich berührt schlucken zu müssen.

Den Hund erwarb er bei dem Bauern, bei dem sie täglich frische Milch holten. Dessen braun gescheckte Mischlingshündin hatte sich mit einem zottigen schwarzen Rüden aus dem Nachbardorf eingelassen, und der Bauer war froh, einen der ausschließlich männlichen Nachkommen los zu sein. Darwin gab ihm eine Handvoll Jagdpatronen, trank mit ihm einen doppelten Scotch, klemmte sich den winzigen Welpen unter den Arm und taufte ihn auf den Namen Bob. Dann begann er, im geräumigen Garten rings um das neue Zuhause nach Regenwürmern zu buddeln. Er war fest entschlossen, die Transmutation Transmutation sein zu lassen und sich dem familiären Frieden zuliebe nicht mehr mit dem Thema zu befassen. Seine Zeit würde er künftig anderen naturkundlichen Aspekten widmen.

Seit sie in Downe lebten, waren seine gesundheitlichen Probleme wie weggeblasen. Von früh bis spät, eine zweistündige Mittagspause ausgenommen, beschäftigte er sich mit der Erforschung der Würmer. Er testete ihre Reaktion auf alle möglichen Geräusche und registrierte erstaunt, dass ihnen auch schrillstes Pfeifen nichts ausmachte, wohingegen sie sich bei tiefen Basstönen, die er auf Emmas Klavier anschlug, eiligst in ihre Löcher verkrochen. Er wälzte einen mächtigen Stein auf die Wiese hinter dem Haus, befestigte daran eine sinnreich konstruierte Messapparatur und zeichnete akribisch auf, wie lange es dauerte, bis der Brocken infolge der Wühltätigkeit der eifrigen Buddler ein exakt definiertes Stück in den Boden eingesunken war. Die Menge des Wurmkotes berechnete er mit fünfundvierzig Tonnen pro Hektar und Jahr und schrieb über seine Beobachtungen, Messungen und Schlussfolgerungen am Ende ein Buch mit dem bemerkenswerten Titel *Die Bildung der Ackererde durch die Tätigkeit der Würmer mit Beobachtungen über deren Lebensweise.*

Auch William Erasmus erwies sich als ergiebiges Forschungsobjekt. Sobald Darwin sich an das Baby gewöhnt hatte und es ohne Scheu ansehen und sogar auf den Arm nehmen konnte, begann er, sein Verhalten zu beobachten und genauestens zu dokumentieren. Er klatschte hinter dem Rücken des Kleinen unvermittelt in die Hände, um zu sehen, ob er Geräusche hörte und, falls ja, auch die ungefähre Richtung wahrnahm, aus der sie kamen. Er versuchte, das Kind zu erschrecken, indem er laut kreischend wilde Grimassen zog, und beschrieb – zeichnen kam ja leider nicht infrage – dessen Reaktion so genau wie möglich. Er hielt es in kaltes Wasser und freute sich an spontanen Schwimmbewegungen. Er maß, wie lange er es untertauchen konnte, bis es blau wurde. Das alles setzte er in Relation zu Bobs entsprechenden Fähigkeiten und verfasste am Ende eine *Vergleichende Abhandlung über das natürliche Verhalten und die Leistungsgrenzen junger Hunde und Menschen.*

Von einem Einkauf im Dorf brachte Emma einen Brief mit. Als sie ihn ihrem Mann übergab, sah er Angst in ihren Augen. Und sogleich erkannte er auch den Grund: Das Schreiben war von Huxley. Wie Darwin mit der Transmutation vorankomme, wollte er wissen. Welche Fortschritte er erzielt, welche neuen Erkenntnisse er gewonnen habe. Ob es irgendein Problem gebe, bei dem er ihm behilflich sein könne? Und vor allem, wie viel er inzwischen zu Papier gebracht habe.

Darwin las den Brief zweimal. Dann setzte er sich hin, vergrub den Kopf in den Händen und dachte lange nach. Dachte an das friedliche Jahr, das sie in Downe verlebt hatten, an Emma, die ihn liebevoll umsorgte und ihr zweites Kind erwartete, an William, inzwischen sein ganzer Stolz. Und nicht zuletzt an seine Ernennungen zum Mitglied der Geologischen Gesellschaft und der Linnean Society. Er gab sich einen Ruck, überflog den Brief ein drittes Mal und riss ihn seufzend in Fetzen. Entschlossen zog er das Manuskript über Rankenfußkrebse, an dem er schon seit Monaten arbeitete, zu sich heran und begann zu schreiben.

Doch schon eine Woche später erreichte ihn ein weiterer Brief, diesmal von Covington aus Australien. Er habe viel und intensiv nachgedacht, schrieb er. Am Ende habe er nach langer Zeit wieder einmal auf einem Schiff angeheuert – »unglaublich, wie viele Erinnerungen da hochkommen« – und sei als Kombüsengehilfe und Schiffsgeiger – »genau wie damals auf der *Beagle*« – nach Afrika gesegelt. Dort lebe ein alter Freund, auch er ein ehemaliger Seemann. Der habe sich zusammen mit seiner Frau ein kleines landwirtschaftliches Anwesen gekauft und verdiene sein bescheidenes Auskommen jetzt als Farmer. Und zwar erfreulicherweise in einem Landstrich, in dem es massenweise Schimpansen gebe.

So habe er, Covington, mehr als ein Jahr lang die Möglichkeit gehabt, die Affen sowohl in freier Wildbahn als auch domestiziert, also gleichsam als Haustiere, zu beobachten. Er habe ihr Verhalten studiert und an ihnen eine Menge aufschlussreicher Experimente durchgeführt. Beispielsweise sei es recht einfach, ihnen beizubringen, eine Nuss mit einem Stein aufzuschlagen oder mit einem Bambusstab nach Bananen zu angeln. Wenn man ihnen zu einem bestimmten Wort immer dasselbe Bild zeige, lernten sie schnell, dieses mit dem Begriff zu verknüpfen, sodass sie fortan bei Nennung des Wortes zuverlässig auf das richtige Bild deuteten. Bei Streitigkeiten, aber auch bei ihren fantasievollen Aktivitäten zum Zwecke der Fortpflanzung könne man oft nicht umhin, sie mit unsereins zu vergleichen. Kurz: Dass es zwischen höheren Affen und Menschen enge verwandtschaftliche Beziehungen gebe, lasse sich schwerlich leugnen.

»Ich weiß«, fuhr er fort, »dass ich so etwas eigentlich nicht offen aussprechen darf. Schließlich gilt der Mensch als Krone der göttlichen Schöpfung, als das einzige Wesen, das dem Herrn ähnlich ist. Doch wenn es tatsächlich zutrifft, dass sich höher entwickelte Lebewesen in langwierigen Prozessen aus einfacheren herausgebildet haben, wenn also die Schöpfung, wie sie in der Bibel steht, ohnehin nur eine Art sinnbildliche Darstellung ist, warum sollen dann wir Menschen nicht auch aus Vorläuferarten hervorgegangen sein? Ich überlasse es Ihnen, ob Sie den Gedanken weiterverfolgen wollen. Was mich betrifft, so werde ich meine Überlegungen für mich behalten und erhebe für den Fall, dass Sie sie in irgendeiner Form verwenden wollen, keinerlei Ansprüche. Ich habe Ihnen ja so viel zu verdanken. Wenn ich davon nur ein klein wenig zurückgeben kann, macht mich das glücklich.«

Darwin fühlte sich wie vor den Kopf gestoßen. Er selbst hatte stundenlang darüber gegrübelt, ob man die Transmutationstheorie auch auf den Menschen ausdehnen könne. Auf das zweifelsfrei am höchsten entwickelte Geschöpf, dessen Wesen zu erklären bislang Philosophen und Theologen als ihr ureigenstes Fachgebiet beansprucht hatten. Offenkundig hatte der Mensch viel mit einfacheren Tieren gemeinsam: Er besaß ähnliche Organe, war wie ein Tier auf Nahrungszufuhr angewiesen, atmete, verdaute, pflanzte sich fort. Aber machten ihn nicht der Geist, die Seele, die ihm direkt von Gott gegeben war, sowie seine überragende Intelligenz, sein Denkvermögen und die daraus resultierende Verantwortung für sein Handeln zu etwas ganz Besonderem? Zu einem Wesen, das nicht im Entferntesten seinesgleichen hatte? Und vor allem: das an etwas glaubte?

Sollte er seine Gedanken je veröffentlichen, würde es auch so schon einen Aufschrei geben, den er sich nicht vorstellen mochte. Was erst, wenn er nicht bei Pflanzen und Tieren haltmachte, sondern in seine Theorie auch noch den Menschen miteinbezog? Nein, das ging zu weit. Vielleicht war irgendeinmal in ferner Zukunft die Zeit dafür reif. Er faltete Covingtons Brief zusammen, steckte ihn in den Umschlag zurück und schob ihn unter einen Stapel von Büchern, die er allesamt von Mitgliedern diverser naturkundlicher Vereinigungen mit der dringenden Empfehlung erhalten hatte, sie zu lesen. Das würde Jahre dauern. Danach würde man weitersehen.

Gerade wollte er seine Hand zurückziehen, da ertasteten seine Finger ein Papier. Er zog es behutsam hervor und erkannte den Anfang einer Zusammenfassung seiner Gedanken zum

Artenwandel. Er erinnerte sich: Das Schriftstück hatte er in London begonnen und nach dem Umzug um ein paar Seiten erweitert. Seitdem lag es hier verborgen. Gegen seinen Willen begann er zu lesen. Gar nicht schlecht formuliert, fand er. Zwingend und nachvollziehbar. Er dachte an Emma, wollte die Blätter zurückschieben, doch seine Finger gehorchten ihm nicht. Und als er am Schluss angekommen war, stand die Fortsetzung so klar vor seinem inneren Auge, dass er gar nicht anders konnte, als weiterzuschreiben.

Das tat er den ganzen Nachmittag bis spät in den Abend. Emma erklärte er, er müsse unbedingt ein Kapitel seines Rankenfußkrebsbuches fertigstellen, sie solle mit dem Abendessen nicht auf ihn warten. Als er die Feder schließlich gegen drei Uhr nachts aus der Hand legte, hatte er fünfunddreißig Seiten vollgekritzelt, den gesamten Text zweimal überarbeitet und alles noch einmal säuberlich abgeschrieben. Der erste Entwurf eines Manuskripts zum Artenwandel durch natürliche Auslese lag vor ihm.

Erschöpft und gedankenversunken stocherte er sich noch eine Weile mit dem Federkiel im Haar herum. Er wartete darauf, dass sich, wie sonst, wenn er einen Text fertig hatte, ein Gefühl der Befriedigung einstellen würde, eine warme Welle der Selbstzufriedenheit, des Stolzes. Doch er wartete vergebens. Er goss sich einen doppelten Scotch ein, nahm einen tiefen Schluck und dann noch einen. Natürlich war das nur eine Kurzfassung, natürlich konnte er damit nicht an die Öffentlichkeit gehen. Aber der Anfang war immerhin gemacht. Warum bloß war er so unzufrieden?

In der Nacht glaubte er, er stürbe. Es war, als ob sein Leib in einem Schraubstock steckte, den jemand fester und fester zudrehte. Ein bohrender Schmerz fuhr durch seine Brust, raste den linken Arm hinunter und nahm ihm für Sekunden das Bewusstsein. Verzweifelt rang er nach Luft, doch alles, was er zustande brachte, war ein hilfloses Gurgeln. Sein Herz hämmerte, setzte eine Weile aus, schlug zwei-, dreimal kaum merklich, wie um Kraft zu tanken, und dröhnte dann mit umso größerer Wucht wieder los. Er wollte schreien, doch aus seinem Mund kam nur ein röchelndes Krächzen. Er versuchte aufzustehen und fiel hilflos in die Kissen zurück. Zu allem Überfluss schlief Emma in Williams Zimmer. Der Kleine hatte seit zwei Tagen hohes Fieber, stündlich schlang sie ihm feuchte Wickel um die Waden.

Nach einer Zeit, die Darwin wie eine Ewigkeit vorkam, ließen die Qualen nach. Langsam, ganz langsam öffnete sich der Schraubstock, das Herz kehrte zum gewohnten Rhythmus zurück, er konnte wieder atmen. Sich an den Wänden abstützend, wankte er ins Badezimmer. Dort trank er einen Schluck Wasser und wischte sich den Schweiß aus dem Gesicht. Im Spiegel blickte ihm ein hohlwangiges Gespenst entgegen. Mit geschlossenen Augen tastete er sich ins Bett zurück. Bevor er einschlief, beschloss er, Emma nichts zu erzählen.

Den Ausschlag gab Charles Lyell. Darwin traf den führenden Geologen Englands bei einem Empfang im Athenaeum, einem noblen Club, der vor rund fünfundzwanzig Jahren von dem berühmten Historiker und Schriftsteller Walter Scott gegründet worden war. In den großzügigen Räumen des Gebäudes an der Pall Mall herrschte reger Betrieb. Bekannte Schriftsteller, Musiker und Maler wandelten gemeinsam mit Unternehmern und Wissenschaftlern, in angeregte Unterhaltungen vertieft, auf und ab. Bedienstete servierten Häppchen und Getränke. Es roch nach Tabak, Alkohol und alten Büchern.

Lyell, ein Mittfünfziger mit ovalem Kopf und spärlichem Haarwuchs, drohte Darwin scherzhaft mit dem Finger: »Wie ich höre, sind Sie in Bezug auf die Entstehung von Korallenriffen anderer Ansicht als ich. Das finde ich zwar nicht besonders freundlich, kann mich aber Ihren Argumenten – Henslow hat sie mir geschildert – nicht ganz verschließen. Wahrscheinlich haben Sie recht und ich unrecht. Aber das macht nichts. Das Bessere ist der Feind des Guten. Vermutlich wird auch Ihre Theorie nicht ewig Bestand haben.«

Henslow – er hatte Darwin und Lyell miteinander bekannt gemacht – lächelte sanft. »Du meine Güte, wie oft habe ich mich schon von Theorien und vermeintlichen Wahrheiten verabschieden müssen. Das fällt besonders schwer, wenn man selbst der Urheber ist. Aber das gehört nun mal dazu. Gedankengebäude stürzen ein wie Kartenhäuser, Hypothesen werden von Wellen neuer Erkenntnisse hinweggeschwemmt wie Sandburgen am Strand. Was man heute für unumstößlich hält, erregt schon morgen nur noch Heiterkeit. Hinterher ist man immer klüger.«

Darwin überlegte, ob er es wagen konnte, das Thema, das ihn beschäftigte wie kein anderes, zur Sprache zu bringen. Lyell galt eigentlich als tolerant und Neuem zugetan. Also blickte er sich vorsichtig um. Als er erkannte, dass ihm niemand sonst zuhörte, senkte er die Stimme und fragte: »Gilt das auch für die Konstanz der Arten? Ist es nicht denkbar, dass man auch in dieser Frage falschen Vorstellungen anhängt, die dringend einer Korrektur bedürfen?«

»Ja, sicher«, sagte Lyell fröhlich und sah Henslow an. Doch der blickte weg. »Nichts ist beständig. Denken Sie doch nur, welchen Aufruhr meine *Prinzipien der Geologie* anfänglich erregt haben. Von den Ausdrücken, mit denen man mich beschimpft hat, war ›Ketzer‹ noch einer der mildesten. Doch seither finden meine Anschauungen immer mehr Anhänger. Wenn es auch nach wie vor hochrangige Naturforscher gibt, die …« Er fing einen Blick Henslows auf und schwieg.

Darwin wartete, dass er fortfahren würde, doch da kam nichts mehr. Abwechselnd blickte er zwischen den beiden Koryphäen hin und her. Die Auswertung seiner Sammlung, sagte er dann tapfer, das Resultat seiner Beobachtungen und Experimente ließen gar keinen anderen Schluss zu, als dass seit Urzeiten Arten ausgestorben und durch andere, neu entstandene ersetzt worden seien. Dass dieser Prozess nie aufhören und bis in alle Ewigkeit weitergehen werde. Einen Augenblick erwog er, auch den Ursprung des Menschen mit einzubeziehen, aber dann entschied er sich dagegen. Eines nach dem anderen. Er klappte den Mund wieder zu und fragte Lyell, was er davon halte.

»Das kann ich so auf die Schnelle nicht beurteilen«, antwortete der. »Dazu müsste ich mich intensiver mit der Angelegenheit befassen. Fest steht jedoch, dass Sie, wenn Sie sich Ihrer Sache sicher sind, nicht zögern sollten, damit an die Öffentlichkeit zu gehen. Natürlich werden Sie sich Feinde machen, aber das lässt sich nun mal nicht verhindern. Viel Feind, viel Ehr. Kommen Sie, stoßen Sie mit uns an.«

Er hob sein Glas und streckte es Darwin entgegen. Der ließ das seine sanft dagegen schlagen. Als er mit Henslow dasselbe tun wollte, bemerkte er, dass sein ehemaliger Lehrer und Freund gegangen war.

Lyell stieß ein verächtliches Schnauben aus. »Machen Sie sich nichts draus, lieber Darwin. Wie hat ein berühmter Weiser einmal gesagt: Hoffe nicht, deine Zeitgenossen zu überzeugen; die nächste Generation wird dir glauben.«

Swanley

Im Schein flackernder Kerzen, die Reste des Abendessens noch auf dem Teller, saß Darwin auf seinem angestammten Platz im Speisezimmer und wiegte seine Tochter im Arm. Anders als zwei Jahre zuvor an William fand er an der kleinen Annie nichts auszusetzen. Alles schien ihm wohlproportioniert, formschön und an der richtigen Stelle. Der Nabel war hübsch verheilt, dunkelblonde Locken ringelten sich um das runde Köpfchen, die Haut glänzte glatt und rosig.

Susan und Elizabeth waren zu Besuch gekommen. Beide zeigten sich von Annie in höchstem Maße entzückt. »Nein, wie süß«, flötete Susan und tätschelte dem Baby den Po, »wirklich allerliebst.« Und Elizabeth fügte augenzwinkernd hinzu: »Eine richtige Schönheit. Nach der werden sich die Jungen noch mal den Kopf verdrehen.«

Im Haus Darwin herrschte eitel Sonnenschein. Selbst Bob, inzwischen zu einem veritablen, schwarz-braun gefleckten Hundemann herangereift, durfte zur Feier des Tages den Abend im Haus verbringen. Dass er dem Baby keinerlei Aufmerksamkeit schenkte, lag an Elizabeth, von der er zuverlässig wusste, dass sich in ihrer Tasche so mancher Leckerbissen für ihn verbarg.

Eineinhalb Jahre später. Wieder ein opulentes Abendessen, wieder strahlende Kerzen, wieder Besuch aus Shrewsbury. Auch das Baby, das Darwin diesmal im Arm hielt, war wieder ein Mädchen. Sie hatten es auf den Namen Mary getauft. Aus William war ein stattlicher Junge geworden, der, wenn es sich nicht vermeiden ließ, sogar schon seiner Mutter zur Hand ging. Viel lieber jedoch streifte er mit Vater und Hund durch Feld und Wald. Annie rannte allen ständig zwischen den

Füßen herum und erheiterte Vater, Mutter und Tanten mit ihren eigenwilligen Wortschöpfungen. Und Emma war schon wieder schwanger.

In Down House war es laut geworden. Stets schrie, rief, sang oder lachte irgendwo ein Kind, Emma klimperte auf dem Klavier, Bob bellte. Und wenn Darwin einmal für kurze Zeit Ruhe fand, dachte er viel häufiger an Spielzeugtiere, Puppen, die zu reparieren waren, und dringend benötigte Kinderkleidung als an Aufsätze über Saprophyten, Sporozoen oder die verwandtschaftlichen Beziehungen zwischen den Stachelhäutern im Ärmelkanal.

Sein trotz aller Vorbehalte und Versprechungen nie ganz aufgegebener Plan, die Theorie der Transmutation vollständig und schlüssig zu Papier zu bringen, war weitgehend ein Plan geblieben. Dafür war sein umfangreiches Werk über die Rankenfußkrebse ein beachtlicher Erfolg geworden, der ihm in der wissenschaftlichen Welt höchste Anerkennung und mehrere Preise eingetragen hatte. Nur einige wenige Anläufe hatte er zur Niederschrift seiner Ansichten über die natürliche Selektion unternommen, dabei war er jedoch jedes Mal rasch an seine Grenzen gestoßen. Was ihm nach wie vor fehlte, waren Fakten, waren Beobachtungen, Erkenntnisse und Untersuchungsergebnisse über lebende und tote Tiere, über ihre Merkmale und Verbreitung, über unbekannte Pflanzenhybriden, deren Zucht und Produktivität.

Alle diese Informationen gedachte er sich zu beschaffen. Doch dazu bedurfte es – das wurde ihm von Tag zu Tag klarer – einer umfangreichen Korrespondenz mit Forschern unterschiedlicher Disziplinen. Mit Berufs- und Gelegenheitsgeologen, Tier- und Pflanzenzüchtern, Sammlern, Landwirten und nicht zuletzt Medizinern weltweit. In Down House war das ausgeschlossen. Das eine Problem war die fehlende Ruhe, das andere, weitaus gravierendere, war Emma. Mit ihrer unaufdringlichen, doch stets präsenten Fürsorge kümmerte sie sich um sein Wohlergehen, als hätte es zwischen ihnen nie eine Auseinandersetzung gegeben. Er durfte sie kein zweites Mal enttäuschen. Stapelweise Post aus aller Herren Länder würde sie misstrauisch machen, das stand fest. Und misstrauische Frauen waren gefährlich, das wusste er mittlerweile.

Er zermarterte sich das Gehirn. Was sollte er tun? Hooker und Huxley hatten ihn mehr als einmal gedrängt, seine Gedanken und Schlussfolgerungen endlich in einem kompakten Werk zusammenzufassen. Und auch Lyell hatte sich bei einem weiteren Treffen im Athenaeum hinter vorgehaltener Hand angelegentlich nach dem Fortschritt seiner Arbeit erkundigt. Seufzend klappte er das Buch zu, in dem er gerade, ohne etwas mitzubekommen, las. Dann legte er es entschlossen zur Seite, ging ins Wohnzimmer und spielte mit William und Annie Verstecken.

Annie war sein ganzes Glück. Nie hätte er für möglich gehalten, dass man ein kleines, naives Kind derart ins Herz schließen konnte. Wenn sie auf seinem Schoß saß und begeistert in seinem Bart wühlte, wenn er mit ihr auf dem Boden herumkroch oder ihr etwas aus einem Bilderbuch vorlas, war er rundum zufrieden. Dann schlug sein Herz gleichmäßig, und in ihm war vollkommene Ruhe. Er hatte sich auf dem weiträumigen Grundstück hinter dem Haus einen geschotterten Weg anlegen lassen, auf dem er mehrmals am Tag ein paar Runden drehte. Dabei wurde er stets von Bob und oft auch von Annie begleitet. Während William ihm nur auf längeren Ausflügen in die weitere Umgebung Gesellschaft leistete, schien Annie das Zusammensein mit dem Vater auch auf den kurzen Spaziergängen über den Denkerpfad zu genießen.

Die Bezeichnung »Denkerpfad« stammte von Emma. Sie hatte den Kindern eingeschärft, den tief in seine Gedanken versunkenen Vater bei seinen täglichen Runden auf gar keinen Fall zu stören. Die Mahnung hatte sich auch Annie zu Herzen genommen. Während Darwin auf der Suche nach der Lösung eines Problems geistesabwesend vor sich hin trottete, tänzelte sie neben ihm her oder ließ sich von ihm führen; und sprach dabei kein einziges Wort.

»Annie tut mir gut«, sagte Darwin mehr als einmal zu Emma. »Wenn ich ihre kleine Hand in meiner spüre, habe ich die besten Gedanken.«

Auf einem solchen Spaziergang – Bob sprang, wie immer, auf der Suche nach Mäusen, Kaninchen und Eichhörnchen ein Stück voraus, und Annie hüpfte vergnügt, aber schweigend hinter ihm her – kam ihm die Idee mit Huxley. Von dem war erst vor wenigen Tagen ein Brief eingetroffen. Darwin hätte ihn gar nicht öffnen müssen, um zu wissen, was darin stand. Er solle seine Theorie doch endlich veröffentlichen und sich bloß nicht vor Kritikern und – bei allem Verständnis – auch nicht vor seiner Frau fürchten. Wie immer bot er ihm seine uneingeschränkte Unterstützung an. Und diesmal war Darwin entschlossen, sie anzunehmen.

Er hatte den Kollegen erst einmal in seinem weitläufigen Haus in Swanley, ein paar Meilen südöstlich von London, besucht. Stolz hatte Huxley ihn durch seine naturkundlichen Sammlungen, die umfangreiche Bibliothek und schließlich das hochmoderne Labor geführt, das jedem wissenschaftlichen Institut zur Ehre gereicht hätte. Über all das könne er nach Belieben verfügen, hatte er ihm erklärt, wenn er in Gottes Namen nur endlich mit der Transmutation weitermache.

Gottes Name sei in diesem Zusammenhang ja wohl fehl am Platz, hatte Darwin lächelnd eingewandt und versprochen, über das liebenswürdige Angebot nachzudenken.

Und das tat er jetzt. Er beschleunigte seine Schritte. Dass Annie hinter ihm laut zu keuchen begann, hörte er nicht. Nach der vierten Runde stand sein Plan fest. Er würde sich bei Huxley einquartieren. Mit dessen Unterstützung und ansonsten gänzlich ungestört würde er Hunderte von Briefen an Leute in aller Welt schicken. Die Antworten würde er auswerten, ordnen und gewichten und schließlich seine Transmutationstheorie, über die bislang nur die fünfunddreißigseitige Zusammenfassung existierte, in einem umfangreichen Werk darlegen und begründen.

An diesem Abend lud er Emma zum Essen in den Pub ein. Sie war gern unter Leuten, und die gab es in der rauchigen Kneipe zu jeder Tageszeit. Obschon das kulinarische Angebot allenfalls bescheiden war, gefiel es ihr dort. Auch Darwin fühlte sich inmitten der schlichten Dorfbewohner – größtenteils Bauern, Viehhirten und Landarbeiter – wohl. Sie setzten sich an einen Tisch in der Nähe der Theke, er trank Bier, sie Wein. Und während sie zu dem Geklimper, das ein weißhaariger Alter einem verstimmten Klavier entlockte, im Takt klatschten, plauderten sie lebhaft und amüsierten sich prächtig.

Als Emma nach dem dritten Glas sichtlich nicht mehr ganz Herr ihrer Sinne war, kam Darwin zur Sache. Er erklärte ihr, er müsse komplizierte Versuche durchführen, und dazu benötige er ein Labor. Das war nicht gelogen; tatsächlich beabsichtigte er, einige seiner wichtigsten Thesen durch experimentelle Resultate zu belegen. Ein jüngerer Kollege besitze nahe London ein solches Labor und habe ihm großzügigerweise angeboten, es nach Belieben zu nutzen. Er werde daher bis auf Weiteres einige Tage pro Woche bei besagtem Kollegen – er heiße Thomas Huxley und sei jünger als er; aber das habe er, glaube er, schon gesagt – wohnen und arbeiten. Sie möge das verstehen und ihm bitte nicht böse sein. Bob werde er mitnehmen. Und falls Annie Lust habe, könne sie ihn hin und wieder besuchen.

Natürlich war Emma einverstanden, er hatte nichts anderes erwartet. Aber natürlich wollte sie auch wissen, worum es bei seinen Studien gehe.

»Um die Weitergabe von Merkmalen«, wich er aus. »Von einer Generation zur nächsten. Von Mary zum Beispiel sagen die Leute, sie habe meine Augen. William hat fast genau die gleiche Haarfarbe wie du, und auch Bob kann seine Eltern nicht verleugnen.«

Emma nickte und verlangte noch ein Glas Wein. Wo es doch gerade so nett sei. »Ich verstehe. Wozu brauchst du dabei ein Labor?«

»Die Natur gibt ihre Geheimnisse nur unwillig preis. So manches offenbart sich nicht auf den ersten Blick. Man muss etliches zerschneiden und, bevor man es unter dem Mikroskop betrachtet, mit allerlei Chemikalien behandeln, sonst wird man daraus nicht schlau.«

»Du musst wissen, was du tust«, sagte Emma und nahm einen tiefen Schluck. »Die Kinder werden dich vermissen. Nicht nur Annie.«

»Die Zeit geht vorüber. Nicht lange, und ich werde wieder bei euch sein. Damit du in der Zwischenzeit ein wenig Unterstützung mit Haus und Kindern hast, solltest du ein Mädchen einstellen, das dir zur Hand geht.«

»Das ist nicht billig.«

»Das nicht.« Nur mühsam widerstand Darwin der Versuchung, seinen Daumennagel abzukauen. »Aber wenn ich erst über das Ergebnis meiner Untersuchungen ein Buch veröffentlicht habe, wird uns das ein Vielfaches von dem einbringen, was eine Dienstmagd kostet.«

Emma seufzte. Zwei Tage später half sie ihm beim Packen. Er küsste sie und die Kinder, verkündete großspurig, er werde bald wieder zurück sein – große Aufgaben verlangten nun mal große Opfer –, und stand tags darauf vor Huxleys Haus.

Am nächsten Morgen – nach einer Nacht, die Darwin schmerzgeplagt größtenteils auf der Toilette zugebracht hatte – fragte ihn der bucklige Lebensmittelhändler von Swanley, wozu er um Himmels willen so viel Salz brauche.

»Forschung«, antwortete Darwin. »Experimente.«

»Aha«, äußerte der Mann mit wissendem Blick. »Konservieren von Fleisch. Einpökeln, stimmt's?«

Darwin wiegte den Kopf hin und her. »Nicht ganz. Meerwasser. Ich versuche, es nachzubilden.«

Der Alte zog die Augenbrauen hoch. Wozu das? Die Nordsee sei nicht weit. Er wies mit dem Kinn in eine imaginäre Richtung. Da gebe es Salzwasser zuhauf.

Aber nicht in unterschiedlichen Konzentrationen, erklärte Darwin geduldig. Meer sei nicht gleich Meer. Das gelte es zu berücksichtigen.

»Verstehe.« Der Mann zwinkerte ihm mit verschwörerischer Miene zu. »Fischzucht. Lachse? Oder gar Langusten?«

Darwin schüttelte den Kopf. »Nein, es hat mehr mit Pflanzen zu tun. Wie sie das Salz vertragen.«

»Ach, darum geht es«, sagte der Händler mit ratlosem Gesicht. »Nun, wenn das so ist, möchte ich auch einen bescheidenen Beitrag zum wissenschaftlichen Fortschritt leisten.« Er kramte eine größere Papiertüte hervor, schaufelte Kochsalz hinein und überreichte sie seinem Kunden mit verschwörerischer Miene. Das koste nichts, aber er wolle bitteschön erfahren, was der werte Herr herausgefunden habe. In seiner Kundschaft gebe es nicht allzu viele Forscher.

Am Nachmittag stand Darwin in Huxleys Labor und stellte diverse Salzlösungen abgestufter Konzentration her. Die verteilte er auf zahllose Bechergläser und gab Samen aller möglichen Pflanzen dazu.

Wozu das gut sein solle, erkundigte sich Huxley. Und vor allem, was das mit Transmutation und Selektion zu tun habe?

Er habe es sich gründlich überlegt, antwortete Darwin. »Transmutation« sei eigentlich nicht der passende Ausdruck. Was Huxley von »Evolution« halte?

Der überlegte eine Weile. Nicht schlecht, sagte er dann. Wenn er auch nicht recht einsehe, was daran besser sei.

Darwin winkte ab. »Erkläre ich dir ein andermal. Ich muss mich jetzt auf meine Versuche konzentrieren.«

Wozu die gut sein sollten, fragte Huxley noch einmal.

Darwin kippte Tomaten-, Kürbis- und Gurkensamen in die Gläser. »›Evolution‹ kommt vom lateinischen ›evolvere‹.«

Das sei ihm klar, erwiderte Huxley. Was das mit den Samen zu tun habe?

»›Evolution‹ bedeutet Entwicklung, in der Regel vom Einfachen zum Höheren. Das trifft die Sache.«

»Wenn du meinst. Scheint mir nicht so wichtig. Und die Samen?«

»Ich kann mir nicht vorstellen, dass Lyell mit seiner Meinung recht hat, zwischen den Kontinenten hätte es einst Landbrücken gegeben.«

»Ich weiß nicht. Möglich wäre es ja.«

»Fest steht, dass sich Pflanzen über große Entfernungen ausgebreitet haben. Über trennende Meere hinweg.«

»Ach, du meinst, sie könnten angespült worden sein?«

»Genau. Was aber nur einen Sinn ergibt, wenn die Samen im Salzwasser ihre Keimfähigkeit behalten.«

»Jetzt begreife ich.« Huxley zupfte sich das obligatorische Halstuch zurecht. »Du willst die Samen, nachdem sie einige Zeit im Salzwasser gelegen haben, in Erde stecken und sehen, ob sie keimen. Richtig?«

Darwin tauchte den Federkiel in Tinte und malte kryptische Zeichen in sein Notizbuch. Genau das, nickte er abwesend. »Evolution« treffe die Sache zweifellos besser als »Transmutation«.

Möglich doch auch, überlegte Huxley, dass Fische die Samen fräßen. Und dann ihrerseits vielleicht von Reihern oder anderen Raubvögeln gefressen würden.

Darwin hielt abrupt inne. »Und die scheiden sie dann irgendwo auf dem Festland aus? Bemerkenswerte Idee! Wenn ich mit den Samen fertig bin, mache ich dasselbe mit Eidechseneiern.«

Tags darauf starrte er, ein Notizbuch vor sich auf dem Tisch und den schnarchenden Bob zu Füßen, unverwandt in ein Aquarium und flüsterte Huxley zu, er solle ihn nicht stören. In dem Becken schwammen zwischen Wasserpflanzen, Wurzeln und bizarr geformten Steinen sechsundzwanzig Guppys und ein Barsch. Eine Viertelstunde zuvor waren es noch dreißig Guppys gewesen; vier hatte sich der Raubfisch bereits einverleibt. Ein paar andere waren kurz davor, gefressen zu werden, denn ohne irgendwelche Anzeichen von Angst schwammen sie dem Barsch arglos vor dem Maul herum.

Wieder andere hingegen schienen gute Chancen zu haben, das Experiment zu überleben. Sie hatten sich, so gut es ging, in einer Ecke des Beckens unter überhängendem Gestein verborgen. Selbst als Darwin Futter ins Wasser rieseln ließ, wagten sie sich nicht aus ihrem Versteck.

»Risikobereitschaft unterschiedlich ausgeprägt«, notierte er. »Vorsicht sichert Überleben.« Kaum war er damit fertig, musste er zu den vier Kreuzen auf seinem Zettel zwei weitere hinzufügen. Jetzt waren es nur noch vierundzwanzig Guppys. Als die letzten zehn übrig geblieben waren, fing er den kaum noch schwimmfähigen Barsch heraus. Von nun an sollten die schlauen Kerlchen Ruhe haben. Irgendwann würden sie sich dann fortpflanzen. Er war schon jetzt gespannt, wie ihre Jungen mit dem Raubfisch klarkommen würden.

Nach und nach wurde das Labor immer kleiner. Auf seine zahllosen Briefe trafen in Swanley nicht nur stapelweise Zuschriften aus allen Teilen der Welt, sondern auch Pakete, Kisten, Fässer und Bottiche ein. Und sogar etliche Käfige mit lebenden Tieren. Mit wilden oder durch Zucht entstellten Mäusen, Ratten, Kaninchen, Katzen und Hunden, aber auch mit Kreaturen, von denen Darwin noch nie gehört und die er noch nie zu Gesicht bekommen hatte. Dazu Gestein in allen möglichen Größen, Farben und Formen. Ein südspanischer Bauer schickte das komplette Skelett eines etwa fuchsgroßen Tieres, das er am Rande seines Ackers unter einem Gebüsch gefunden hatte; ein Zoodirektor aus Budapest eine Sammlung ausgeblichener Vogelköpfe mit zerfledderten Federn. Ein Jäger aus den schottischen Highlands schenkte ihm elf Hirschgeweihe, angeblich allesamt Abwurfstangen ein und desselben Tieres. Und aus der Schweiz erhielt er die umfangreiche Nachtfalterkollektion eines bei einer Exkursion abgestürzten Mannes, dessen Witwe, wie sie schrieb, froh war, die Staubfänger los zu sein. Dazu Pflanzen in allen denkbaren Größen, vom Kraut bis zum Baum, Unmengen frischer, eingelegter und gepresster Blüten, Blätter, Früchte, Knollen und Zapfen.

Huxley sah abwechselnd zwischen dem wachsenden Chaos und Darwin hin und her. Das gehe so nicht, sagte er. Das Gestein und seinetwegen auch die Pflanzen könnten bleiben. Aber die Tiere, nein, beim besten Willen, die müssten weg.

»Wie, weg?«, fragte Darwin mit offenem Mund.

»Nun, verschwinden. Schaff sie mir vom Hals!«

»Aber man hat sie mir geschickt, um damit Versuche anzustellen. Zur Untermauerung meiner Theorie. Nicht, um sie umzubringen.«

»Das ist mir ganz egal. Hier können sie jedenfalls nicht bleiben. Das ist ein Labor und keine Zoohandlung. Und schon gar kein Tierasyl. Die Mistviecher fressen, koten und stinken. Also fort damit!«

»Das sind keine Mistviecher. Zumindest die Kaninchen nicht. Diese hier zum Beispiel …« – er deutete mit dem Fuß auf einen hölzernen Verschlag – »… sind blau-weiße Englische Schecken, und das dort Zwerglöwenwidder. Ergebnisse einer langen und konsequenten Auslesezucht. Selten und kostbar.«

Selten hin, kostbar her, erwiderte Huxley. Er könne sie nicht brauchen, dabei bleibe es.

»Aber doch nicht sofort, auf der Stelle?«

»Heute ist Dienstag. Spätestens am Freitag will ich von dem Getier nichts mehr sehen.«

Das sei eine verdammt knappe Zeitspanne, wandte Darwin ein. Ob man sich nicht auf eine Woche einigen könne? Oder zwei? Schließlich …

Huxley schnitt ihm das Wort ab: »Nein, das kann man nicht.« Er legte Darwin die Hand auf die Schulter. »Ich habe vollstes Verständnis für deine Untersuchungen, das weißt du. Ich unterstütze sie, wo immer ich kann, und bin gerne bereit, dafür Opfer zu bringen.« Als Darwin ihn nur wortlos anstarrte, setzte er hinzu: »Oder habe ich etwa einen einzigen Ton gesagt, als du vorgestern zwei meiner wertvollen Mikroskope mit dem Inhalt von Krötendärmen besudelt hast? Nein, habe ich nicht. Aber was zu weit geht, geht zu weit.«

Darwin seufzte. Dann sei es wohl am besten, wenn er sich gleich an die Arbeit mache.

»Tu, was du für richtig hältst«, sagte Huxley. »Am Freitag sind wir beide jedenfalls die einzigen lebenden Wesen in diesem Raum.«

»Und Bob«, bemerkte Darwin.

»Ja, und Bob. Der schleicht ja ohnehin schon die ganze Zeit sabbernd um die Kaninchenkäfige herum. Mach doch einfach die Behälter mit den Widdern und Schecken auf. Du wirst staunen, wie schnell dein Hund das Problem gelöst hat.«

Darwin sah erschrocken auf. Ob das Huxleys Ernst sei?

»Natürlich nicht. Nur ein Scherz.«

»Scherz«, brummte Darwin kopfschüttelnd. »So so. Für diese Art Scherze habe ich nicht allzu viel übrig.«

Huxley lachte und murmelte etwas von Humor, der manchen Leuten vollkommen abgehe. Doch Darwin hörte nur noch mit halbem Ohr zu. Er hatte einen Käfig mit mehreren schwarz-braun gescheckten Japanerkaninchen vor sich auf den Tisch gestellt und betrachtete die Tiere liebevoll. Ein Züchter aus Irland hatte sie ihm gesandt. In dem Begleitbrief stand, es handele sich um ein prächtiges Zuchtpaar. Falls Darwin keinen Nachwuchs wünsche, möge er Männchen und Weibchen möglichst gleich nach der Ankunft in getrennte Käfige setzen. Doch dazu war es bereits zu spät. Aus den zweien waren während der Reise nach Swanley sechs geworden.

Darwin empfand das unter den gegebenen Umständen als Glücksfall und machte sich daran, die possierlichen Langohren hinsichtlich ihrer Fellzeichnung miteinander zu vergleichen. Er wog sie, maß die Ohren, zählte die Schnurrhaare und bestimmte die maximale Höhe eines Hindernisses, über das die Tiere springen konnten, wenn er mit einer Nadel in ihr knubbeliges Hinterteil stach.

»Die Kaninchen sind die Selbstständigkeit nicht gewohnt«, sagte er über die Schulter zu Huxley, der ihn aufmerksam beobachtete. »In freier Wildbahn haben sie keine Chance.«

Huxley zuckte mit den Schultern. »Natürliche Selektion in ihrer reinsten Form.«

Die nächsten beiden Tage war Darwin eifrig damit beschäftigt, von der Liste der Tierversuche, die er sich vorgenommen hatte, möglichst viele als erledigt abzuhaken. Dann stellte er sämtliche Käfige auf eine waldnahe Wiese und öffnete sie einen nach dem anderen. Die Mäuse machten als Erste, dass sie davonkamen. Eine Ratte biss einen Zwerglöwenwidder herzhaft in den Fuß, eine andere einem Englischen Schecken ein Ohr ab, dann suchten auch sie das Weite. Und ein offenbar verwirrtes Baumhörnchen nahm sich einen Maulwurf zum Vorbild und begann, sich voller Eifer einzubuddeln.

Die Kaninchen wussten dagegen überhaupt nicht, wie ihnen geschah. Sich gegenseitig dämlich anglotzend, blieben sie in ihren Käfigen hocken, schmiegten sich verängstigt aneinander und machten keinerlei Anstalten, die plötzliche Freiheit zu nutzen. Erst als Darwin die Käfige auf den Kopf stellte und die Tiere kurzerhand herausschüttelte, hoppelten sie, noch immer ratlos umherblickend, in verschiedene Richtungen davon. Dem ersten gelang es tatsächlich, den Waldrand zu erreichen, wo es unter dichtem Gebüsch verschwand. Das zweite jedoch fiel, noch bevor es sich entschieden hatte, was es tun sollte, einem Habicht zum Opfer. Bevor der Greifvogel zustieß, drehte er erst einige Runden über dem armen Langohr; offenbar war ihm das planlos vor sich hinhoppelnde Wesen nicht ganz geheuer. Ein weiteres Tier hörte Darwin, kurz nachdem es seinen Blicken entschwunden war, laut aufquieken. Vermutlich ein Fuchs, dachte er seufzend. Aber so ist das nun mal. Was des einen Freud …

Entschlossen packte er die leeren Käfige zusammen und stapfte, ohne sich noch einmal umzublicken, zu Huxleys Haus zurück.

Die Postkutsche aus Downe war wie immer verspätet. Darwin hatte Emma mitteilen lassen, er komme am Wochenende ausnahmsweise nicht nach Hause, sondern bleibe dringender

Verpflichtungen wegen in Swanley. Umgehend hatte Emma geantwortet, dann komme eben sie und bringe Annie mit. Die habe sich so sehr auf ihren Vater gefreut und sei jetzt bitter enttäuscht. Was sie selbst angehe, so habe sie dem Wunsch ihres Mannes entsprochen und ein Mädchen eingestellt. Eine unglaublich tollpatschige Siebzehnjährige namens Charlotte, die jedoch prächtig mit den Kindern zurechtkomme und von diesen innig geliebt werde. Die passe so lange auf Mary und William auf.

Es war ein lauer Spätsommernachmittag. Ein milder Südwestwind türmte den Straßenstaub zu kleinen Häufchen, winzige Vögel ließen sich durch die Gassen wehen, von den Alleebäumen taumelten die ersten Blätter. Darwin sah auf die Uhr. Jetzt wartete er schon über eine Stunde, und von der Kutsche war noch immer weit und breit nichts zu sehen. In dieser Zeit hätte er Hunderte von salzwasserdurchtränkten Samen in die Erde stecken können. Warum nur war auf nichts Verlass? Wozu gab es einen Fahrplan, wenn niemand sich daran hielt? Plan bedeutete Programm, einen vorgeschriebenen Verlauf; und der war dazu da, ausgeführt zu werden. Präzise und akkurat, sonst verdiente er seinen Namen nicht. Er dachte an den Löwenzahn, mit dem er gerade experimentierte. Aus dessen Samen ging immer wieder neuer Löwenzahn hervor, niemals Huflattich oder Vergissmeinnicht. Missmutig sah er die Straße hinunter. Von der Kutsche keine Spur. Oder die Heliotrop-Pflanzen, mit denen Jean-Jacques de Mairan schon vor mehr als hundert Jahren in Frankreich experimentiert hatte. Jeden Morgen öffneten sich deren Blätter und folgten präzise dem Lauf der Sonne. Und das sogar, wenn gar keine Sonne schien. Das waren Pläne, auf die man sich verlassen konnte. Wäre die Natur genauso unzuverlässig wie die britische Post, dachte er, würde in kürzester Zeit pures Chaos herrschen.

In diesem Moment hörte er das Klappern von Pferdehufen. Die Kutsche bog auf den Marktplatz ein und kam gleich darauf zum Stehen. Er küsste Emma, warf Annie hoch in die Luft und fing sie lachend wieder auf. Er freue sich schrecklich, sagte er, dass sie gut angekommen seien. Ob die Fahrt angenehm gewesen sei?

Dann führte er sie durch den adretten Ort, spendierte seiner kleinen, pausenlos auf ihn einplappernden Tochter Limonade und Kirschkuchen und zeigte ihnen Huxleys großzügiges Anwesen.

Emma bat darum, das Labor zu sehen.

Was daran interessant sei, wollte er wissen. Die Luft darin sei ätzend, und es stinke nach Chemikalien, für Annies Gesundheit bestimmt alles andere als zuträglich.

Emma nickte. »Verstehe. Dann bleibt Annie eben draußen. Ich möchte jedenfalls, wenn ich künftig an dich denke, eine Vorstellung davon haben, wo du arbeitest.«

Darwin erkundigte sich ein weiteres Mal, was an einem Labor Besonderes sei. Die sähen eines wie das andere aus. Zumindest für Frauen.

»Vielleicht für andere«, sagte Emma, »für mich nicht. Ich will jetzt das Labor sehen.«

»Das ist doch vergeudete Zeit«, erwiderte er. »Draußen scheint die Sonne, es ist ungewöhnlich mild. Das sollten wir ausnutzen.«

»Hast du etwas zu verbergen?«

Darwin hob abwehrend die Hände. »Wie kommst du darauf?«

Ohne zu antworten, sah sie ihn traurig an.

Er seufzte. »Also, bitte.« Er führte sie einen langen, schmalen Gang hinunter. An dessen Ende öffnete er die Tür zu dem Raum, den er, wie er Emma erklärte, in den letzten Wochen praktisch nur zum Essen und Schlafen verlassen habe. Und natürlich, um auf die Toilette zu gehen.

»Wonach riecht es hier?«, fragte Emma, als sie eingetreten waren.

Darwin zog die Schultern hoch. »Ich habe dir doch erklärt …«

»Nein, nein, das meine ich nicht. Man könnte annehmen, hier gebe es Tiere.«

»Nicht mehr«, sagte Darwin. »Ich habe alle freigelassen.«

Emma blieb so abrupt stehen, als wäre sie gegen eine Wand gelaufen. »Du hast mit lebenden Tieren experimentiert?«

»Im Grunde nichts weiter als Beobachtungen und Vermessungen.«

Emma fragte, was er mit »im Grunde« sagen wolle.

»Ja nun, den höheren Tieren ist dabei nicht das Geringste passiert.« Unpassenderweise fiel ihm genau in diesem Moment der Habicht ein. Er bemühte sich, nicht zu erröten.

»Den höheren? Was meinst du damit?«

»Ein paar Kröten mussten ihr Leben lassen, das gebe ich zu. Ich habe ihre Innereien untersucht.«

»Weißt du nicht, dass auch Kröten Geschöpfe Gottes sind?«

Darwin deutete auf eine Reihe verschmutzter Reagenzgläser und kreuz und quer über den Tisch verstreuter Objektträger. »Dies hier ist mein Arbeitsplatz. Hier sitze ich den ganzen Tag, hier forsche ich und mache mir Notizen. Und denke dabei an dich und die Kinder.«

»Warum weichst du aus? Gibt es etwas, das du mir nicht verraten willst?«

»Himmel noch mal!«, entfuhr es ihm lauter als beabsichtigt. Mühsam dämpfte er die Stimme. »Worauf willst du eigentlich hinaus?«

Er habe offensichtlich ein schlechtes Gewissen, sagte Emma ruhig. Sonst gebe es keinen Anlass, derart zu fluchen.

»Ich habe nicht geflucht! Ich komme mir nur vor wie ein Schwerverbrecher, der von der Polizei verhört wird.«

Wie er sich vorkomme, sagte Emma, sei seine Sache. Sie habe ihm nur ein paar Fragen gestellt. Aber wenn er keine vernünftigen Antworten habe …

»Natürlich habe ich die!«, brauste Darwin auf. »Wenn man Lebewesen erforschen will, geht es gar nicht anders, als dass man das eine oder andere in Stücke schneidet. Oder glaubst du etwa, die menschliche Anatomie hat jemand erkundet, indem er sich nur hingesetzt und schlaue Gedanken gemacht hat?«

Emma wandte ein, Menschen bringe man zu diesem Zweck nicht um. Auch Tiere stürben irgendwann. Danach bleibe Zeit genug, ihre Überreste zu untersuchen.

»Jetzt reicht es!«, rief Darwin und ärgerte sich, dass es ihm nicht gelang, genauso ruhig zu bleiben wie seine Frau. »Annie wartet draußen.«

»Charles, ich mache mir Sorgen um dich«, seufzte Emma. Sie zog die Nase hoch und wischte sich die Augen. »Oder besser gesagt: um uns.«

In Swanley gastierte ein Wanderzirkus, in dem außer vier Pferden, sechs Hunden und einem Seelöwen sogar ein Kamel auftrat. Jongleure schleuderten sich brennende Reifen zu, Clowns rissen derbe Späße, Kerzen warfen flackernde Schatten. Als das Kamel von zwei halb nackten Burschen mit Stockschlägen in die Manege getrieben wurde, verbreitete sich ein stechender Gestank.

Im Gegensatz zu Annie war Darwin nicht nach Lachen zumute. Während die Kleine nicht einmal die Nase rümpfte und feixend in die Hände klatschte, gingen ihm Emmas Worte nicht aus dem Sinn. Er hatte in Huxleys Labor allenfalls noch zwei, drei Wochen zu tun, dann musste er sich daranmachen, seine gesammelten Forschungsergebnisse, Schlussfolgerungen und übergreifenden Gedanken in einem Buch zusammenzufassen. In den letzten Wochen hatten Lyell und Hooker immer wieder vorbeigeschaut und sich nach dem Fortschritt seiner Arbeit erkundigt.

Nach der Zirkusvorstellung fasste er Annie an der Hand und führte sie zu einem flachen See vor der Stadt. Im Schilf quakten Frösche um die Wette, Libellen führten verwegene Flugmanöver vor, und ein tollpatschiger Reiher mühte sich vergebens, einen gefangenen Fisch so zu drehen, dass er ihn herunterwürgen konnte. Als er sein Glück sichtlich erbost mit einem besonders gewagten Manöver versuchte, entglitt ihm die Beute und verschwand im trüben Wasser.

Ausgelassen planschten sie in der warmen Brühe. Darwin ließ flache Steine über die Oberfläche hüpfen und tauchte nach Muscheln und Schnecken. Annie kreischte vor Vergnügen, und für eine knappe Stunde gelang es ihm, seine Sorgen zu vergessen. Doch mit den trockenen Sachen, die er sich anzog, kamen die quälenden Gedanken zurück. Sobald er wieder in Downe war, musste er sich unbedingt mit Emma aussprechen. Es war gar nicht so sehr ihr Misstrauen, das ihm zusetzte, sondern weit mehr das Eingeständnis, dass sie mit ihrem Verdacht recht hatte. Die Kluft, die sich zwischen ihnen aufgetan hatte, durfte auf keinen Fall breiter werden.

In der Nacht fand er keinen Schlaf. Während Annie die Nähe des Vaters genoss und, ein Lächeln seliger Unbekümmertheit auf den Lippen, fest an seiner Seite schlummerte, wälzte er sich ruhelos hin und her und knabberte an den Fingernägeln. Angestrengt versuchte er, an nichts zu denken als an den wunderschönen Nachmittag, an das prachtvolle Wetter, an Annies Lachen. Doch die Macht des Grübelns war stärker. Vorsichtig öffnete er sein Nachtkästchen und wühlte hinter Unterwäsche und Büchern eine Flasche Scotch hervor.

Annie schlief jetzt mit leicht geöffnetem Mund, hin und wieder schnarchte sie leise. Behutsam entkorkte er die Flasche, setzte sie an die Lippen und trank. Brennend rann ihm die scharfe Flüssigkeit die Kehle hinab. Unwillkürlich kam ihm der Feuerschlucker in den Sinn, der seiner kleinen Tochter mit seinen fauchenden Flammen schrille Angstschreie entlockt hatte. Er musste husten. Damit Annie nicht aufwachte, steckte er den Kopf unter das Kissen. Dann nahm er einen zweiten, tieferen Schluck und gleich darauf einen dritten. Er spürte, wie ihm leichter wurde, wie der Druck in seiner Brust nachließ. Geräuschlos genehmigte er sich noch einen vierten und fünften Schluck. Dann stellte er die Flasche in das Schränkchen zurück, zog die Bettdecke bis zum Kinn und schloss die Augen. Doch noch immer wirbelten die peinigenden Gedanken wie Blätter im Sturm durch seinen Kopf.

Dann, von einer Sekunde auf die andere, drehte sich sein Magen um. Würgend tastete er nach dem Nachttopf. Als er sich stöhnend in die Kissen zurückfallen ließ, war ihm, als wühle eine gewaltige Hand in seinen Eingeweiden. Eine Flut dumpfen Schmerzes durchströmte seinen Leib und nahm ihm den Atem. Sein Herz raste, setzte aus, hämmerte wieder los und blieb stehen.

»Nicht jetzt!«, stieß er keuchend hervor. »Das Kind!«

Annie erwachte und rieb sich die Augen. »Was ist? Wo ist Mummy?«

Er nahm seine ganze Kraft zusammen und beugte sich über sie. »Schlaf, mein Engel. Ich bin bei dir. Sei ganz ruhig. Ich …« Stechender Schmerz ließ ihn verstummen. Als er sich auf die Unterlippe biss, schmeckte er Blut.

Es klopfte an der Tür. Huxleys Stimme: »Charles, ist alles in Ordnung?«

Er wollte antworten, wollte etwas Beruhigendes sagen. Doch der Schmerz war stärker. Das Einzige, was er zustande brachte, war ein gurgelnder Laut. Dann schwanden ihm die Sinne.

Das Nächste, das er wahrnahm, war eine Hand, die seine eigene umfasst hielt. Und etwas Weiches, das seine Stirn trocknete. Er schlug die Augen auf und sah eine mächtige Warze: Dr. Clark! Er begriff nicht. Mühsam versuchte er, sich zu erinnern. Ach ja, er war in Swanley. Aber das konnte nicht sein. Die Bettwäsche kannte er, die gehörte zu Down House. Und Dr. Clark, kam der nicht aus London? Er schloss die Augen und strengte sich an, ein Bild zustande zu bringen, sich zu erinnern, was geschehen war. Aber es gelang ihm nicht.

Er hörte, wie der Arzt nach Emma rief: »Kommen Sie, Mrs. Darwin. Er ist aufgewacht.«

Gleich darauf hörte er die Stimme seiner Frau, vertraut und zärtlich: »Gott sei Dank, Charles, du lebst.«

Ein zweites Mal öffnete er die Augen. »Wo bin ich?« Plötzlich durchzuckte ihn ein schrecklicher Gedanke. »Und wo ist Annie?«

»Ganz ruhig«, sagte Emma. »Es ist alles gut. Du bist in Down House. Dr. Clark ist eigens aus London gekommen und wird sich um dich kümmern.« Sie schniefte leise. »Annie ist fast verrückt geworden vor Sorge. William und Mary natürlich auch. Aber Annie ganz besonders.«

Der Arzt mischte sich ein: »Wir haben ihr erklärt, Sie seien schrecklich müde und müssten sich einmal richtig ausschlafen. Aber ich bin sicher, sie hat es nicht geglaubt. In der Nacht, in der sie bei Ihnen war, hätten Sie laut geschrien, sagt sie immer wieder. Als ich gekommen bin, wurde sie von schrecklichen Weinkrämpfen geschüttelt. Sie ist vollkommen verstört.«

Emma rief die Kinder. Gleich darauf standen William, Annie und Mary um Darwins Bett herum. Auch Bob hatte die Gunst der Stunde genutzt und sah ihn aus feuchten Hundeaugen sorgenvoll an.

»Daddy geht's wieder besser«, sagte Emma und bedachte ihre drei Kleinen mit einem liebevollen Lächeln. »Er hat einen mächtigen Schutzengel gehabt.«

Annie war die Erste, die zu ihm ins Bett stieg und ihm einen Kuss auf den Mund drückte. Mary tat es ihr, nachdem Darwin sie hochgehoben hatte, nach. William beließ es bei einem flüchtigen Streicheln der väterlichen Wange.

Nachdem Darwin etwas Haferschleim gegessen und eine Tasse dünnen Tee getrunken hatte, setzte sich Dr. Clark zu ihm ans Bett. »So kann das nicht weitergehen«, sagte er ernst und sah seinen Patienten mit sorgenvoller Miene an. »Diesmal sind Sie dem Tod im letzten Moment von der Schippe gesprungen. Aber beim nächsten Mal …« Er sprach nicht weiter, nahm Darwins Hand in die seine, blickte auf seine Taschenuhr und maß den Puls. »Achtundachtzig«, sagte er, nachdem er zum Rechnen kurz die Augen geschlossen hatte. »Ein bisschen viel, aber kein Grund zur Besorgnis.«

Darwin erkundigte sich, ob der Arzt irgendeine Vermutung zur Krankheitsursache habe. Vielleicht schon eine Diagnose?

Dr. Clark schüttelte den Kopf. »Das ist es ja gerade. Ich habe bestenfalls eine vage Ahnung. Wer weiß, vielleicht haben

Sie sich bei Ihrer Schiffsreise etwas eingefangen. In den südlichen Ländern soll es ja üble Miasmen geben. Gefährliche Ausdünstungen, giftige Dämpfe. Da holt man sich schnell etwas. Ich vermute aber eher etwas anderes.«

»Und was?« Darwin versuchte, sich auf die Ellenbogen zu stützen, sank jedoch ächzend in sein Kissen zurück.

»Erschöpfung. Sie arbeiten zu viel. Gönnen sich zu wenig Erholung. Lassen sich keine Zeit zum Essen. Hören nie auf zu denken.«

»Das heißt?«

»Ich empfehle Ihnen dringend eine Kur. Wasseranwendungen, nahrhaftes Essen, viel Ruhe, ausgedehnte Spaziergänge. Und vor allem keinerlei Verpflichtungen.«

Darwin erkundigte sich, ob das unbedingt sein müsse.

»Ich kann es Ihnen nur dringend ans Herz legen. Zwingen kann ich Sie nicht. Wenn Sie sich sträuben, bin ich machtlos. Ganz abgesehen davon, dass eine solche Kur nur dann den erwünschten Erfolg zeitigt, wenn der Patient mit Leib und Seele dahintersteht.«

Mit dem Leib vielleicht, sagte Darwin. Mit der Seele sei das so eine Sache.

Der Arzt runzelte die Stirn. Wie er das verstehen dürfe?

Er möge ihm nicht böse sein, antwortete Darwin und wischte sich den Schweiß von der Stirn. Aber das sei eine Angelegenheit zwischen ihm und seiner Frau.

»Eheprobleme?«

Darwin zögerte einen Augenblick und dachte nach. »Im weitesten Sinne. Hängt mit meiner Tätigkeit zusammen.«

»Also doch.«

»Nein, nicht wie Sie meinen.«

»Wie denn dann?«

»Wie gesagt, das bespreche ich lieber mit meiner Frau.«

Dr. Clark ließ die Hand seines Patienten, die er noch immer in seiner eigenen hielt, los, als wäre sie eine schleimige Fischflosse. Dann sei er ja wohl überflüssig.

Darwin bat ihn, die Sache nicht persönlich zu nehmen. Er

habe einen Plan. Wenn der nicht funktioniere, wisse er auch nicht mehr weiter. Dann lege er sein Schicksal in Dr. Clarks Hände, vollkommen und bedingungslos. Dann unterziehe er sich jedweder Therapie, die er vorschlage. Und begebe sich in jedwede Kur, wo immer sie auch stattfinde, was immer er dabei zu erdulden habe und wie lange sie auch dauere.

»Na schön«, sagte der Arzt, packte sein Köfferchen zusammen und wünschte gute Genesung. Die Rechnung lasse er in Kürze zustellen.

Schwer atmend ließ Darwin sich in sein Kissen zurücksinken. Die Augen fielen ihm zu. Doch bevor er einschlief, hörte er noch undeutlich, wie Emma mit dem Arzt sprach. »Ich verstehe …« vernahm er, und »Werde dafür sorgen …«, und schließlich, bevor die Haustür ins Schloss fiel: »Weiß, was ich tun muss …«

Downe

Emma legte ihren Kopf auf die Brust ihres Mannes. Sie seufzte behaglich. Ihre Finger glitten über sein Gesicht, ihr Atem wärmte seine Haut. »Ich bin so froh, dass du wieder da bist«, flüsterte sie. »Du hast mir entsetzlich gefehlt.«

Ihm gehe es kein bisschen anders, erwiderte er und drückte ihr einen Kuss aufs Haar. In Swanley habe er nachts oft wach gelegen und vor Sehnsucht nach ihr nicht mehr einschlafen können.

»Du darfst mich nie wieder verlassen.« Sie griff nach seiner Hand und legte sie auf ihren schwellenden Bauch. »Bald sind wir zu sechst. Die Kinder brauchen ihren Vater.«

Das wisse er, sagte Darwin und dachte an Annie. Dann wechselte er das Thema, die Gelegenheit erschien ihm günstig. »Ich muss etwas mit dir besprechen. Etwas, das mir sehr am Herzen liegt.«

»Psst.« Sie stützte sich auf ihren Ellbogen und legte ihm einen Finger auf den Mund. »Ich glaube, ich weiß, was dich bedrückt.«

Sie fasste hinter sich und zog aus dem Nachtkästchen einen Brief hervor. »Ich wollte schon lange mit dir darüber sprechen, habe aber nie die richtigen Worte gefunden. Deshalb habe ich es aufgeschrieben.«

Er drehte sich zur Seite, rieb sich die Augen. Dann zündete er eine Kerze an und begann mit wachsendem Erstaunen zu lesen: »Mein geliebter Charles, seit Langem beobachte ich mit Sorge, dass es Dir gesundheitlich immer schlechter geht. Ich habe mir deswegen Gedanken gemacht und glaube, zumindest zum Teil zu wissen, was Dir fehlt. Insbesondere bei meinem Besuch in Swanley ist mir vieles klar geworden. Es mag sein, dass Dir Huxleys Labor von Nutzen war. Aber was Dich hier in Downe an der Arbeit hindert, ist nicht das fehlende Labor. Das bin einzig und allein ich. Ich glaube Dir, dass Dein Versprechen ernst gemeint war, nicht länger darüber nachzudenken, was Dir an der biblischen Schöpfungsgeschichte missfällt. Ich weiß aber auch, dass Dir nichts so sehr am Herzen liegt wie deine Forschung. Als ich in Maer auf Dich gewartet habe, habe ich stundenlang mit meinem Vater über dieses Thema geredet, und er hat mir klargemacht, welche Bedeutung das alles für Dich hat. Dass mir, wenn unsere Ehe Bestand haben soll, nichts anderes übrig bleibt, als mich notgedrungen damit abzufinden. Und das will ich wirklich versuchen. Denn wir fügen uns gegenseitig Leid zu. Du mir, indem Du die Worte des Herrn, unseres Gottes, infrage stellst; ich Dir, indem ich Dich mit aller Macht zu einer Anschauung bekehren will, von der Du Dich längst abgewandt hast. Aber ich glaube, von uns beiden bin letztlich ich die Stärkere. Das Leid, das ich Dir zufüge, ist schlimmer als das, was Du mir antust. Und wenn ich etwas ganz und gar nicht will, dann Dir wehtun. Deshalb werde ich Deiner Arbeit nicht länger im Wege stehen. Ich kann Deine Einstellung nicht billigen und schon gar nicht teilen, aber ich werde sie akzeptieren. Unsere gemeinsame Zukunft und die unserer Kinder sind mir wichtiger. In tiefer Liebe, Deine Emma.«

Nachdem er sich wieder etwas gefasst hatte, umarmte Darwin seine Frau und sagte ihr, sie könne sich gar nicht vorstellen, wie dankbar er ihr sei und welche Last sie von ihm nehme. Dann stand er auf, wusch sich oberflächlich, zog sich an und verließ, Bob im Gefolge, das Haus. Tief in Gedanken versunken, drehte er auf dem Denkerpfad eine Runde, dann noch eine und noch eine. Er merkte es nicht. In seinem Kopf schwirrten die Gedanken. Durfte er Emmas großzügiges Angebot annehmen? Hatte er das Recht, seine Interessen einfach über die ihren zu stellen? Glaubte sie an die biblische Schöpfungsgeschichte nicht ebenso sehr wie er an seine wissenschaftlichen Erkenntnisse? Doch während seiner sechsten Runde kam ihm plötzlich der Gedanke, dass sie es vielleicht als Misstrauen auffassen könnte, wenn er nicht auf sie einging. Dass sie möglicherweise das Gefühl hätte, er nehme ihr großzügiges Geschenk nicht an, weil er ihr nicht glaubte.

»Komm, Bob!«, rief er und klatschte sich mit der flachen Hand an den Oberschenkel. »Wir haben zu tun.«

Er stürzte ins Haus, gab der verdutzten Emma im Vorübergehen einen Kuss auf die Nase und begann zu schreiben. Von kurzen Pausen unterbrochen, in denen er überlegte und seine umfangreichen Notizen sichtete, schrieb er den ganzen Tag. Er schrieb bis tief in die Nacht, gönnte sich nur drei Stunden eines oberflächlichen Schlafs und schrieb weiter.

Als Emma wieder einmal in den Wehen lag, war er am Ende des zweiten Kapitels mit der Überschrift *Abänderung im Naturzustand* angekommen. Er unterbrach seine Arbeit und wartete im Wohnzimmer, bis ihm die Hebamme seinen zweiten Sohn zeigte. Er zog seine Frau an sich, lobte sie, wie tapfer sie doch sei und dass der Kleine ihm ausnehmend gefalle. Sie solle sich gut von der Anstrengung erholen. Charlotte werde sich um George kümmern, außerdem sei Annie mittlerweile groß genug, um ihr zur Hand zu gehen. Dann strich er Emma ein paarmal nachdenklich über das Haar, setzte sich an seinen Arbeitstisch, tauchte die Feder in die Tinte und schrieb weiter.

Dem dritten Kapitel gab er den Titel *Der Kampf ums Dasein* und arbeitete gerade am vierten über *Natürliche Züchtung*, als Emma ihr fünftes Kind, eine kleine Elizabeth, zur Welt brachte. Bei der Geburt des sechsten Kindes, eines schwächlichen Säuglings namens Leonard, schrieb er am achten Kapitel mit der Überschrift *Bastardbildung*, und als Kind Nummer sieben, noch einmal ein Junge, Francis mit Namen, das Licht der Welt erblickte, mühte er sich mit dem zehnten herum, in dem es um die *Geologische Aufeinanderfolge organischer Wesen* ging. Erst als seine Frau ihm ein halbes Jahr später spitzbübisch lächelnd mitteilte, mit dem Kindersegen sei es noch nicht vorbei, er könne sich auf weiteren Nachwuchs freuen, kam er allmählich zum Ende.

Zwischendurch unternahm er, begleitet von Annie und Bob, lange Spaziergänge auf dem Denkerpfad, sortierte seine Gedanken und überlegte, wie das Buch heißen solle. Nach langem Hin und Her sowie kontroversen Gesprächen mit Hooker, Huxley und nicht zuletzt seinem Verleger entschied er sich für den griffigen Titel *Über die Entstehung der Arten durch natürliche Auswahl oder den Erhalt begünstigter Rassen im Kampf ums Dasein.* Jetzt musste er das umfangreiche Werk nur noch ein paarmal überarbeiten, ein Register erstellen und Fußnoten anbringen. Dann war die Arbeit vieler Jahre endlich getan und konnte publiziert werden. Bei dem Gedanken bekam er weiche Knie und sein Magen zog sich schmerzhaft zusammen. Aber es half alles nichts: Was zu tun war, musste getan werden!

Doch dann machte ihm ein Brief seiner Schwester Carolin einen Strich durch die Rechnung. Dem Vater, der ja schon seit Langem nicht mehr richtig gesund sei, gehe es von Tag zu Tag schlechter, schrieb sie. Ob er nicht kommen könne?

Zwei Tage später betrat er die Bibliothek der elterlichen Wohnung – und erschrak furchtbar. In einem Rollstuhl kauerte ein alter, offensichtlich schwer kranker Mann und ließ sich von Susan aus einem dicken Buch vorlesen. War diese jämmerliche Gestalt, die ihn offenbar nicht erkannte und mit auf die Brust gesunkenem Kopf abwesend an einem Keks nibbelte, wirklich sein Vater? Das spärliche Haar fiel ihm wirr in die Stirn, Ohren und Nase wirkten in dem eingefallenen Gesicht unnatürlich groß, und aus dem Mundwinkel hing ein dünner Speichelfaden. Darwin schluckte und musste sich zwingen, den Blick nicht abzuwenden.

Susan machte ihm ein Zeichen, sich zu setzen. Er brauche nicht so rücksichtsvoll zu sein, erklärte sie resolut. Der Vater bekomme ohnehin nichts mit. Allenfalls registriere er noch, wenn jemand in seiner Nähe rede, mehr nicht. Es sei daher vollkommen gleichgültig, ob sie ihm weiter vorlese oder sich mit ihrem Bruder unterhalte.

Darwin zog einen Stuhl zu sich heran und ließ sich darauf fallen. »Seit wann …?« Sprachlos beobachtete er, wie der Speichelfaden abriss und auf den Tisch tropfte.

»Das bereits so geht? Ach, eigentlich schon eine ganze Weile. Aber in den letzten Wochen hat sich sein Zustand rapide verschlechtert. Er isst kaum noch etwas, kann sich nicht mehr allein an- und ausziehen, starrt oft stundenlang wortlos vor sich hin.«

Schlimm sei das, murmelte Darwin, ganz furchtbar. Kaum zu glauben, dass das der Mann sei, den er, seit er denken könne, respektiert, ja, geradezu gefürchtet habe.

»In den vergangenen Jahren hat er sich immer mehr in sich zurückgezogen«, erzählte Susan und schnippte dem Vater ein paar Brösel von der Hose. »Ist kaum noch aus dem Haus gegangen, hat keinen Besuch mehr empfangen und …« – sie stockte und sah ihren Bruder längere Zeit schweigend an – »… wollte, ehrlich gesagt, auch von dir und Ras nichts mehr wissen.«

»Ich hätte mich mehr um ihn kümmern müssen.« Darwin rutschte unbehaglich auf seinem Stuhl hin und her. »Habe mich viel zu viel mit meinen eigenen Angelegenheiten beschäftigt.«

»Ach was!« Susan wischte den Einwand mit einer raschen Handbewegung beiseite. Der Vater sei eben alt geworden, das sei doch ganz normal. Und sie und Carolin seien ja stets da gewesen und hätten auf ihn aufgepasst. Wenn er Wert auf die Gesellschaft seiner Söhne gelegt hätte, hätte er es ja sagen können. Aber man müsse doch ehrlich feststellen, dass sich der alte Herr auch seinerseits kaum für seine Söhne und ihre Familien interessiert habe. Sie sei sich nicht einmal sicher, ob er überhaupt die Namen seiner Enkel und ihr Alter im Kopf gehabt habe.

Da sei etwas dran. Darwin kratzte sich nachdenklich am Kinn. Für William, Annie und die anderen sei er deshalb auch stets nur der strenge Großvater gewesen, dem man mit Ehrfurcht zu begegnen habe. Aber niemals so etwas wie ein richtiger Opa.

Susan unterbrach ihn: »Siehst du, deshalb mach dir keine Sorgen. Zuneigung muss immer von beiden Seiten kommen, sonst verkümmert sie.« Sie stand auf. »Und jetzt hilf mir bitte, ihn ins Bett zu schaffen.«

Wenn Darwin später an seinen Aufenthalt in Shrewsbury zurückdachte, fragte er sich jedes Mal, ob es tatsächlich das Phänomen gab, von dem er schon mehrfach gehört hatte; dass nämlich ein Schwerkranker mit dem Sterben oft so lange wartet, bis er alle seine Angehörigen um sich weiß. Denn zwei Stunden, nachdem am nächsten Tag auch Ras aus London eingetroffen war, tat der Vater den letzten Atemzug.

»Würdevoll bis in den Tod«, sagte Darwin zu seinem Bruder. »Kein Todeskampf, überhaupt kein Aufbäumen, nichts. Er hat einfach aufgehört zu leben.« Im selben Augenblick wurde er sich bewusst, dass er keine Trauer empfand.

Drei Tage später wurde der Vater auf dem Friedhof von Shrewsbury in der Familiengruft der Darwins beigesetzt. Emma hatte eine Nachricht geschickt, sie könne leider nicht kommen, die beiden Mädchen seien kurz nacheinander krank geworden und bedürften dringend ihrer Pflege. Er möge sie bitte bei seinen Schwestern entschuldigen.

Darwin war froh, als die Beerdigungsfeierlichkeiten endlich vorüber waren und er in die Kutsche zurück nach Downe steigen konnte. Dort erzählte ihm Emma, Mary und Annie hätten vor zwei Tagen ganz plötzlich über heftiges Halsweh geklagt. Erstaunlicherweise hätten sich die anderen Geschwister aber samt und sonders wohlgefühlt. Daher habe sie sich beeilt, die zwei Mädchen in ein separates Zimmer zu legen.

Sie begleitete Darwin zu den nebeneinander stehenden Betten und bedeutete ihm, leise zu sein. »Sie schlafen ganz fest; das ist ein gutes Zeichen.« Behutsam drückte sie ihre Lippen zuerst auf Marys, dann auf Annies Stirn und erklärte, beide hätten Fieber, Annie wohl ein wenig höher.

Als die Mädchen wieder wach waren, wickelte sie ihnen feuchte Tücher um die Waden, die sie regelmäßig wechselte, stellte ihnen Milch mit Honig ans Bett und ermahnte sie, reichlich zu trinken. Sie ließ ihre Töchter die Zungen herausstrecken, sagte, sie seien belegt, und sah ihnen in den Rachen, den sie gerötet fand.

Darwin erkundigte sich, ob man einen Arzt holen solle.

Emma schüttelte lächelnd den Kopf. »Nur eine banale Erkältung. Die wird bald vorübergehen. Auf jeden Fall kein Grund zur Beunruhigung.«

Die Mädchen aßen wenig und schliefen viel. Mit jämmerlicher Miene krächzten sie, ihnen tue der ganze Körper weh und ob ihr Daddy ihnen nicht noch eine Geschichte vorlesen könne. Darwin, gerade im Begriff, zurück an die Arbeit zu gehen, setzte sich seufzend wieder auf die Bettkante, schlug das dicke Märchenbuch auf und fabulierte ein weiteres Mal von Riesen, bösen Geistern und engelgleichen Feen.

In der Nacht hörte Emma, wie ihre Töchter in Fieberträumen fantasierten. Sie erneuerte von Zeit zu Zeit die Wickel und wischte den Mädchen den Schweiß aus den glänzenden Gesichtern. Am nächsten Morgen war Marys und Annies Haut voller roter, zum Teil knotig verdickter Flecken, die heftig juckten. Wieder hatte es Annie ein bisschen stärker erwischt. Aber noch machte Emma sich keine großen Sorgen. Das änderte sich im Lauf des Nachmittags. Die Hautknötchen sprangen blasig auf, füllten sich mit Eiter und nässten. Im Zimmer verbreitete sich fauliger Gestank. Das Fieber stieg, die Mädchen glühten.

Allmählich bekam Emma es mit der Angst zu tun. Darwin bestand darauf, schleunigst einen Arzt zu rufen. Da Dr. Clark aus London zu lange brauchen würde, schickten sie einen Boten ins Nachbardorf zu Dr. Shelley. Der war noch erstaunlich jung, trug Kleider nach der neuesten Mode und kicherte albern. Er horchte die Kranken gründlich ab und klopfte ihnen minutenlang auf dem Rücken herum. Er betastete ihre Arme und Beine, maß ihre Temperatur und fühlte ihnen den Puls. Als er an den

Eiterblasen roch, rümpfte er die Nase. Dann kramte er aus seiner Tasche einen Beutel hervor, schüttete ein gelbes Pulver heraus und schärfte Emma ein, damit drei- bis viermal am Tag die Haut der Mädchen zu bepudern. Außerdem solle sie sich beim Kaufmann im Ort ein paar Kräuter besorgen, deren Namen er ihr aufschreiben werde, und daraus einen Tee kochen, nicht zu stark, aber auch nicht zu schwach. Den müssten die Mädchen trinken, alle zwei Stunden eine Tasse, am besten lauwarm. Wenn es sein müsse, auch mit etwas Zucker. Die Wadenwickel solle sie weiterhin stündlich wechseln und unter allen Umständen verhindern, dass die Kranken mit ihren gesunden Geschwistern in Berührung kämen. Er verkündete, Licht lasse den Hautausschlag unnötig sprießen, zog die Vorhänge zu und setzte mehrere Blutegel an. Mit dem Versprechen, am nächsten Tag wieder vorbeizuschauen, verabschiedete er sich.

Tatsächlich schlugen die verordneten Maßnahmen an. Allerdings nur bei Mary. Vergnügt erzählte sie dem Arzt am folgenden Tag, es gehe ihr schon viel besser, die Flecken auf ihrer Haut würden blasser und juckten nicht mehr so schrecklich. Mittags vertilgte sie eine mächtige Portion Grießbrei. Und als Emma ihre Temperatur prüfte, war das Fieber kaum noch spürbar.

Bei Annie dagegen versagte die ärztliche Kunst. Er stehe vor einem Rätsel, erklärte Dr. Shelley, legte das Kinn in die Hände und machte ein verdrießliches Gesicht. Er könne sich absolut nicht erklären, warum die Therapie so unterschiedliche Resultate zeitige. Immerhin sei es aber noch möglich, und er hoffe das von Herzen, dass es bei Annie nur ein wenig länger dauere, bis die Symptome zurückgingen.

An deren Bett wechselten Emma und Darwin sich von nun an rund um die Uhr ab. Nachts schlief nur einer von ihnen, der andere hielt bei der Kranken Wache, wechselte die Wickel reinigte die verkrusteten Pusteln und flößte ihr Tee ein. Doch alle Mühen erwiesen sich als fruchtlos.

Emma wollte einen weiteren Arzt konsultieren; Dr. Shelley müsse ja nichts davon erfahren. Darwin hielt das für eine gute

Idee und schlug einen gewissen Dr. Galwith aus Brighton vor, von dem die Leute sagten, er kenne sich gut mit Kindern aus und habe schon so manchem Patienten das Leben gerettet.

Der Mann war klein und rundlich, hatte abstehende Ohren und mehrere Zahnlücken. Er untersuchte Annie überaus gründlich, ließ sie alle möglichen Verrenkungen machen und so lange »Aaah« sagen, bis sie heiser war. Dann wackelte er mit seinem runden Kopf und erklärte, die Angelegenheit sei ernst, aber nicht hoffnungslos. Wenn Medikamente überhaupt einen Wert hätten, dann nur in Verbindung mit radikaler Luftveränderung. Er schlage vor, das Kind auf die Isle of Wight zu bringen und mit ihr ausgedehnte Strandspaziergänge zu unternehmen. Das werde Annie zwar anstrengen, aber die salzhaltige Luft werde die Lungenbläschen entkrampfen und die üblen Dämpfe neutralisieren, die von den Pusteln aufstiegen, sodass das Mädchen sie nicht immer wieder einatmen müsse.

Tags darauf quartierte Darwin sich mit seiner am ganzen Körper schlotternden Tochter auf der Isle of Wight ein. In einer kleinen, diskreten Pension unweit des Strandbades. Wie Dr. Galwith angeordnet hatte, nötigte er Annie zu einem halbstündigen Spaziergang am Meer. Gemächlich schlenderten sie Hand in Hand am Wasser entlang. Sanfte Wellen leckten ihre nackten Füße. Silbermöwen führten verwegene Flugmanöver vor, und weit draußen erkannte man schemenhaft die Silhouette eines Schiffes unter vollen Segeln. Mit den Zehen schrieben sie ihre Namen in den Sand und sahen dem Wasser zu, wenn es diese in mehreren Anläufen wieder auslöschte. Um Annie von ihrem Leid abzulenken, zeigte Darwin ihr Muscheln, Seesterne und anderes Getier. Er ließ sie die Namen wiederholen und erklärte ihr, wie Strandwürmer lebten und sich fortpflanzten.

Wieder in der Pension, half er ihr ins Bett und flößte ihr Löffel für Löffel eine vom Koch eigens für sie zubereitete Hühnersuppe mit großen Fettaugen ein. Doch trotz aller Bemühungen ging es Annie nicht besser. Statt Anzeichen der Genesung erkennen zu lassen, wurde sie immer schwächer. Als sie nach drei Tagen kaum noch in der Lage war, aus eigener Kraft das Bett zu verlassen, und ein Spaziergang daher nicht mehr infrage kam, verließen sie die Insel und reisten zurück nach Downe. Während der Fahrt verfiel Annie immer wieder in einen unruhigen, von Krampfanfällen unterbrochenen Schlaf und musste sich mehrfach übergeben. Als sie zu Hause ankamen, starrte sie ihre Mutter aus glasigen Augen an, die in dem eingefallenen Gesicht riesig wirkten. Ihre Haut glänzte schweißnass; nur mit sichtlicher Mühe konnte sie sich auf den Beinen halten.

Emma strengte sich an, ihr Entsetzen zu verbergen. »Prächtig siehst du aus!«, rief sie mit versteinerter Miene. »Die Seeluft hat dir gut getan. Sicher wirst du jetzt bald wieder gesund.« Sie bemühte sich zu lächeln, doch es gelang ihr nicht. »Dr. Galwith wird morgen nach dir sehen. Der wird Augen machen!«

Aber dazu sollte es nicht mehr kommen.

In der Nacht schreckte Darwin aus oberflächlichem Schlummer hoch und sah erschrocken zu seiner Tochter hinüber. Etwas war anders. Annie, die sich gerade noch ruhelos hin- und hergewälzt hatte, lag bewegungslos im Bett. Ihr Kopf hing schlaff zur Seite, ihre Hand hatte sie in das Kissen gekrallt. Es kostete ihn Überwindung, nach ihrem Arm zu greifen. Er versuchte, den Puls zu fühlen, doch so sehr er auch tastete, da war nichts mehr. Und als er sich über Annies Gesicht beugte, merkte er, dass sie aufgehört hatte zu atmen.

Er fasste den schmalen Körper an den Schultern und rüttelte ihn heftig. »Annie, wach auf! Du kannst doch nicht so einfach sterben.«

Sie reagierte nicht. Darwin wollte schreien, doch er brachte nur ein leises Krächzen hervor. Er versuchte aufzustehen, um Emma zu wecken, doch seine Beine knickten ein wie Schilfhalme. So saß er bewegungslos, starrte in die Dunkelheit und weinte still und ohne Tränen. Er liebte seine Kinder von ganzem Herzen und hätte auf keines verzichten mögen. Doch auf der Isle of Wight war ihm klar geworden, dass er an Annie mit Abstand am meisten hing.

Einige schreckliche Minuten lang erwog er, seine Flinte zu holen. Ein Schuss, und mit der entsetzlichen Qual wäre es vorbei. Doch dann dachte er an Emma und die Kinder und die Verantwortung, die er für sie hatte. Das half zumindest so weit, dass er endlich ein paar Tränen vergießen konnte. Seine Lieben schliefen in den benachbarten Zimmern und waren ihm ganz nah. Doch noch nie hatte er sich so einsam gefühlt.

Wenn er später an die Tage und Wochen nach Annies Tod zurückdachte, hatte er keinerlei Erinnerung. Ihm war, als hätte die Zeit nicht existiert, als hätten sich nicht, wie sonst, die Sekunden zu Minuten, die Minuten zu Stunden verdichtet. In seinem Kopf war eine vollkommene Leere. An die Beerdigung auf dem kleinen Dorffriedhof konnte er sich ebenso wenig erinnern wie an die Worte, die ihm Vater, Bruder und Schwestern ins Ohr geweint hatten.

Er saß stundenlang in seinem Arbeitszimmer, starrte blicklos zum Fenster hinaus und wusste später nicht, wo die Zeit geblieben war. Er lief Runde um Runde den Denkerpfad entlang, ohne an irgendetwas zu denken. Dazwischen nahm er immer wieder sein Manuskript zur Hand, um es endlich zu überarbeiten, und schrieb doch kein einziges Wort. Sogar sein geliebtes Heuschreckenterrarium kam ihm erst wieder in den Sinn, als sämtliche Tiere mit den Beinen nach oben verhungert auf dem Boden lagen. Er lachte nicht und weinte nicht. Er aß nichts, trank nichts und schlief kaum. Verfiel er einmal in oberflächlichen Schlummer, so schreckten ihn grässliche Albträume gleich wieder hoch. Er empfing keine Besucher und ging selbst nirgendwo hin. Zu Emma sagte er, ihm sei, als habe er seine Seele verloren, und zu Elizabeth, er lebe nicht mehr, er existiere nur noch.

Erst Wochen später erlaubte er Emma, seinen Freund Huxley und wenig später auch Lyell und Hooker in sein Arbeitszimmer zu führen. Ein tragischer Verlust sei das, erklärten die drei einmütig, ein entsetzliches Unglück. Aber das Leben gehe weiter. Das Leben und die Arbeit.

»Mag sein«, antwortete Darwin tonlos und starrte ins Leere. »Aber nicht für mich.«

Jetzt sei es aber genug, schaltete sich Emma ein. Andere Eltern verlören auch Kinder, so sei das nun einmal. Wenn man von dreien zwei durchbringe, müsse man zufrieden sein. Was das betreffe, könnten sie sich bestimmt nicht beklagen. Da habe Gott es mit ihnen, verglichen mit anderen Vätern und Müttern, wahrlich gut gemeint.

Darwin fuhr hoch. »Schluss damit! Ich will nichts mehr davon hören!« Er starrte Emma und seine Kollegen mit eisigem Blick an. »Auf einen Gott, der den Menschen ohne Erbarmen das Liebste nimmt, was sie besitzen, kann ich verzichten!«

Emma brach in Tränen aus. »Charles, versündige dich nicht! Überlege, was du sagst!«

»Ich sage nur, was ich fühle. Bevor ich mit der *Beagle* losgereist bin, habe ich an Gott und die Bibel geglaubt. Und ich bin sicher, ich wäre kein schlechter Pfarrer geworden. Aber mit jedem Jahr hat ein Stück Erkenntnis ein Stück Glauben ersetzt. Als ich wieder nach England kam, war es mit meiner Frömmigkeit schon nicht mehr weit her. Vor allem konnte ich nicht glauben, dass jedes Wort der Bibel wahr sein sollte. Und diese Überzeugung hat sich mittlerweile zur Gewissheit verfestigt.« Er nickte sich selbst Bestätigung zu. »Doch bis zu Annies Tod habe ich zumindest noch geglaubt, dass es einen Gott gibt. Ein höheres Wesen, das die Welt lenkt und den Menschen eine Art gütiger Vater ist. Das ihre Gebete erhört und ihnen in ihrer Not beisteht. Damit ist es jetzt vorbei. Und zwar endgültig!«

Bestürzt beobachtete er eine dicke Träne, die Emmas Wange hinabrollte. Aber er hatte seine Entscheidung getroffen. Und die würde er nicht mehr revidieren. Nein, Gott war für ihn gestorben. Ein für allemal!

Jetzt mischte sich auch Lyell ein: »Gott hin, Gott her. Wichtig ist, dass Sie endlich mit Ihrem Buch fertig werden.« Er baute sich vor Darwin auf und stützte die Hände in die Seiten. »Das kann doch nicht so schwer sein.«

»Kann ich Ihnen in irgendeiner Weise behilflich sein?«, erkundigte sich Huxley. Und Hooker erbot sich, den überarbeiteten Text ins Reine zu schreiben.

»Nein, nein«, erwiderte Darwin und verschränkte die Arme vor der Brust. »Geben Sie mir noch ein paar Tage Zeit. Dann mache ich mich wieder an die Arbeit.«

Schön, sagte Lyell, aber nicht mehr! Wann mit der Fertigstellung zu rechnen sei?

»Sechs Wochen.« Darwin wiegte den Kopf hin und her. »Höchstens acht.«

»So lange?«

»Ich muss mir noch über einige Einzelheiten zur Variation schlüssig werden. Bei der Beschäftigung mit den Rankenfußkrebsen ist mir klar geworden, wie unpräzise meine Formulierungen zu diesem Thema sind. Darüber hinaus muss ich etliche Kapitel neu ordnen und zum Teil umschreiben. Das dauert seine Zeit.«

»Nun gut«, gab sich Huxley geschlagen. »Aber keinen Tag länger. Die wissenschaftliche Welt wartet.«

Drei Tage später, nach einem reichlichen Frühstück und fünf Runden auf dem Denkerpfad, schlug Darwin sein Manuskript auf. Er tauchte den Federkiel in die Tinte – und war wie gelähmt. Seine Augen überflogen den Text, doch er wusste nicht, wo und wie er beginnen sollte. Er las, ohne zu verstehen, und dachte nach, ohne zu einem Entschluss zu kommen.

Als William den Kopf zur Tür hereinsteckte, fuhr er ihn an, er habe zu tun, ob er denn keine Augen im Kopf habe. Doch nach drei Stunden hatte er noch immer kein einziges Wort zu Papier gebracht.

Daran änderte sich auch die nächsten Tage nichts. Sein Gehirn war wie leer gefegt, und wenn er überhaupt an etwas denken konnte, dann immer nur an Annie. Bisweilen, wenn er mit William und Bob durch die Wälder streifte und sich das Gehirn zermarterte, kam ihm eine vage Idee. Und ein paarmal glaubte er sogar, ein schlüssiges Konzept gefunden zu haben, wie sein Manuskript zum Abschluss zu bringen sei. Doch wenn er dann wieder zu Hause war, konnte er sich an nichts mehr erinnern.

Emmas Kummer ging ihm zu Herzen. Sie beklagte sich mit keinem Wort, doch er spürte, wie sie litt. Auch den Kindern gegenüber hatte er ein schlechtes Gewissen. Also legte er die Feder beiseite und kümmerte sich um sie. Er las ihnen vor und tollte stundenlang mit ihnen und Bob im Garten herum. Nachts lag er dann wach, spürte, dass auch Emma nicht schlief, und machte sich schreckliche Vorwürfe.

Als Hooker ihn zwei Wochen später aufsuchte, um sich nach dem Fortgang seiner Arbeit zu erkundigen, wimmelte er ihn mit fadenscheinigen Ausflüchten ab. Und dem gnadenlosen Antreiber Huxley, der kurz darauf bei ihm vorbeischaute, ließ er ausrichten, er sei unpässlich und nicht in der Lage, Besuch zu empfangen. Nach sechs Wochen hatte er im vierten Kapitel drei Absätze neu geordnet, im sechsten eine Überschrift umformuliert und im neunten eine Passage um drei Sätze erweitert. Das war alles.

Um die peinigenden Gedanken loszuwerden, lud er Emma ins Theater ein. Und tatsächlich kam ihm, während das Publikum atemlos den Darbietungen lauschte, eine fabelhafte Idee, von der er überzeugt war, sie werde ihn voranbringen. Doch natürlich hatte er keine Feder dabei, um sie aufzuschreiben. Als der Schlussapplaus erklang, war sein Kopf genauso leer wie vorher. Der Gedanke hatte mit der Rolle des Menschen zu tun gehabt, das war das Einzige, was er noch wusste. Damit, dass der Mensch aus Sicht der Evolution ein Tier war wie jedes andere auch. Ihm war eine glänzende Formulierung eingefallen, um diese Überzeugung auszudrücken, ohne sämtliche gottesgläubigen Menschen gegen sich aufzubringen. Doch so sehr er auch grübelte, der Einfall war unwiederbringlich verloren.

»Ich habe mich entschieden«, flüsterte er nachts zu Emma hinüber, die wie er wach im Bett lag. »Ich werde den Menschen mit keinem Wort erwähnen.«

»Den Menschen?« Emma gähnte. »Welchen Menschen?«

»Na, den Menschen eben. Dass er ebenso wie alle anderen Kreaturen aus Vorläufergeschöpfen hervorgegangen ist. Und ebenso wie diese einem unablässigen Wandel unterliegt.«

Emma gähnte lauter. Wenn er meine.

»Ich bin davon überzeugt. Aber ich werde in meinem Buch mit keinem Wort darauf eingehen. Man wird auch so schon über mich herfallen. Vielleicht ist ja irgendwann die Zeit reif.«

Das könne schon sein, sagte Emma. Er solle nur tun, was er für richtig halte. Damit drehte sie sich zur Seite. Gleich darauf deutete ihr gleichmäßiges Atmen darauf hin, dass sie fest schlief.

Dann kam der Tag, an dem Huxley in sein Arbeitszimmer stürzte und das neueste Exemplar des *Magazins der Naturgeschichte* vor ihm auf den Tisch knallte.

Darwin schrak aus seinen Gedanken hoch. »Was soll das?«

»Lies!« Huxley schlug das Blatt auf. »Das hast du nun davon!«

Darwin zwang sich, den Blick zu senken. Die Überschrift verschlug ihm die Sprache: *Über die Gesetzmäßigkeit, die das Entstehen neuer Arten regelt.* »Von wem ist das?«, stieß er hervor.

»Von einem gewissen Wallace. Aber lies doch!«

Darwin nickte wortlos und ließ sich auf seinen Stuhl fallen. Als er die ersten Zeilen überflog, zitterte er am ganzen Körper. »Wenn ein Land über Arten von Tieren verfügt, die nur dort vorkommen, so ist das ein zwingender Hinweis auf die Tatsache, dass das Land für lange Zeit von anderen Ländern isoliert war. Nur so konnten dort eigene Spezies entstehen, die wiederum aus früher existierenden hervorgegangen sind. Diese sind ausgestorben und haben …«

Er merkte, wie ihm die Worte vor den Augen verschwammen. Das war unfassbar! Er stand auf und lief planlos im Zimmer umher. Wallace – hatte er den Namen nicht schon irgendwo gehört? »Alfred Wallace?«, fragte er.

»Genau der. Hat auf eigene Kosten eine lange Expedition nach Ostasien unternommen. Singapur, Bali, Celebes und so weiter. Ist dabei offenbar auf dieselben Gedanken gekommen wie du.«

»Ich habe ihn einmal kennengelernt. Im Britischen Museum. Muss etwa zwei Jahre her sein. Er hat damals aus einem Aufsatz über seine Reisen auf dem Amazonas vorgelesen. Zweifellos ein tüchtiger Mann.«

Darwin las weiter. Was Wallace da schrieb, nahm in kurzer Form etliche der Gedanken vorweg, die er in seinem Buch in aller Ausführlichkeit dargelegt und mit zahlreichen Beispielen erläutert hatte. Weniger präzise zwar und nicht immer bis ins Detail durchdacht, aber ohne Zweifel von derselben Grundannahme ausgehend.

Als er fertig war, ließ er die Zeitschrift sinken und blickte starr ins Leere. »Unglaublich«, murmelte er mehrmals. »Ganz und gar unglaublich! Manches könnte ich nicht besser formulieren.«

»Und jetzt?«, rief Huxley wütend und stampfte mit seinem Stock auf den Boden.

Darwin antwortete nicht. Schweigend erhob er sich, murmelte, der Kollege möge ihn entschuldigen, stieg wie in Trance die Treppe hinab, pfiff nach Bob und verließ das Haus. Nach der ersten Runde auf dem Denkerpfad hatte er noch nicht die geringste Idee, wie es weitergehen sollte. Nach der zweiten fühlte er, dass die Enttäuschung langsam nüchterner Überlegung Platz machte. Nach der dritten sagte er sich, dass Wallace zwar dieselben Auffassungen vertrat wie er selbst, diese aber nicht begründen konnte. Und nach der vierten wusste er auch, was Wallaces Argumenten fehlte: die entscheidende Idee, das Bindeglied, das das Gedankengebäude zu einem festen Ganzen zusammenfügte: die natürliche Selektion. Wallace hatte eine Theorie aufgestellt, die seiner eigenen auf verblüffende Weise ähnelte. Aber er hatte sie nicht erklärt. Noch nicht?

Darwin fühlte, wie ihm wieder schlecht wurde. Vielleicht arbeitete der Konkurrent ja gerade an der Formulierung eben dieser Begründung. Wer sagte denn, dass er die Lösung des

Geheimnisses inzwischen nicht längst gefunden hatte? Den Artikel hatte er vor vier Monaten geschrieben. In der Zwischenzeit konnte viel geschehen sein.

Er beschleunigte seine Schritte, lief schneller und schneller. Schließlich rannte er den Pfad entlang. Bob, der offenbar nicht wusste, was er von der plötzlichen Hektik halten sollte, hüpfte ihm hechelnd die Beine hoch. Zwei Schritte auf einmal nehmend, sprang Darwin die Treppen hinauf, schob Charlotte, die gerade ansetzte, Francis ein Lied vorzusingen, kurzerhand zur Seite und stürmte in sein Arbeitszimmer. Wuchtig stieß er die Tür auf und traf Huxley, der dahinter gewartet hatte, mit der Klinke ins Kreuz.

»Er hat die natürliche Auslese noch nicht entdeckt!«, stieß er atemlos hervor. »Er weiß, dass die Arten sich verändern, hat aber keine Ahnung, warum. Das ist meine Chance!«

Huxley rieb sich mit schmerzverzerrtem Gesicht den Rücken. Er biss sich auf die Lippe, fasste Darwin an den Schultern und drückte ihn gewaltsam auf seinen Stuhl. »Dann nutze sie. Und zwar auf der Stelle!«

Und Darwin schrieb. Er schrieb Tag und Nacht, sichtete, ordnete, fasste zusammen und erläuterte. Er fügte neue Unterkapitel ein, passte Details an, rang um treffende Formulierungen. Was er fertiggestellt hatte, gab er Hooker, Huxley oder Lyell zu lesen. Er diskutierte Verbesserungsvorschläge, strich, ergänzte und schrieb um.

Nach zweiwöchiger Arbeit – er war bei der letzten Korrektur – brachte ihm der Postbote ein Schreiben. Als er einen Blick auf den Absender warf, war ihm, als wären seine Beine plötzlich ohne stützendes Knochengerüst: Alfred Russel Wallace! Stöhnend sank er in einen Sessel und starrte minutenlang ins Leere. Dann zog er mit zitternden Fingern einen Stapel Blätter aus dem Umschlag. Erst jetzt sah er den Begleitbrief. Er musste ihn vor sich auf den Tisch legen, um ihn lesen zu können. Er hoffe, schrieb Wallace, der für das *Magazin der Naturgeschichte* bestimmte Artikel werde dem hochverehrten

Mr. Darwin gefallen und er werde die darin geäußerten Gedanken teilen. Wenn er ihn gelesen habe, möge er ihn an Professor Lyell weitergeben. Der habe sich schon über seinen ersten Aufsatz zum Artenwandel sehr lobend geäußert.

Darwin schluckte. Doch es half nichts, er musste wissen, was in dem Aufsatz stand. Schon als er die Überschrift las, stiegen ihm Tränen in die Augen: *Über die Tendenz von Varietäten, sich unbegrenzt vom ursprünglichen Typus zu entfernen.* Er wandte all seine Willenskraft auf, um weiterzulesen. »Das Leben ist ein ständiger Kampf ums Dasein ...«, stand da. »Es gibt ein allgemeines Prinzip in der Natur, das dazu führt, dass einige Varietäten die Art, von der sie abstammen, überleben und sukzessive Veränderungen hervorbringen, die sich immer weiter vom ursprünglichen Typus entfernen ... Es ist der Kampf ums Dasein, bei dem die schwächsten und unvollkommensten Individuen immer unterliegen müssen ...«

Darwin ließ das Schriftstück sinken. Raschelnd fielen ihm die Blätter aus der Hand. Er merkte es nicht. Mühsam stand er auf, ging ans Fenster und lehnte die Stirn gegen das kühle Glas. In seinem Inneren fühlte er abwechselnd Wut, Enttäuschung und Verzweiflung. Sein Lebenswerk – von einer Sekunde auf die andere zerstört! Wallace hatte den Mechanismus der natürlichen Auslese entdeckt! Und den Aufsatz ausgerechnet ihm geschickt. Aber Wallace konnte ja nicht ahnen, dass er an demselben Thema arbeitete, dass er genau zur gleichen Einsicht gelangt war. Er hatte die Ergebnisse seines Wirkens und Denkens einfach einem Naturforscher zur Beurteilung gesandt, von dem er hoffen konnte, er werde den neuen Ideen aufgeschlossen gegenüberstehen.

Als er sich zum Mittagessen setzte, merkte Emma sofort, dass etwas nicht in Ordnung war. »Charles, was ist passiert?«

Einen kurzen Augenblick war er versucht, »Ach, nichts« zu antworten. Doch dann sprudelte die Enttäuschung aus ihm heraus: »Es ist, als hätte er mein Buch gelesen. Seine Formulierungen entsprechen zum Teil exakt den meinen. Wenn ich eine Zusammenfassung meiner Ideen verfassen wollte, ich könnte seinen Aufsatz wortwörtlich übernehmen. Es ist zum Verzweifeln!«

Vorsichtig erkundigte sich Emma, ob es möglich sei, dass Wallace abgeschrieben habe.

»Wie denn? Mein Buch ist doch noch gar nicht erschienen.«

»Vielleicht hat Hooker …«

»Oder Huxley? Oder Lyell? Ausgeschlossen. Für die lege ich meine Hand ins Feuer. Außerdem würde Wallace seinen Artikel wohl kaum freiwillig ausgerechnet demjenigen schicken, von dem er abgeschrieben hat. Nein, es ist ein unglaublicher Zufall. Da steht für die wissenschaftliche Welt tausend Jahre lang fest, Arten seien unveränderlich, und dann kommen zwei Forscher zur selben Zeit unabhängig voneinander darauf, dass das Unsinn ist. Und ziehen genau dieselben Schlüsse. Wenn ich es nicht erlebte, ich würde es nicht glauben.« Er schob seinen Teller zur Seite. »Sei mir nicht böse, aber ich bringe beim besten Willen keinen Bissen hinunter.«

Am nächsten Tag, nach einer mit Bauchkrämpfen und bohrenden Kopfschmerzen durchwachten Nacht, traf er Lyell, Hooker und Huxley in London. Auf die Frage, was es so Dringendes gebe, warf er wortlos Wallaces Artikel auf den Tisch. Einer nach dem anderen lasen sie. Lyell und Hooker erbleichten, Huxleys Gesicht wurde rot wie eine Tomate. »Und jetzt?«, stieß er hervor.

Lyell knallte die flache Hand mit solcher Wucht auf die Tischplatte, dass seine Teetasse bedenklich ins Wackeln geriet. »Da haben Sie den Salat! Ich habe es Ihnen ja immer gesagt!«

Nun ja, bemerkte Hooker, mit Vorwürfen, und seien sie noch so berechtigt, sei jetzt niemandem gedient. Er hielt inne und dachte augenbrauenzwirbelnd nach. Dann fügte er hinzu: »Niemand kann beweisen, dass Sie den Brief bekommen haben.«

Das wolle er nicht gehört haben, antwortete Darwin, um gleich darauf nachdenklich hinzuzufügen, obwohl, wenn er es recht bedenke …

»Wenn Wallace keine Antwort bekommt«, sagte Lyell kopfschüttelnd, »schickt er den Aufsatz eben jemand anderem. Und der geht damit an die Öffentlichkeit. Vergessen wir das.«

Ob er einen besseren Vorschlag habe, fragte Huxley spitz. Immerhin gewinne man auf diese Weise Zeit.

Lyells Kopfschütteln wurde heftiger. »Haben Sie noch die Zusammenfassung Ihrer Ideen, Darwin? Ich meine, das knapp vierzigseitige Papier?«

Darwin bejahte. »Aber das ist nicht mehr ganz aktuell. Inzwischen habe ich ...«

Lyell wischte den Einwand mit einer Handbewegung beiseite: Darauf könne man jetzt keine Rücksicht nehmen. Er mache Darwin einen Vorschlag. So tun, als existiere Wallaces Aufsatz nicht, scheide aus. Das räche sich früher oder später. Weitaus klüger sei es, der Fachwelt beide Aufsätze gemeinsam vorzustellen. Auf einer Versammlung der Linnean Society, die in knapp einer Woche stattfinde. Wenn er seinen Einfluss geltend mache, garantiere er, dass man sich seinem Wunsch nicht widersetzen werde.

»Ja, aber ...«, warf Darwin dazwischen.

Lyell zog die Stirn kraus. »Kein Aber! Ich werde gemeinsam mit Hooker eine Erklärung verfassen, aus der hervorgeht, dass wir Ihre Arbeit bereits vor längerer Zeit gelesen und Sie schon damals zur Veröffentlichung gedrängt haben. Das entspricht ja durchaus der Wahrheit. Und dass Sie sich nur deshalb geweigert haben, weil Sie Ihre Argumente noch nicht für ausgereift hielten. Dann muss jeder anerkennen, dass Sie der Erste waren, der den Artenwandel mit der natürlichen Auslese begründet hat.«

Das klinge plausibel, stimmte Hooker zu. Natürlich müsse man mit einem gewaltigen Aufschrei der Entrüstung rechnen. Wegen der brisanten Thematik als solcher, nicht wegen der Vorgehensweise. Die sei untadelig. Wallaces Beitrag habe man damit ausreichend gewürdigt, und Darwin bliebe das Verdienst, der Urheber, gleichsam der geistige Vater des komplexen Gedankengebäudes zu sein. Ob man verstehe?

»Wenn Sie meinen«, sagte Darwin. »Wir haben wahrscheinlich keine andere Wahl.«

Die nächsten Tage waren eine einzige Tortur. Darwin konnte wieder einmal kaum essen, nur wenig trinken und überhaupt nicht schlafen. Wieder einmal verbrachte er die meiste Zeit auf der Toilette, wo er das wenige, das er widerwillig hinuntergeschlungen hatte, von sich gab. Wieder einmal hatte er Fieber. Wie immer, wenn ihm übel war, spielte sein Herz verrückt; und in seinen Eingeweiden bohrte ein Schmerz, der ihm die Luft nahm. Er wünschte, dass die Zeit bis zur Veranstaltung der Linnean Society endlich vorüber wäre. Gleichzeitig hoffte er inständig, der vermaledeite Tag möge niemals kommen. Immer und immer wieder las er seine Zusammenfassung durch, fand sie überzeugend und gleich darauf wieder unausgegoren und alles andere als logisch. Sein Ruf als sorgfältig abwägender Wissenschaftler stand auf dem Spiel. Ja, seine Zukunft als Naturforscher überhaupt. Würden die Mitglieder der Linnean Society seine Urheberschaft anerkennen? Und wenn ja, würden sie ihn seiner revolutionären Gedanken wegen in Stücke reißen? Oder, was noch schlimmer wäre, ihn einen Dummkopf nennen? Ihn vielleicht kurzerhand aus ihrer Mitte verstoßen? Bei dem Gedanken wurde ihm so übel, dass er es kaum noch auf die Toilette schaffte.

Irgendwann, nach einer Zeit, die Darwin wie eine Ewigkeit vorkam, war der Freitagabend da. Draußen regnete es in Strömen, und um die Füße der gelangweilt herumstehenden Wissenschaftler bildeten sich mächtige Pfützen. Zuerst referierte ein gewisser James Mulligan über Gemeinsamkeiten und Unterschiede im Gesang walisischer und schottischer Drosseln. Dann erläuterte ein Professor Leary lispelnd die Besonderheiten von Gesteinsformationen an der Küste Südwestenglands.

Als Huxley auf das Podium trat, kam Darwin die Äquatortaufe an Bord der *Beagle* in den Sinn. Damals hatte er sich ähnlich gefühlt: einem ungewissen Schicksal ausgeliefert, ohne jegliche Möglichkeit, es zu beeinflussen. Er sah sich verstohlen um. Doch in den Gesichtern der Zuhörenden erblickte er weder gespannte Erwartung noch Ablehnung. Eher eine Art gleichgültiger Duldung. Das würde sich bald ändern, da war er sich sicher.

Huxley verlas eine Erklärung: Von den beiden Aufsätzen, die er die Ehre habe, dem geneigten Publikum zu Gehör zu bringen, behandelten zwar beide dasselbe Thema und kämen auch zu ähnlichen Schlüssen, derjenige von Mr. Darwin sei jedoch nachweislich der wesentlich ältere. Daher komme Mr. Darwin zweifellos die Ehre der Urheberschaft zu.

Anschließend trug er Wallaces Ausführungen zur Veränderlichkeit der Arten als Folge eines immerwährenden Kampfes ums Dasein vor. Niemand unterbrach ihn, niemand stellte eine Zwischenfrage. Als er geendet hatte, erklang höflicher Beifall. Mehr nicht.

Dann war der zweite Aufsatz an der Reihe. Unwillkürlich zog Darwin den Kopf ein. Am liebsten hätte er den Saal verlassen und sich irgendwo versteckt, wo ihn niemand finden konnte. Gleich würde der Tumult losbrechen, gleich würde man ihn in Stücke reißen.

Laut und jedes einzelne Wort betonend, legte Huxley Darwins Ideen dar. Die biblische Schöpfungsgeschichte sei allenfalls eine sinnbildliche Darstellung der Entstehung der Kreaturen. Doch sie widerspreche sämtlichen Beobachtungen, die der Verfasser während seiner fünfjährigen Reise auf der H.M.S. *Beagle* gemacht und später durch umfangreiche Experimente bestätigt habe. Vielmehr sei es unstrittig, dass alle Lebewesen der Erde einem immerwährenden Wandel unterlägen. Dass dieser niemals ende und die Ursache für das Vergehen alter und das Entstehen neuer Arten sei.

Huxley blickte von seinem Manuskript auf und warf Darwin einen fragenden Blick zu. Auch er schien sich auf einen Aufruhr gefasst gemacht zu haben. Doch nichts dergleichen geschah. Hätte er darüber referiert, dass die Temperaturen im Sommer im Allgemeinen höher seien als im Winter, das Desinteresse hätte nicht größer sein können.

Darwin stieß den neben ihm sitzenden Hooker an. »Das begreife ich nicht«, zischte er durch zusammengebissene Zähne.

Ihm sei das Ganze auch schleierhaft, gab Hooker zurück. Offensichtlich verstünden die Zuhörer nicht, worum es gehe.

Aber das sei doch mehr als eindeutig, flüsterte Darwin. Seine und Wallaces Vorstellungen kämen doch einer Revolution gleich, naturkundlich wie theologisch.

Hooker zupfte an seinen Augenbrauen. »Nun ja, wie es scheint, eben doch nicht.«

Als Huxley geendet hatte, gab es nur eine einzige Wortmeldung. Der greise Professor Haughton verkündete seelenruhig, das sei ja nun wirklich nicht weltbewegend gewesen. Das wenige Neue, was er gehört habe, sei zweifellos Unfug, und das wenige Richtige alles andere als neu.

Darwin wandte sich Lyell zu: »Nach allem, was ich hier erlebt habe, bin ich mir gar nicht mehr sicher, ob ich an meinem Buch weiterschreiben soll. Da entwickelt man mühsam eine Theorie, die die Grundfesten von Naturkunde und Religion erschüttert, und kein Mensch nimmt davon Notiz.«

Lyell lächelte sanft. »Schreiben Sie getrost, mein lieber Darwin. Die Leute hier sind allesamt verknöcherte Greise. Die verstehen doch nicht einmal ansatzweise, worum es überhaupt geht. Der Aufruhr wird noch kommen. Verlassen Sie sich darauf!«

Oxford

Das ist pure Häresie!«, schrie der Redner, ein junger glatzköpfiger Geistlicher, und schlug donnernd mit der Faust auf das Pult. »Ketzerei unter dem Deckmantel von Bildung und Wissenschaft! Unausgegorenes Geschwätz eines kranken Gehirns!« Er warf den Zuhörern einen ebenso finsteren wie gequälten Blick zu, der jedem Inquisitionsschergen zur Ehre gereicht hätte. Dass ein solches Pamphlet gedruckt werde und von jedermann frei erworben werden könne, sei ein Skandal! Das zeige, wie weit es mit der Menschheit gekommen sei! Noch nicht lange sei es her, da wäre eine Person, die gewagt hätte, derart gotteslästerliche Parolen zu propagieren, auf dem Scheiterhaufen gelandet. Wäre bei lebendigem Leib verbrannt worden. Er zeichnete mit den Händen imaginäre Flammen in die Luft und rümpfte angewidert die Nase. Und wenn er so einen frevelhaften Unfug lese, bedaure er zutiefst, dass sich die Zeiten geändert hätten. Er machte Anstalten auszuspucken, doch dann schien ihm die Angelegenheit nicht einmal einer solchen Anstrengung wert zu sein, und er beließ es bei einem angewiderten Stöhnen.

Ein Mann in prunkvollem Ornat sprang auf. Vor Entrüstung schnaubend, hielt er Darwins Buch wie eine Standarte in die Höhe und schleuderte es gleich darauf mit Wucht zu Boden. Hysterisch »Pfui, und noch mal pfui!« kreischend, trat er darauf ein, als wolle er eine giftige Schlange zerquetschen.

Es war der 27. Juni 1860. In Oxford fand eine öffentliche Versammlung der »Britischen Gesellschaft für den wissenschaftlichen Fortschritt« statt. Und in dieser Versammlung ging es ausschließlich um eines: Darwins Buch über die Entstehung der Arten.

Nach der Veranstaltung der Linnean Society, bei der seine Theorie auf nicht mehr als wohlwollendes Desinteresse gestoßen war, hatte es langer und beschwörender Überzeugungsarbeit von Seiten Lyells, Hookers und Huxleys bedurft, um Darwin zu veranlassen, das Werk fertig zu schreiben. Ein knappes Jahr später war es herausgekommen. In einer Auflage von 1250 Exemplaren, die noch am selben Tag vergriffen waren.

Eine Woche später erschien der Pfarrer von Downe, ein dürres Männchen mit schlohweißem Haar, in Darwins Haus. Er heiße Basley, erklärte er so leise, dass er nur mit Mühe zu verstehen war. Sein Bischof schicke ihn. Dabei trat er von einem Bein auf das andere und drehte unablässig seine Schirmmütze zwischen den Fingern.

»Ja, und?«, fragte Darwin. »Kommen Sie rein. Was kann ich für Sie tun?«

Die Sache sei ihm in höchstem Maße unangenehm, sagte Basley und dämpfte seine Stimme noch weiter, als fürchte er, beim Verrat eines Staatsgeheimnisses erwischt zu werden. Der Herr Bischof sei außerordentlich ungehalten. Darwin könne sich sicher denken, weshalb.

Nein, erwiderte Darwin, das könne er nicht. Weshalb denn?

»Ihr Buch!«, stieß Basley mit einem Gesichtsausdruck hervor, als habe er soeben ein übles Schimpfwort ausgesprochen.

»Aha«, sagte Darwin betont freundlich. »Das über die Rankenfußkrebse?«

Basley schüttelte den Kopf, dass seine Haare in alle Richtungen flogen. »Über die Entstehung der Arten.«

»Ach, das.« Darwin weidete sich an der Verlegenheit des Pastors. »Ich soll für den Herrn Bischof ein Exemplar signieren?«

Diesmal schüttelte der Pfarrer nicht nur den Kopf, sondern den ganzen Körper. Es sah aus, als fröre er entsetzlich. »Nein, im Gegenteil!«

Heiße das, fragte Darwin sanft lächelnd, der Bischof beabsichtige, ein Buch für ihn zu signieren? Das sei ungewöhnlich, aber bei einem so hohen Herrn …

»Natürlich nicht!«, fauchte Basley und zerknüllte die Mütze zwischen den Händen. Er habe sich offenbar missverständlich ausgedrückt.

»Scheint so«, sagte Darwin. »Können Sie mir dann vielleicht endlich sagen, was Sie wünschen?«

»Die Sache ist die …«

»Ja?«

»Dem Herrn Bischof gefällt das, was Sie in Ihrem Buch schreiben, nicht. Ganz und gar nicht, sogar.«

Oh, entgegnete Darwin, das tue ihm aufrichtig leid. Es gebe jedoch eine ganze Menge Leute, speziell solche von scharfem Verstand, die seine Ausführungen überaus bemerkenswert fänden und ihnen höchstes Lob zollten. Dass der verehrte Herr Bischof nicht zu diesen Menschen zähle, bedauere er außerordentlich. Er leerte seine Teetasse und wischte sich umständlich den Mund ab. Aber daran könne er leider nichts ändern.

Basley wand sich wie ein Aal auf dem Trockenen. »Er ist gar nicht begeistert, dass der Autor eines solchen Werkes hier in Downe lebt. Er würde es sehr begrüßen, wenn Sie sich anderswo eine Bleibe suchten. Außerhalb von Kent.«

»Ach ja?«

»In Shrewsbury zum Beispiel. Wo Sie ja herstammen.«

Richtig, bestätigte Darwin, dort sei er geboren. Keine üble Gegend, das müsse er ehrlich sagen. Hübsche Landschaft, schmucke Ortschaften. Doch mittlerweile habe er sich in Downe prächtig eingelebt und fühle sich hier – das gelte im Übrigen auch für seine Frau und Kinder – außerordentlich wohl. Einen Umzug habe er daher eigentlich nie in Erwägung gezogen. Ob Basley das dem verehrten Herrn Bischof bitte ausrichten könne? Er erhob sich abrupt. Im Übrigen habe er eine Menge zu tun.

Basley schnappte nach Luft und ließ vor Schreck die Mütze fallen. Mit hochrotem Kopf bückte er sich, um sie wieder aufzuheben. Dann stolperte er in Richtung Ausgang. Er murmelte etwas Unverständliches, was Darwin für einen Abschiedsgruß hielt. Eine Minute später war er verschwunden. Kraftvoll warf Darwin die Tür ins Schloss. Doch er bezweifelte, dass der Pfarrer das noch hörte.

Im Saal herrschte eine nervöse Stimmung wie bei einem Gewitter, wenn man nach dem Blitz bangend auf das Krachen des Donners wartet. Während der glatzköpfige Geistliche vom Rednerpult herunterwetterte und sein aufgeputzter Kollege noch immer kreischend auf dem Buch herumtrampelte, sah Darwin sich verstohlen um. Etliche Zuhörer nickten mit zornroten Gesichtern Zustimmung, einige ahmten sogar die Fußbewegungen des Buchzerquetschers nach. Andere riefen immer wieder »Bravo«, ohne dass ersichtlich wurde, wen oder was sie damit meinten. Und gar nicht so wenige steckten Darwins Buch, das sie offensichtlich mitgebracht hatten, um es signieren zu lassen, klammheimlich in ihre Manteltaschen zurück.

Einige Reihen weiter hinten erkannte er Ras und Onkel Jos, die ihm mit verkrampftem Lächeln Mut zunickten. Ein dürrer Mann schrie mit Falsettstimme laut »Otterngezücht, Otterngezücht!« und schwieg beleidigt, als ihn ein schwarz gewandeter Pastor mit erhobenem Zeigefinger aufklärte, in der fraglichen Bibelstelle sei von Nattern die Rede, nicht von Ottern. Wenn er schon die Heilige Schrift zitiere, dann gefälligst korrekt!

Ganz vorne, in der Nähe des Rednerpultes, entrollten zwei ältere Herren eine Art Fahne. Darauf wurde eine lebensgroße Zeichnung sichtbar, die Darwin – glatzköpfig, vollbärtig, mit überlangen Armen und am ganzen Körper behaart – in der typischen Pose eines drohenden Gorillas darstellte. Etliche Leute kicherten verstohlen, einige lachten laut auf, andere runzelten verständnislos die Stirn.

Darwin stieß Huxley in die Seite. Die gemeine Karikatur, ob er die schon gesehen habe? Die müsse verschwinden, und zwar auf der Stelle!

Doch Huxley grinste nur. Er solle sich um Himmels willen nicht provozieren lassen. Was es die Nelson-Säule schere, wenn eine Krähe darauf scheiße?

Darwin stöhnte. Nun zogen sie schon seit mehr als einer Stunde über ihn her. Am schlimmsten waren die Kirchenleute. Die keiften, als hätte er einen Antrag gestellt, den Herrn im Himmel abzuschaffen und den Heiligen Geist gleich noch dazu. Aber auch Naturkundler und selbst ernannte Experten anderer Fachrichtungen zerrissen seine Thesen in der Luft. Besonders hart traf es ihn, dass auch Professor Sedgwick, sein ehemaliger Geologielehrer und Mentor, lautstark giftend gegen ihn polemisierte. Und das, ohne vorher ein einziges Wort mit ihm gesprochen zu haben. Vom Rednerpult schoss er seine Worte wie spitze Pfeile in die Menge. Das Kausalprinzip sei für ihn unzweifelhaft der Wille Gottes. Und er könne beweisen, dass der Herr stets zum Vorteil seiner Geschöpfe handle. Wer das leugne, befinde sich im Sumpf der Torheit. Die in Mr. Darwins Machwerk vertretenen Thesen beleidigten sein moralisches Empfinden! Einige Abschnitte finde er allerdings dermaßen absurd, dass er darüber gelacht habe, bis ihm die Seiten schmerzten.

Hooker sprang auf. »Absurd trifft die Sache«, rief er. »Ich meine, was Ihre Argumente betrifft. Nur dass ich darüber beim besten Willen nicht lachen kann.«

Sedgwick fuhr herum: »Niemand hat Sie um Ihre Meinung gebeten, Mr. Hooker.«

»Und niemand Sie um Ihre törichten Ausführungen.« Mit hochrotem Kopf blickte Hooker in die Menge.

Einige Leute buhten, andere klatschten Beifall. Die meisten blickten unschlüssig zwischen den beiden Streithähnen hin und her. Allmählich gewann Darwin den Eindruck, die Zuhörer hätten genug. Sie wollten keine weiteren Hasstiraden anhören, sondern ihn selbst als Redner erleben. Sie wollten wissen, was er zu den Einwänden zu sagen hatte. Und nach und nach begriff er, dass es im Raum gar nicht so wenige gab, die sich zwar still zurückhielten, aber heimlich auf seiner Seite standen. Mit wackligen Knien erhob er sich von seinem Platz. Damit niemand sah, wie sehr seine Hände zitterten, verschränkte er die Finger hinter dem Rücken zu einem festen

Knoten. Steif aufgerichtet, das Kinn kämpferisch vorgestreckt, bestieg er das Podium.

Dann begann er zu sprechen. Zunächst so leise, dass er bei dem allgemeinen Durcheinander kaum zu verstehen war, dann allmählich immer lauter und klarer. Und je mehr er seine Stimme erhob, desto ruhiger wurde es im Saal. Mit wenigen, sorgfältig gewählten Worten umriss er seine Theorie, schilderte, wie er, im Grunde gegen seinen Willen, darauf gekommen sei. Wie er seine Schlussfolgerungen zunächst nicht habe wahrhaben wollen. Wie er aber mit jeder weiteren Entdeckung, jeder neuen Erkenntnis immer mehr zu der Überzeugung gelangt sei, so und nicht anders müssten sich Tiere und Pflanzen aus einfachen Vorläuferorganismen heraus entwickelt haben. Und wie ihm schmerzhaft bewusst geworden sei, die Geschichte von Gott, der die Welt in einer Woche erschaffen habe, könne in ihrer wörtlichen Bedeutung nicht stimmen. Knapp und präzise legte er seine Theorie der natürlichen Auslese dar und sprach von der Überlegenheit des besser Angepassten, der keinesfalls der Stärkere sein müsse. Am Ende bat er, Fragen zu stellen.

Während ein allgemeines Getuschel einsetzte, erhob sich ein schmaler Mann mit wächsernem Gesicht. Ob Darwin in seine Theorie auch den Menschen einschließe? In seinem Buch sei davon nirgends die Rede. Aber hier handele es sich doch um einen überaus wichtigen Punkt. Oder etwa nicht?

Im Saal wurde es so still, dass selbst das Summen einer einsamen Fliege zu hören war, die verzweifelt den Ausgang suchte. Niemand sprach, keiner räusperte sich oder hustete gar.

Die Tatsache, dass er den Menschen nicht ausdrücklich erwähne, antwortete Darwin betont sachlich, sage eigentlich schon alles: Er billige ihm keine Sonderrolle zu. Für ihn sei der Mensch ein Lebewesen wie jedes andere auch. Sicherlich sei er aufgrund seiner vorausschauenden Intelligenz den meisten anderen Kreaturen überlegen. Aber in Bezug auf seine Abstammung vermöge er keinen entscheidenden Unterschied zu erkennen.

Von einer Sekunde auf die andere war es mit der Ruhe vorbei. Ein kleiner, rundlicher Mann mit Brille sprang, wie von einer Hornisse gestochen, von seinem Platz hoch und rief: »Das ist doch … ja, da soll doch …« Vor lauter Empörung hatte er offensichtlich vergessen, was er sagen wollte, und ließ sich keuchend auf seinen Stuhl zurückfallen. Ein paar Reihen weiter hinten schlug sich ein anderer so lange prustend auf die Schenkel, bis er merkte, dass er der Einzige war, der die Sache lustig fand. Er errötete, hielt sich die Hand vor den Mund und tat so, als hätte er plötzlich einen Hustenanfall. Wieder ein anderer erkundigte sich, ob er etwas fragen dürfe, und setzte gleich darauf, ohne eine Antwort abzuwarten, hinzu, die Sache habe sich erledigt. Ein glatzköpfiger Riese mit bläulichem Gesicht, der sich bisher still im Hintergrund gehalten hatte, polterte, jetzt sei es aber genug! Das müsse er sich nicht bieten lassen. Nein wirklich, das habe er nicht nötig!

Bevor Darwin antworten konnte, stand Huxley neben ihm. Sein Gesicht war wutverzerrt. »Dann machen Sie doch, dass Sie rauskommen!«, rief er dröhnend. »Niemand hindert Sie daran. Auf Ignoranten wie Sie können wir getrost verzichten.« Dazu machte er eine Handbewegung, als verscheuche er eine lästige Mücke. »Und was den Menschen angeht, so sehe ich ebenfalls nicht den geringsten Anlass, ihn aus Mr. Darwins bestechender Theorie auszuklammern.«

Aus den hinteren Reihen erhob sich eine Stimme. Heiße das, Mr. Huxley glaube tatsächlich, dass alle Personen hier im Saal von Affen abstammten, von Tieren also, die im Urwald kreischend von Baum zu Baum hüpften und sich bevorzugt von Bananen ernährten?

Huxley holte ganz langsam Luft und atmete noch langsamer wieder aus. Als er antwortete, war das Beben in seiner Stimme unüberhörbar: »Ich gebe zu, dass man beim Anblick mancher Menschen auf diese Idee kommen könnte.« Betont langsam ließ er seinen Blick an dem Frager hinabgleiten.

Ein paar Zuhörer feixten, doch Huxley sorgte mit einer Handbewegung für Ruhe. »Hätten Sie Mr. Darwins Buch gelesen, so wüssten Sie, dass er mit keinem Wort etwas in dieser Art behauptet. Wahr ist allerdings, dass Affe und Mensch dieselben Vorfahren haben.«

In diesem Augenblick sah Darwin aus den Augenwinkeln, dass ein Mann aufgestanden war, um nach vorne zu kommen. Ein Mann, den er mehr fürchtete als alle anderen: Samuel Wilberforce, der ebenso berühmte wie ob seiner Scharfzüngigkeit berüchtigte Bischof von Oxford. Einer Dampfwalze gleich, schob er sich durch die Menge und stand wenige Minuten später unmittelbar vor dem Podium. Sein Gesicht erinnerte an das einer Bulldogge vor dem Zubeißen. Seine Lippen hatte er hochgezogen, sein Atem ging pfeifend, die schmalen Augen feuerten Blitze. Er roch intensiv nach Schweiß. Einige der Umstehenden wichen mit gerümpften Nasen zurück.

»Ich möchte den feinen Herrn etwas fragen«, zischte er mit einer Stimme, mit der man hätte Glas schneiden können. »Mr. Huxley, ich halte Ihre Argumente nicht nur für reichlich oberflächlich, sondern obendrein auch für in höchstem Maße spitzfindig. Was Sie da über Mensch und Affe sagen, betrachte ich als Beleidigung jedes gläubigen Christen. Die alberne Geschichte von dem gemeinsamen Vorfahren ist doch nichts weiter als eine Ausrede. Eine überaus billige noch dazu!« Mit bösartig verzerrtem Lächeln blickte er die Umstehenden an, die des strengen Geruches wegen weiterhin Abstand hielten. Dann wandte er sich wieder dem Redner zu. Ob der ihm eine einfache Frage beantworten würde?

»Ja, sicher«, antwortete Huxley mühsam beherrscht. »Was wollen Sie wissen, ...« – er musterte Wilberforce durchdringend – »... Exzellenz?«

Der Bischof ließ seinen Blick langsam über die Menge schweifen. Zufrieden nickend registrierte er, dass offenbar niemand wagte, nicht zuzuhören. »Mr. Huxley«, säuselte er, »was glauben Sie: Stammen Sie selbst eher über Ihren Großvater oder über Ihre Großmutter von einem Affen ab?« Ein breites Grinsen lief über das schwammige Gesicht.

In der eintretenden Stille konnte man das Knacken von Huxleys Fingergelenken hören, als er die Hand zur Faust ballte. Er blickte Wilberforce starr in die Augen. Der Herr Bischof wolle damit sagen, dass er sich seiner Vorfahren schämen müsse, nicht wahr? Doch das tue er mitnichten. Huxleys Stimme wurde lauter und schärfer. Zutiefst schämen würde er sich allerdings eines überaus intelligenten und scharfzüngigen Vorfahren, der seine überragenden geistigen Fähigkeiten einzig und allein dazu benutze, über Dinge, von denen er keine Ahnung habe, dummes Zeug zu reden. Er warf Wilberforce einen eisigen Blick zu. »Einem solchen Ahnen, verehrter Herr Bischof, würde ich ohne Zögern einen Affen vorziehen.«

Einen Moment herrschte beklommene Stille. Dann begannen einige Zuhörer zu kichern. Kurz darauf ertönte schallendes Gelächter. Wilberforce war rot angelaufen und schnappte keuchend nach Luft. Mit bebender Stimme erwiderte er, das werde Huxley noch leid tun; oh ja, das werde es!

Doch niemand verstand mehr ein Wort. Die Menschen im Saal klatschten sich vor Vergnügen auf die Schenkel, einige riefen »Gut gegeben, Huxley!«, andere »Pfui, Wilberforce!«. Und ein Mann in der ersten Reihe feixte lautstark, das sei göttlich, lieber einen Affen zum Großvater als einen Bischof!

Danach gab es keinen Tumult mehr, keine Polemik, keine entwürdigende Kritik. Stattdessen durchdachte Fragen, die Darwin, unterstützt von Lyell, Hooker und Huxley, ruhig und sachlich beantwortete. Präzise formulierte Einwände, die er ebenso präzise entkräftete. Und von Minute zu Minute mehr Zustimmung und Beifall. Am Ende brauchte Darwin fast eine volle Stunde, um all die Bücher zu signieren, die die Zuhörer, plötzlich wieder mutig geworden, aus ihren Taschen zogen.

Tags darauf hatten sich alle im geräumigen Wohnzimmer von Down House versammelt. Darwin lehnte in seinem Lieblingssessel, Lyell, Hooker und Huxley hatten es sich auf dem Sofa bequem gemacht, und Ras marschierte, ein leeres Whiskyglas in der Hand, unablässig auf und ab. Aus dem Nachbarraum klang der Lärm spielender Kinder herüber; nur William hatte sich zu den Erwachsenen gesetzt und genoss offensichtlich seine selbst empfundene Wichtigkeit. Bob lag, den Kopf auf den Vorderpfoten, vor dem Kamin und schnarchte mit offenen Augen. Emma servierte Tee.

Hooker klopfte Huxley vergnügt grinsend auf die Schulter. »Also, wie Sie es dem fetten Pfaffen gegeben haben, das war schon der Höhepunkt des Abends.«

Ja, lachte Lyell, danach sei die Stimmung gekippt. Er wandte sich Darwin zu. »Und zwar eindeutig zu Ihren Gunsten.«

Das könne sich rasch wieder ändern, erwiderte Darwin stirnrunzelnd. Die Leute seien wankelmütig. Heute lachten sie einem freundlich ins Gesicht, und morgen machten sie einen hinter dem Rücken kaltblütig fertig.

Emma, die sich zu den Männern gesetzt hatte, winkte ab. Er solle doch nicht immer alles so schwarz sehen. Den gestrigen Abend könne er getrost als persönlichen Erfolg verbuchen. Bestimmt glaubten die meisten Zuhörer jetzt, an seiner Theorie müsse ja wohl etwas dran sein, wenn ein ehrenwerter Wissenschaftler wie Mr. Huxley sich deswegen sogar mit einem leibhaftigen Bischof anlege.

Ras hielt in seiner Wanderung inne, schenkte sich einen weiteren Whisky ein, nahm einen tiefen Schluck und wandte sich Darwin zu. »Du wirst sehen, Charles: Nicht mehr lange, und die Evolutionstheorie ist allgemein anerkannt.« Er fasste seinen Bruder bei den Schultern und drehte ihn so, dass er ihm direkt in die Augen sah. »Und dir wird endlich der Ruhm zuteil werden, den du verdienst.«

Bob brummte zustimmend.

William, der bisher schweigend zugehört hatte, meldete sich zu Wort. Sicherlich werde sein Daddy bald wahnsinnig berühmt sein. So berühmt wie … – er sah sich Hilfe suchend um – … wie die Königin.

Emma legte lächelnd ihren Arm um ihren Sohn. Oh ja, davon sei sie zutiefst überzeugt. Wenn auch vielleicht nicht

ganz so wie Königin Victoria, aber zumindest so wie Isaac Newton.

Ja, ganz bestimmt, lachte Darwin und runzelte die Stirn. Wahrscheinlich werde man ihn dereinst neben Sir Isaac in der Westminster Abbey zur ewigen Ruhe betten. Nur weiter so ...

Emma strich ihrem Mann über das spärliche Haupthaar. »Warum nicht?«

Darwin winkte ab. »Jetzt hört aber auf. Veralbern kann ich mich selbst. Am Ende behauptet ihr noch, mein Bild werde irgendwann einmal auf jeder Zehnpfundnote zu sehen sein.«

Vor dem Kamin bellte Bob zweimal kurz auf. Es klang wie: »Wer weiß?«